EDITION PAGE

Matthias Rojahn, geboren am 10. November 1952 in Hamburg.

Nach dem Gesellenbrief als Fernmeldehandwerker Weiterbildung zum Gewerbelehrer für Elektrotechnik und Deutsch. Der Not gehorchend und dem eigenen Triebe folgend wechselte er in das Tätigkeitsfeld des Technischen Redakteurs. Hier schreibt er Betriebs- und Wartungsanleitungen für Maschinen und Anlagen unterschiedlichster Komplexität.

Die Erfahrungen, die Matthias Rojahn bei der Suche nach geeignetem Werkzeug und beim täglichen Einsatz der jeweiligen Hard- und Software sammelt, waren und sind Ausgangspunkt für zahlreiche Artikel in Fachzeitungen – und nicht zuletzt für dieses Buch.

Matthias Rojahn

WinWord 2 für Power User

Große Dokumente in Wissenschaft, Technik und Publizistik

Mit 160 Abbildungen

Springer-Verlag
Berlin Heidelberg New York
London Paris Tokyo
Hong Kong Barcelona
Budapest

Matthias Rojahn
Reinckeweg 9
W-2000 Hamburg 65

ISBN-13:978-3-642-77641-0   e-ISBN-13:978-3-642-77640-3
DOI: 10.1007/978-3-642-77640-3

Die Deutsche Bibliothek – CIP-Einheitsaufnahme

Rojahn, Matthias: WinWord 2 für Power User: Große Dokumente in Wissenschaft, Technik und Publizistik / Matthias Rojahn. – Berlin; Heidelberg; New York; London; Paris; Tokyo; Hong Kong; Barcelona; Budapest: Springer, 1992
ISBN-13:978-3-642-77641-0

Umschlagentwurf und Layout: Konzept & Design, Ilvesheim
Datenübernahme und Umbruch: Ulrich Kunkel Textservice, Reichartshausen
33/3140-5 4 3 2 1 0 – Gedruckt auf säurefreiem Papier

Vorwort

Der Glaubenskrieg zwischen den Anwendern grafisch orientierter Benutzeroberflächen und den Anhängern der zeichenorientierten Programmen scheint mit dem Siegeszug von *Windows* entschieden. Unklar bleibt einstweilen, wer, außer Bill Gates, einen Nutzen davon hat.

Winword illustriert das Problem sehr eindringlich: Die Funktionskataloge der Textverarbeitung und der Benutzeroberfläche bieten definitiv mehr Lösungen als jemals ein Anwender benötigt. Das wäre nicht weiter tragisch, wenn es nicht das unumstößliche Murphy-Gesetz der Standard-Programme gäbe, wonach jede angebotene Lösung mindestens ein neues Problem erzeugt.

Schwerlastverkehr

Dieses Buch beschäftigt sich überwiegend mit dem Einsatz von Winword zum Erfassen von langen Texten mit vielen Abbildungen, verschiedenen Verzeichnissen, wechselnden Seitengestaltungen und solchen Gemeinheiten wie lebende Kolumnen und Fußnotenverwaltung über mehrere Kapitel eines Buches. Es handelt sich dabei um das Aufgabenfeld, für das Winword nach Aussagen von Microsoft und vielen Presseberichten wie geschaffen ist.

Wenn dem so wäre, gäbe es dieses Buch nicht.

Problemorientierte Darstellung

Es trägt viele Erfahrungen zusammen, die beim Einsatz von Winword in den genannten Bereichen angefallen sind. Das Buch erspart Ihnen erstens manche beschwerliche Reise durch das Handbuch oder die On-Line-Hilfe, weil Ihnen hier die verstreuten Befehle und Verfahren in dem Zusammenhang vorgestellt werden, in dem Sie sie benötigen.

Zweitens ersparen Sie sich die Erfahrung, daß auch die Handbuchautoren irren können. Drittens finden Sie einige Tips und Tastenkombinationen, die in keinem Handbuch stehen, aber den Umgang mit dem Programm zuweilen sehr beschleunigen.

OLE, DDE und Multimedia

Außer den typischen Aufgaben einer Textverarbeitung kann Winword mit den gebotenen Möglichkeiten des Datenaustausches unter *Windows* 3.1 neue, spannende und zukunftsweisende Anforderungen erfüllen. Auch zu diesem Gebiet finden Sie in diesem Buch erprobte Lösungsansätze.

Technisches

Software

Alles das erfordert natürlich einigen Aufwand an Zubehör. Zur Texterfassung habe ich selbstverständlich das Programm eingesetzt, um das hier geht: Winword. Allerdings haben die Vorbereitungen zu diesem Buch gezeigt, daß auch das »Word für DOS« seine Berechtigung nicht verloren hat. Die Bildschirmdarstellungen entstanden mit dem »PhotoStyler« von Aldus und die Strichzeichnungen mit »CorelDRAW«. Winword lief sowohl unter *DOS*, als auch unter *Windows* 3.0, 3.1 und *Win-OS2*. Das ist die *Windows*-Version von OS/2.

Hardware

Winword war auf einem Gerät installiert, das gleichsam die Untergrenze markiert, ab der das Arbeiten mit Winword anfängt, Spaß zu machen: 386er Prozessor, 25 MHz Takt, 8 MB RAM und eine wieselflinke SCSI-Festplatte mit allem was den Datendurchsatz schneller macht: Cache und DMA. Die Anschaffung einer speziellen Grafikkarte mit eigenem Ko-Prozessor hat dabei die Arbeit wesentlich mehr beschleunigt als der Einsatz eines höhergetakteten i486. Mit der »Soundblaster« Karte habe ich unter *Windows* 3.1 Winword-Dokumente zum Sprechen gebracht.

Dank

Viele der Geräte und Programme wurden mir von den Herstellern oder Distributoren leihweise zur Verfügung gestellt. Stellvertretend bedanke ich mich an dieser Stelle bei *Microsoft*, wo ich nicht nur Programme, sondern auch manchen Rat und Tip erhielt.

Programme hin, Geräte her: die wichtigste Unterstützung für dieses Buchvorhaben war das Verständnis und die unermütliche Geduld, die meine Familie beigesteuert hat.

Viel Spaß beim Lesen – ich schalte jetzt den Rechner ab und fahre mit meiner Familie in den Urlaub.

Hamburg, im August 1992

Inhaltsverzeichnis

Kapitel 14: Formelsatz 267

Index 275

Einleitung

Word für Windows, im folgenden *Winword* genannt, ist in mehrfacher Hinsicht ein kleiner Meilenstein. Es

- beendet die graue Zeit ausdrucksloser Zeichen auf dem Monitor,
- nutzt als eines der ersten Programme alle Möglichkeiten von *Windows* 3.1 und
- stellt Funktionen bereit, die bis dato vielfach eine Domäne spezialisierter Layoutsoftware waren.

So ist Winword Ergebnis mehrerer Entwicklungslinien, die jeweils das Erscheinungsbild, die Bedienung und den Leistungsumfang des Programms bestimmen.

Texten und Setzen

Textverarbeitungsprogramme gehörten neben den Programmen für Tabellenkalkulation und Datenverwaltung zu den Wegbereitern des Personalcomputers in den Büros. Schon die ersten Programme dieser Art waren den traditionellen Schreibmaschinen in vielerlei Hinsicht überlegen. Auf dem langen Weg von der Tastatur zum Papier eröffneten sich viele Möglichkeiten, Fehler zu verbessern und Texte ohne zeitraubende Neuerfassung umzustellen.

Die Entwicklungen auf dem Druckersektor machten es zunehmend möglich, daß die Texte auf dem Personalcomputer nicht nur zeitsparend erfaßt, sondern auch ansehnlich zu Papier gebracht und zudem mit Bildern verknüpft werden konnten. Ehe man es recht bemerkte, hatte sich der PC von einer Schreibmaschine zu einer Setzerei entwickelt. Wo von Programmen zur Textverarbeitung die Rede war, tauchten zunehmend Vokabeln wie *Durchschuß, Unterschneidungen, Helvetica* und *Kolumnen* auf: Keine Fachsprache ist in den letzten drei Jahren so populär geworden wie die der einst mißtrauisch beäugten Schwarzen Kunst der Setzer und Drucker.

Hersteller und Computerzeitschriften bestärkten das schreibende und lesende Publikum in der Auffassung: Der Bleisatz ist tot, es lebe Desktop Publishing.

So sicher wie die erste Aussage richtig ist, so sicher hat die zweite eine Entwicklung eingeläutet, in deren Verlauf biedere Textverarbeitungsprogramme zu monströsen Byte-Gebirgen mutierten, die von Anwendern vielfach als unbezwingbar eingestuft wurden.

Mensch oder Maschine

Gemessen an den Möglichkeiten rechnergestützter Textverarbeitung ist die tatsäche Verbreitung von entsprechenden Anlagen erstaunlich gering gewesen. Die arbeitserleichternden Personalcomputer stießen in großen und kleinen Büros auf wenig Gegenliebe bei den Benutzern. Ein Hauptgrund dieser Ablehnung lag auch in dem hohen Lernaufwand, ohne den die Funktionsvielfalt der Programme dem Anwender verschlossen blieb.

Rechner unterwerfen den Benutzer

Die umständliche Steuerung dieser Programme schreckte viele Interessierte ab. Die Logik des Rechners zwang den Schreiber zu wahren Odysseen durch Menüs unterschiedlichster Struktur und abstrusen Tastaturkunstgriffen. Durchtrainierte Schreibkräfte beschlich bei gewagten Tastenkombinationen die Furcht, die verknoteten Finger nie wieder entwirren zu können. Einsteiger in die rechnergestützte Textverarbeitung verhedderten sich zudem bisweilen schon beim Installieren der Software und anschließend bei der Verwaltung erzeugter Daten in den Fallstricken des Betriebssystems: Frust und Lust hielten sich so mühsam die Waage.

Vom Grau des Büros

Diese Geschichte gilt im wesentlichen nur für die Rechner, die dem »Industriestandard« unterliegen. Dazu gehören alle Personalcomputer, die dem PC von IBM zunächst nachempfunden und anschließend nicht selten technologisch enteilt sind. Diese Geräte verrichteten ihren Dienst überwiegend in Büros, wo verschiedene Mechanismen dafür sorgten, daß sich an der Erscheinungsweise der Rechner nichts änderte: So blieb es über lange Jahre bei zement- bis mausgrauen Rechenwerken und Bedienvorgängen, deren Logik undurchsichtig und deren Wortschatz an Worthäcksel erinnerte.

Im Zeichen der Maus

Außerhalb der Restriktionen des Büroalltages machten sich findige Programmierer daran, den Spieß umzudrehen: Nicht mehr der Mensch sollte sich der Logik des Rechners unterwerfen, sondern der Rechner sollte sich den Bedürfnissen des Benutzers anpassen.

Das Ziel war im wesentlichen erreicht, als in PARC, der Freidenker-Zone von Rank Xerox, unter dem blauen Himmel von Kalifornien eine kühne Idee geboren wurde. Die Befehle zum Steuern eines Programms wurden in Form von kleinen Bildchen auf den Monitor gebracht. Dort rief sie der Benutzer nicht mit Tastatureingaben auf, sondern durch einen kleinen Leuchtpfeil, dessen Bahn sich von kleinen Rädchen steuern ließ, die sich zusammen mit einer Kugel in einem kleinen Kästchen befanden. Die Rädchen nahmen die Rollbewegung der Kugel auf und übertrugen sie auf den kleinen Leuchtpfeil. Dort konnte der Benutzer mit einem einfachen Tastendruck sehr komplexe Befehle auslösen.

Die grafische Benutzeroberfläche der Programme war entdeckt und schickte sich an, im Gefolge mit der Maus – so wurde das Kistchen griffig genannt – das Verhältnis zwischen Rechnern aller Art und den Benutzern zu revolutionieren.

Software mit menschlichem Antlitz

Am konsequentesten wurde diese Idee von der Firma *Apple* weiterverfolgt, die gleichzeitig durch den Alleinvertretungsanspruch für Mäuse und Fenster die Entwicklung bedienerfreundlicher Programme nachhaltig behindert hat. Ein typischer *Apple*-Anwender weiß gar nicht, welch hervorragende Beschreibungen seiner Software in aller Regel beiliegen, weil die Programme trotz überzeugender Funktionsvielfalt im wesentlichen selbsterklärend sind.

Das unterscheidet ihn deutlich von vielen Anwendern, die ratlos bis verzweifelt vor IBM-kompatiblen PCs sitzen und sich davon überzeugen müssen, daß die benutzerfeindlichen Programme in den mitgelieferten Handbüchern eine würdige Fortsetzung finden.

Die Wende namens Windows 3.0

Parallel zu den Erfolgen der *Apple*-Rechner wurde auch bei *Microsoft* mit Mäusen und Fenstern experimentiert. Das Ergebnis hieß *Windows* und verhüllte zum einen die kargen DOS-Befehle dürftig mit bunten Rähmchen und bremsten zum anderen den Tatendrang des Benutzers durch unglaublich behäbiges Zeitverhalten der speziellen *Windows*-Software.

Spätestens mit der Version 3.0 von *Windows* hat sich das Bild etwas gewandelt. Die Bedienung des PC und der Software ist zumindest für den Anfänger um einiges leichter, übersichtlicher und sicherer geworden. Außerdem hat *Windows* gelernt, die Hardware des Personalcomputers selbsttätig zu erforschen und wirksamer als seine Vorgänger zu nutzen. Gewitzte Anwender werden zwar alsbald andere Hilfsprogramme heranziehen, um ihren PC zu verwalten, aber als Plattform für Anwenderprogramme aller Art eignet sich *Windows* unstreitig besser als die meisten anderen Hilfsprogramme. Spötter sprechen davon, daß die aktuelle *Windows*-Version die eigentliche 3.0 Version sei, während die ausgelieferte Version 3.0 nur Bestandteil eines großangelegten, anwendersubventionierten Beta-Testes gewesen ist. Sei's drum: Windows arbeitet jetzt ziemlich absturzsicher und tut auch meistens das, was man von dem Programm erwartet.

Für wen dieses Buch geschrieben wurde

Dieses Buch wendet sich an alle Anwender, die Winword für Textverarbeitung in großem Stil einsetzen und dabei die gebotenen Möglichkeit so weit wie irgend möglich ausreizen. Typische Anwendungsfälle ist der Einsatz in Technischen Redaktionen, für Seminar- und Examensarbeiten und das Erstellen von Forschungsberichten. Dafür habe ich einige typische Büro-Jobs ausgeblendet: Sie finden zum Beispiel kein Wort über Serienbriefe. Ansonsten stelle ich Ihnen alle Themen vor, die beim Bewältigen der beschriebenen Aufgaben nützlich sein können. Auch die Makroprogrammierung und der Datenaustausch über OLE und DDE findet einen angemessenen Rahmen.

Zum Aufbau des Buches

Dementsprechend beginnt das Buch mit den Fragen, die sonst ganz zum Schluß dargestellt werden. Es gibt immer zwei Wege zum Ziel: einen praktischen und einen verkorksten. Dieses Buch zeigt Ihnen den praktischen Weg, den man sich sonst durch kurzschlüssiges und ahnungsloses Stochern im Funktionsnebel leicht dauerhaft vermauert.

Kapitel 1: Grundlagen

Hier können Sie genau nachlesen, welche Voraussetzungen erfüllt sein sollten, damit Sie dieses Buch mit bestem Erfolg auswerten können.

Kapitel 2: Grundbausteine

In diesem Kapitel betrachten Sie Winword gleichsam von außen und lernen etwas über die Art und Weise kennen, wie Winword Texte erfaßt, verwaltet und darstellt. Aus der Entfernung ist es leichter, Zusammenhänge zwischen Programmelementen und bestimmten Vorgehensweisen zu beleuchten.

Kapitel 3: Ansichtssachen

Diese Kapitel ist einer besonderen Eigenschaft von Winword gewidmet. Es ist eines der ganz wenigen *Windows*-Textverarbeitungsprogramme, das so gut wie nie zeigt, was später gedruckt wird. Arbeiten Sie dieses Kapitel gründlich durch, damit Ihnen Winword kein Schnippchen schlägt.

Kapitel 4: Gliedern

Dieses Kapitel beschreibt den Einsatz der Gliederungsfunktion, mit der es möglich wird, nahezu beliebig komplexe Texte optisch so darstellen, daß die hierarchische Struktur der Überschriften mit einem Mausklick transparent wird. Es ist eine der nützlichsten Funktion, mit der Winword das Arbeiten an langen Texten unterstützt.

Kapitel 5: Mit Druckformaten formatieren

Der Unterschied zwischen professioneller Texterstellung, -gestaltung und -verwaltung und dem verkorksten Notbehelfen ist das Druckformat. Wie man es anwendet, was es einem nützt und welche Fallen es dabei zu umfahren gilt, ist in diesem Kapitel aufgelistet.

Kapitel 6: Text erfassen

Hier müssen Sie blättern, wenn Sie erfahren möchten, wie man mit Textbausteinen und Makros die Tipparbeit verringert und mit Schablonen eine einheitliche Erscheinungsweise für gleichartige Texte sicherstellt.

Kapitel 7: Texte überarbeiten

Dieses Kapitel stellt die Funktionen vor, mit denen Sie Texte redigieren können. Schnellens Bewegen im Text, Rechtschreibprüfung, Wortschatz und vor allem die vielfältigen Möglichkeiten der Suchen- und Ersetzenfunktion werden hier ausführlich dargestellt.

Kapitel 8: Felder

Felder sind ein mächtiges Werkzeug, mit dem atemberaubende Funktionen der Texterfassung und -verwaltung zugänglich werden. Leider raubt es einem manchmal den Atem, weil sich die Ergebnisse mächtig von dem unterscheiden, was man erwartet hat. Damit Ihnen das nicht passiert, sollten Sie dieses Kapitel in aller Ruhe durcharbeiten.

Kapitel 9: Text erschließen

Wer Winwords Felder sicher beherrscht, kann der Software eine Vielzahl von Aufgaben übertragen, die der Anwender ansonsten in zeitraubender und fehlerintensiver Handarbeit erledigen müßte. Dazu zählen Fußnoten, Verzeichnisse aller Art, Querverweise und Kolumnen.

Kapitel 10: Datenaustausch mit Windows-Anwendungen

Anhand der Hilfsprogramme, die zusammen mit Winword ausgeliefert werden, erfahren Sie, welche Mechanismen wirken, wenn *Windows*-Anwendungen Daten austauschen, und wie man sie bändigt. Stichworte sind OLE und DDE.

Kapitel 11: Grafik

Alle Informationen zum Einfügen von Grafiken in Winword-Dokumente sind hier zusammengetragen. Das beginnt bei den verschiedenen Importmöglichkeiten, geht weiter über das Positionieren und Skalieren und endet beim Zählen der Abbildungen.

Kapitel 12: Tabulatoren, Tabellen und Diagramme

Tabellen im weitesten Sinn und wie man sie mit Winword erzeugt und formatiert, sind das Thema dieses Kapitels. Neben den »normalen« Schreibmaschinen-Tabulatoren erfahren Sie alles Wissenswerte über die bestechende Tabellenfunktion. Informationen zum normgerechten und lesefreundlichen Gestalten von Tabellen runden das Thema ab.

Kapitel 13: Publikationen gestalten

In diesem Teil dreht es sich um »Desktop Publishing« oder das, was Winword diesbezüglich zuläßt. Hier finden Sie viele Hinweise auf typografische Konventionen und wie Sie sie mit Winword umsetzen.

Kapitel 14: Formelsatz

Eigentlich geht es hier nicht mehr um Winword, sondern um den mitgelieferten Formeleditor. Aber die Verzahnung dieser beiden Programme und die Häufigkeit, mit der gerade dieses Programm eingesetzt wird, haben dazu geführt, daß das Thema Formeln hier aufgegriffen wurde. Ich empfehle dieses Kapitel insbesondere dann, wenn Sie bei der normgerechten Formeldarstellung in Texten nicht ganz sattelfest sind.

Kapitel 1

Grundlagen

Startvoraussetzungen

Beim Schreiben dieses Buches bin ich von einigen Voraussetzungen ausgegangen, die ich Ihnen nicht vorenthalten möchte. Wenn diese Grundlagen bei Ihnen nicht vorhanden sind, werden Sie nicht alle Beispiele nachvollziehen können, oder es bleiben Fragen offen.

Erstens gehe ich davon aus, daß Sie lange, komplexe und komplizierte Dokumente erstellen wollen. Komplex sind Dokumente, die aus einer Vielzahl von Einzelelementen, seien es Texte, seien es Bilder, zusammengesetzt werden. Kompliziert sind Texte, in die Tabellen und Formeln eingefügt werden. Spezifisch für lange Texte sind Verzeichnisse aller Art. Das beginnt beim Inhaltsverzeichnis und setzt sich fort über Literatur- und Abbildungsverzeichnisse bis hin zur obligaten Stichwortsammlung. *Keine kleinen Sachen*

Zweitens muß Winword auf Ihrem Personalcomputer installiert sein. Drittens finden Sie in diesem Buch keine Bedienhinweise für *Windows*. Der Umgang mit der Maus und Begriffe wie Doppelklicken, Zeigen und Ziehen sollten Ihnen bereits geläufig sein. *Weder Installation noch Windows-Handbuch*

Viertens sollen Sie die grundlegendsten Bedienvorgänge der rechnergestützten Textverarbeitung bereits in groben Zügen kennen. *Keine »Einführung«*

Wenn Sie noch nie mit einem Textverarbeitungsprogramm gearbeitet haben, sollten Sie dieses Buch für eine Weile aus der Hand legen und das wirklich hervorragend bis vorbildliche Lernprogramm starten, das mit Winword ausgeliefert wird. Um es zu starten, müssen Sie zunächst Winword starten. Das geht am einfachsten durch Doppelklicken auf der entsprechenden Ikone im **Programm-Manager**. Dort hat das Installationsprogramm eine Bildergalerie eingerichtet, so daß es keine große Mühe machen wird, die Winword-Ikone zu entdecken. Sobald der Arbeitsbildschirm fertig aufgebaut ist; Sie erkennen das an einem dünnen, blinkenden, senkrechten Strich, der von einem ruhenden waagerechten Strich markiert ist; sobald das also passiert, klicken Sie in der Menüzeile auf dem Fragezeichen neben dem Wort **Fenster**. Anschließend drücken Sie auf das »e« Ihrer Tastatur und folgen dann den Anweisungen auf dem Monitor.

Das Lernprogramm bietet tatsächlich einen lehrreichen und kurzweiligen Einstieg in das Programm. Wenn es zu langweilen beginnt, sind Sie reif zum Weiterlesen. Zumindest sollten Sie die Lektion »Leistungsfähig in 5 Minuten« durcharbeiten. In 5 Minuten offenbart Winword natürlich nicht die ganze Leistungsbreite. Aber Sie kennen dann die wichtigsten Bedienvorgänge und können die Hinweise dieses Buches gewinnbringend und zeitsparend auswerten.

Windows 3.x

Fünftens ist es gleichgültig, ob Sie mit *Windows* 3.0 oder *Windows* 3.1 arbeiten. Natürlich ist 3.1 »besser« als 3.0. Das betrifft vor allem die Betriebssicherheit und die Verknüpfungsmöglichkeiten zwischen einzelnen *Windows*-Anwendungen. Aber für das Arbeiten mit Winword ist es nicht nötig, auf umzusteigen.

Winword läuft auch unter OS/2 2.0. Nach dem Doppelklikken auf die Installationsikone schaltet OS/2 selbsttätig auf Win_OS2 um. Das ist die Windows-Version von OS/2. Der Datendurchsatz ist dabei um einiges flotter, weil Win_OS2 auf einem 32-Bit-Betriebssystem läuft und darum jeweils dopppelt soviele Daten verarbeiten kann. Außerdem eröffnen sich Datenquerverbindungen, von denen Sie unter *Windows* nur träumen können. Die Bedienung von OS/2 ist objektorientiert und darum im ersten Zugriff etwas eckig und gewöhnungsbedürftig. Wenn Sie Ihren Rechner im Hinblick auf den immensen Speicherbedarf für die volle Funktionalität von Winword auf 8 MB aufgestockt haben, sollten Sie OS/2 durchaus in Erwägung ziehen. Bei praktisch gleichen Hardware-Voraussetzungen bietet OS/2 merkliche Vorteile bei der Verarbeitungsgeschwindigkeit und dem Datenaustausch zwischen Programmen.

Programmphilosophie

Winword gehört zu der Art von Software, die man am ehesten für sich nutzbar macht, wenn man die Art und Weise kennt, wie das Programm Texte formatiert und verwaltet. Darum stelle ich Ihnen eingangs einige Begriffe vor, deren Verständnis Ihnen den Einstieg in die Welt der Winword-Textverarbeitung spürbar erleichtern wird.

In diesem Buch lernen Sie Winword von »oben nach unten« kennen. Sie erfahren also zuerst, *warum* Sie dieses oder jenes tun – oder auch unterlassen – sollen und erst dann, *wie* die Vorgänge im einzelnen ablaufen; die dann aber haarklein erläutert.

Computer sind doof!

Lassen Sie sich nichts vormachen: Computer sind doof und Textverarbeitungsprogramme nicht minder. Diese Maschinen können nicht bis drei zählen, und auch für benutzerfreundliche Programme, zu denen ich zumindest gewisse Ansätze der aktuellen Version 2.0 von Winword zähle, sind Ihre Dokumente nichts weiter als eine strukturierte Anordnung von Bits und Bytes. Winword kennt weder Buchstaben noch Bilder. Letztendlich veranlassen Sie das Programm nur dazu, auf einem Blatt Papier ein bestimmtes Punktmuster zu erzeugen.

Soviel Desillusionierung erleichtert die Einsicht, daß es nützlich ist, sich mit einigen Programminterna vertraut zu machen, die von einer bunten Oberfläche verhüllt werden und dennoch das Arbeiten mit dem Programm allenthalben bestimmen.

Winword ist ein *dokumentenorientiertes* Textverarbeitungsprogramm. Was das im einzelnen bedeutet, muß Sie als Anwender nicht sonderlich interessieren. Nur die folgenden Zusammenhänge sollten Sie kennen, weil daraus bestimmte Mechanismen erwachsen, die Ihre Arbeitsweise unmittelbar beeinflussen.

Die Bezeichnung »dokumentenorientiert« hat sich in der PC-Welt durchgesetzt, obgleich sie den entscheidenden Sachverhalt eher vernebelt als verdeutlicht. Entscheidend ist nämlich, daß Winword davon ausgeht, daß Ihre Texte auf die gleiche Weise entstehen wie der Stau auf der Autobahn zwischen

München und Salzburg: immer ein Element nach dem anderen. Die Software reiht alles, was Sie eingeben, wie Perlen auf eine Kette. Darum kommt Winword auch am besten mit solchen Texten zurecht, die tatsächlich so aufgebaut sind.

In dem Moment, wo Ihre Texte von der unterstellten Anordnung abweichen, sei es, daß Sie Texte in Spalten setzen oder den geraden Lauf der Dinge durch Abbildungen, Überschriften, Diagramme oder Tabellen unterbrechen wollen, kommt der geschmeidige Ablauf von Winword ins Stocken. Der Befehlsvorrat der Software ist allerdings durchaus geeignet, die meisten der daraus resultierenden Probleme zu lösen.

Den Datenstrom des Dokuments gliedert Winword in Verwaltungseinheiten, die sich unter anderem darin unterscheiden, welchen Einfluß sie auf das Erscheinungsbild des Dokumentes haben.

Welche das sind und wie sie die Arbeit beeinflussen, erfahren Sie im folgenden Kapitel.

Kapitel 2

Grundbausteine

Ziel

In diesem Kapitel lernen Sie die Elemente kennen, aus denen Winword Texte zusammenfügt. Im wesentlichen geht es darum, die jeweiligen Eigenschaften und deren Auswirkungen auf die Arbeit mit Winword zu beleuchten.

Zeichen

Das kleinste Element, das die Software zu erkennen vermag, ist das *Zeichen*. Nehmen Sie das mit dem kleinsten aber nicht so wörtlich. Neben den banalen Buchstaben und Leerzeichen, die Sie über die Tastatur in den Rechner hämmern, zählen auch Sonderzeichen dazu, die Sie über spezielle Dialogfenster oder Tastatur-Kürzel in den Text einfügen, aber auch Formeln und Abbildungen, die von den zahlreichen Hilfsprogrammen und Konvertierroutinen erzeugt werden.

Anfangs wird es Sie wahrscheinlich überraschen, wenn nach dem Einfügen eines Bildes oder einer Formel der Zeilenabstand des Absatzes so gar nicht mehr zu den Voreinstellungen passen will. Nach und nach werden Sie sich daran gewöhnen und vor dem Einfügen entsprechender »Zeichen« Vorsorge treffen, daß das weitere Geschehen unter Ihrer Kontrolle bleibt. Allen Zeichen gemeinsam ist, daß man sie mit einem simplen »←« oder »Entf« löschen kann, und daß der Anwender – also Sie – das Programm instruieren muß, ob es die Anweisungen im Feld ausführen oder die Anweisung selbst nur anzeigen soll. Der Unterschied kann einige hundert Seiten ausmachen.

Winword stellt die Eigenschaften jedes einzelnen Zeichens zur Disposition. Es ist durchaus möglich, jeden Buchstaben in einer anderen Schriftart, mit einem anderen Schriftschnitt und in anderen Größen zu drucken. Das macht natürlich niemand, aber es ist nützlich, wenn Sie bestimmte Passagen optisch herausheben wollen oder Potenzen und Indizes in den Text einfügen müssen.

Felder und Objekte

In noch größere Verwirrung kann es den neuen Winword-Anwender stürzen, wenn er beginnt, mit *Feldern* zu arbeiten. Das sind spezielle Anweisungen, die in den Zeichenfluß eingefügt werden und Winword zu bestimmten Operationen veranlassen. Dies können Seitenzahlen oder Druckdaten sein, aber ebensogut entwickeln sich auch mehrseitige Verzeichnisse aus einem Feld. Felder und Objekte sind beim Erstellen umfangreicher und komplexer Dokumente gleichermaßen Basis unverzichtbarer Funktionen wie niederschmetternder Rückschläge.

In der Mehrzahl der Fälle fügen Sie diese Steuerzeichen selbst ein, so daß Sie sich immerhin gegen zu große Überraschungen wappnen können. Die Verteilung einiger weniger Felder organisiert Winword selbsttätig. Der virtuose Umgang mit den Dar-

Abb. 1
Jedes Feld fügt ein Kapitel in den Text ein.

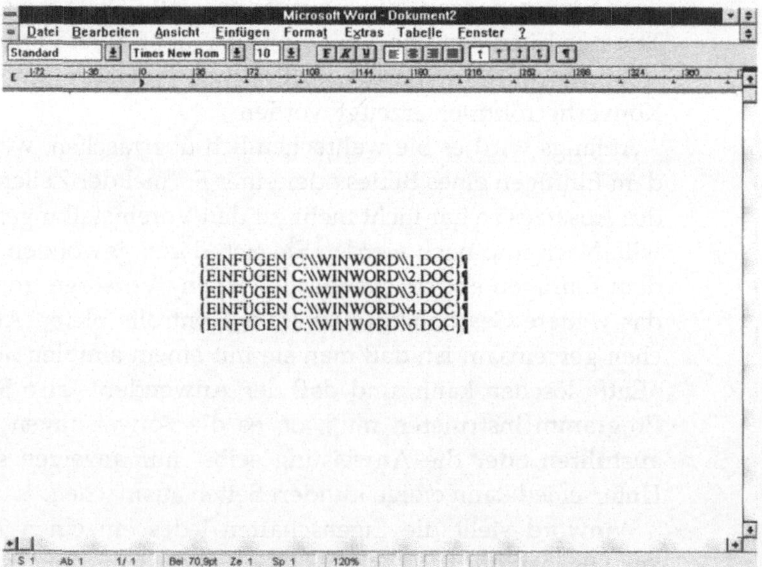

stellungsmöglichkeiten auf dem Monitor ist eine große Hilfe, um alles unter Kontrolle zu behalten. Die entsprechenden Handreichungen finden Sie im Kapitel 3: »Ansichtssachen«.

Objekte sind zwar im Menü **Einfügen** gesondert ausgeführt, im Text treten sie aber als Sonderform von Feldern in Erscheinung. Wenn Sie jetzt schon an *OLE* denken, liegen Sie richtig. Sie erhalten Zugriff auf verschiedene kleine Hilfsprogramme, mit denen Sie während der Texterfassung und -gestaltung Aufgaben bewältigen, für die Winword kein geeignetes Werkzeug bietet. In erster Linie sind da der Formelgenerator und die Zeichen- beziehungsweise Illustrationsprogramme zu nennen.

Zum Beispiel starten Sie mit dem Einfügen einer Formel das Programm *EQEDIT.EXE*. Es ist übrigens die einzige Möglichkeit, dieses Programm zu starten. Ähnliches gilt für die anderen Programme, die Sie in der Auswahlliste des Menüpunktes **Objekt einfügen** des Menüs **Einfügen** finden werden. Es sei denn, auf Ihrem Personalcomputer sind noch mehr Programme installiert, die Objekte für Winword-Dokumente bereitstellen.

Feldfunktionen betten Objekte ein.

Bei Feldern hält Winword gleichsam inne und prüft, ob die dort niedergelegte Anweisung das Programm vielleicht vom geraden Pfad der Datenverarbeitung abbringt.

Mehr über Felder im Kapitel 8

Das ist zum Beispiel dann gegeben, wenn Winword in einem Feld auf die Anweisung stößt, eine Datei zu laden. Ob Winword dann tatsächlich diese Datei lädt – den entsprechenden Wunsch haben Sie als Benutzer formuliert – hängt von einigen Vorgaben ab, die wiederum Sie formulieren.

Im Klartext: Winword tut nie das, was Sie wollen, sondern das, was Sie dem Programm vorgeben! Ich empfehle in diesem Zusammenhang dringend die Lektüre des Kapitels 3 »Ansichtssachen«.

Auch Felder und Objekte – und sei es auch, daß sich dahinter ein zwölfseitiges Inhaltsverzeichnis oder eine ellenlange Formel verberge – erliegen der Macht einer <Entf>- oder <←>-Taste. Besonders Anwender, die sich aus Gründen der Geschwindigkeitssteigerung lieber die Felder anzeigen lassen, statt deren Ergebnisse, werden hier das eine oder andere Daten-Waterloo erleben: Computer sind nicht nur doof, sondern auch heimtückkisch!

Bei der Texterfassung und -gestaltung dürfen Sie darauf bauen, daß grundsätzlich alle Zeichen auch dann ihren Informationsgehalt behalten, wenn sie in andere Dokumente eingefügt werden: eine Formel geht beim Einfügen eines Dokumen-

Felder importieren

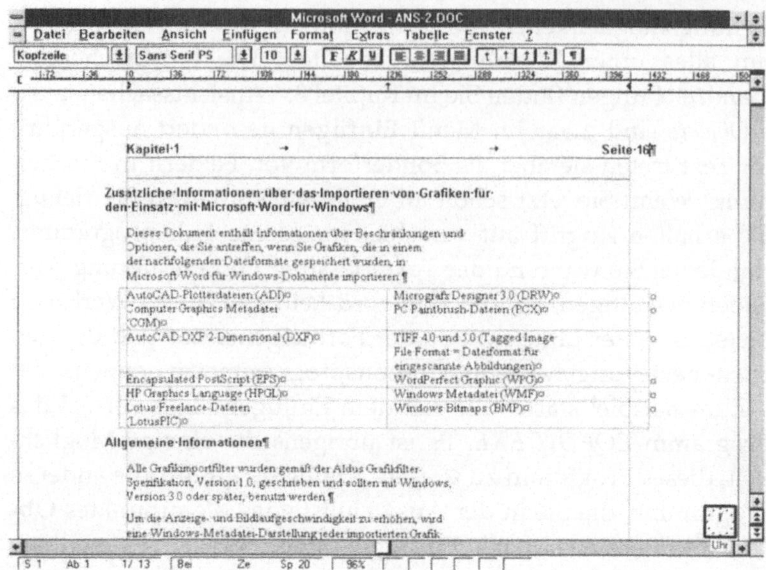

tes in ein anderes ebenso wenig verloren wie eine Grafik oder Tabelle.

Die Verteilung und Anordnung der Informationen wird in vielen Fällen von den Einstellungen des Dokumentes bestimmt, in das Texte eingefügt werden: Fußnoten, die im Dokument 1 am Ende einer Seite erscheinen, gehen zwar beim Einfügen in das Dokument nicht verloren, aber sie können dort als Endnoten am Ende des Textes erscheinen, wenn für das Zieldokument eine entsprechende Regel gilt.

Sie sehen, die Probleme beginnen genau dort, wo Sie das Programm einsetzen wollen. Dieses Buch entstand mit dem Ziel, diese Probleme zu lösen.

Absätze

Wann immer Sie während Ihrer Arbeit mit Winword auf die Eingabetaste (<↵>) drücken, erzeugen Sie einen *Absatz*. Absätze zählen bei der Arbeit mit Winword zu den wichtigsten Verwaltungseinheiten. Das Programm verwendet Absätze sowohl zum Formatieren als auch zum Verwalten von Texten.

Formatieren

Das Formatieren betrifft das Erscheinungsbild des Absatzes. Winword kennt sehr viele Gestaltungsmerkmale, die auf Text angewendet werden können. Das beginnt bei der Schriftart, geht über Größe und Abstand der Zeichen bis hin zu Einstellungen zur Zeilenausrichtung, Lage und Art der Tabulatoren und endet bei Vorgaben zum Umbruch und der Trennregeln.

Sofern Sie im Dialogfenster *Einstellungen* im Menü **Extras** das Kontrollfeld **Absatzmarken** aktiviert haben, zeigt Ihnen Winword am Ende eines Absatzes ein Zeichen an. Es handelt sich um die *Absatzende-Marke*. Diese Marke gehört zu den Zeichen, die ähnlich wie Tabulatoren nicht gedruckt werden, aber eben für das Arbeiten mit Winword eine gewisse Rolle spielen. In diesem Zeichen dürfen Sie sich alle Formatieranweisungen für den jeweiligen Absatz konzentriert vorstellen. Leerzeichen und bedingte Trennzeichen gehören demgegenüber durchaus zu den druckbaren Zeichen, auch wenn Ihnen das Dialogfenster zum Einstellen der Ansicht etwas anderes erzählen will.

Absatzmarken anzeigen

Es hat sich übrigens bewährt, beim Arbeiten mit Winword möglichst viele der nicht druckbaren Steuerzeichen anzeigen zu lassen. Anfangs wirken die Texte etwas unübersichtlich. Später stellen Sie fest, wie unübersichtlich Winword Ihre Texte ausdruckt, wenn Sie bei der Texterfassung und der Textformatierung die entsprechenden Informationen nicht genutzt haben.

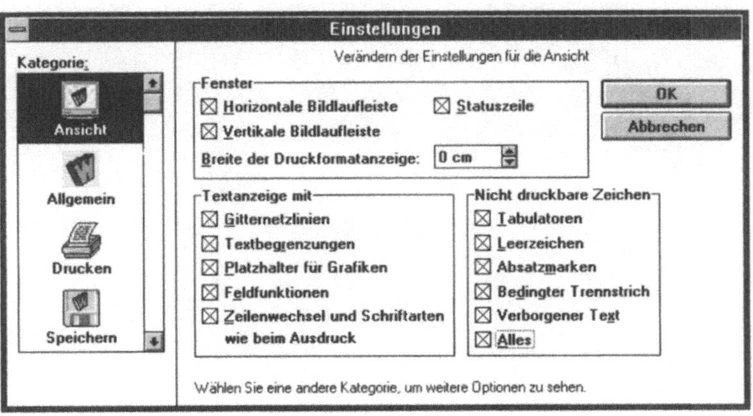

Abb. 3
Dialogfenster für das Einschalten der Absatzmarken

Einen ersten Einblick über die Vielzahl der möglichen Absatzeigenschaften gibt die folgende Abbildung. Es zeigt das Dialogfenster, in der alle Einstelloptionen zusammengefaßt werden können.

Inhalt und Formatierung der Absätze sind für Winword tabu. HALT! Lassen Sie sich das noch einmal durch den Kopf gehen: tabu bedeutet unberührbar und das ist doch immerhin was.

Absatzformate importieren

In der Praxis behält die Überschrift im Dokument 1 auch dann ihre Formatierung, wenn sie in ein Dokument eingefügt wird, in dem die Überschriften eigentlich anders aussehen!

Mit einer Art von Absatz ist es meistens nicht getan. Selbst in kleinen, überschaubaren Dokumenten werden Absätze mit unterschiedlichen Formatierungen benötigt: Datumszeilen enden rechtsbündig und die Überschrift soll zentriert und mit einer anderen Schriftgröße gedruckt werden als der restliche Text. Da kommt auf Sie einiges an Formatierarbeit zu.

Sehr viel mehr Einstellungen sind dann in langen Dokumenten nötig: zur Hauptüberschrift gesellen sich Untertitel, die fremdsprachigen Zitate müssen eingerückt und nach anderen Trennregeln getrennt werden, und für bestimmte Hinweise und Zusammenfassungen brauchen Sie einen Absatz mit Rahmen.

Die Reihe läßt sich beliebig fortsetzen und endet mit dem Hinweis auf die *Druckformate*.

Abb. 4
Das Textfenster listet auf, welche Einstellungen der Absatz aufweist.

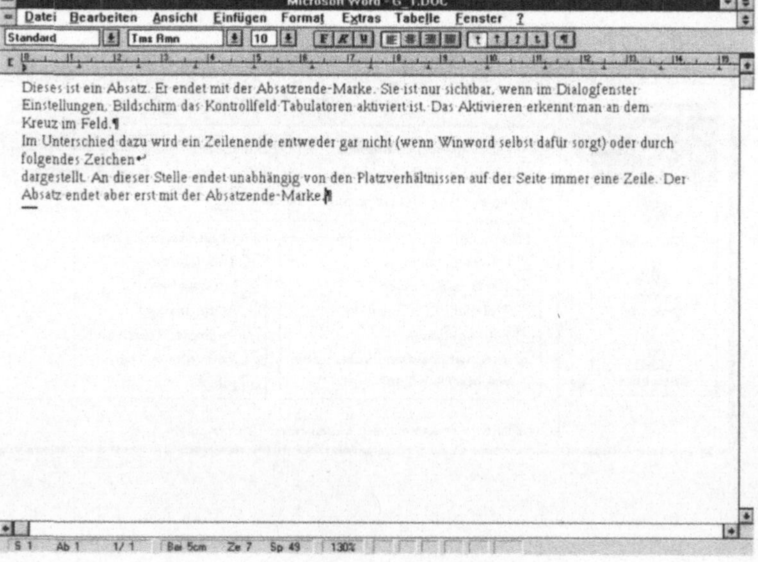

Druckformate

Darunter kann man sich eine Hülse vorstellen, die einmal erstellt, jeglichen Inhalt in die gleiche Form zwingt. Winword spricht die Druckformate mit Namen an. Teils können Sie sich selbst welche ausdenken, teils gibt das Programm welche vor. Es ist gut zu wissen, wer im gegebenen Fall bei der Namensvergabe das letzte Wort hat.

Nun verändern Sie die Einstellungen für alle Absatzeigenschaften einfach dadurch, daß Sie dem Absatz ein bestimmtes Druckformat zuweisen. Das ist wirklich eine feine Sache, die Ihnen viel Arbeit erspart und Ihren Dokumenten ohne viel Aufwand zu einem gleichmäßigen Erscheinungsbild verhilft.

Den einzigen Tribut, den Sie dafür zollen, besteht darin, daß Sie die Druckformate einmal erstellen und dann mit eiserner Konsequenz anwenden. Überschriften werden dann eben immer und überall mit dem Druckformat namens *Kapitel_1* versehen und nicht mit *Abschnitt_2*, dem auf dem Wege der manuellen Nachbearbeitung eine passende Schriftgröße und Zeilenausrichtung zugewiesen wurde. Winword macht das, was Sie vorgeben und nicht das, was Sie meinen!

Druckformate wirken nur auf Absätze: Felder bleiben von den umgebenden Formatanweisungen zuweilen unbeeindruckt. Dateien, die über Felder in Texte eingefügt werden, ignorieren die jeweiligen Vorgaben. Im Normalfall müssen Sie bei Feldern besondere Vorgaben machen, damit Winword das Feld-Ergebnis an die Gegebenheiten des jeweiligen Absatzes anpaßt.

Abschnitte

Auch das ist eine Verwaltungseinheit für Texte, allerdings sehr viel mächtiger als ein Absatz. Im Grunde genommen beginnt mit einem neuen Abschnitt ein neues Dokument, das im Hinblick auf so wesentliche Elemente wie Spaltenzahl, Papierformat, Druckrichtung und Numerierung vom vorhergehenden und nachfolgenden Abschnitt unabhängig ist. Alternativ zu Abschnitten können Sie eine Vielzahl von Dokumenten erzeugen, diese als separate Dateien ablegen und bei Bedarf in einem »Mega-Dokument« zusammenfügen.

Die Erfahrung hat gezeigt, daß es sich mit vielen Abschnitten in einem Dokument störungsfreier – nicht schneller! – arbeiten läßt als mit vielen Dokumenten, die von speziellen Feldfunktionen zusammengefügt werden müssen. Sobald das Dokument allerdings einen bestimmten Umfang überschreitet, kommen Sie kaum darum herum, mehrere Einzeldokumente in einem Dokument zusammenzufügen. Wann das der Fall ist, hängt ganz von der Leistungsfähigkeit Ihres Rechners und der Stärke Ihres Geduldsfadens ab.

Abschnitte können im Prinzip überall beginnen. Sie sind nicht daran gebunden, mit einem neuen Abschnitt auch eine neue Seite zu beginnen.

Na und, wozu sind Abschnitte nütze?

Nun, ohne Abschnitte und deren unerschütterlicher Unabhängigkeit, könnten Sie weder Inhaltsverzeichnisse ohne größere Umstände erstellen, noch einen dreispaltigen Text mit einer Überschrift versehen, die über alle Spalten reicht. Und die Möglichkeit, innerhalb eines Dokumentes die Druckrichtung zu ändern, wäre ohne Abschnitte nicht zu verwirklichen.

Abschnitte schaffen die Möglichkeit, ein Dokument mit einer separaten Seitenzählung (Paginierung) zu versehen – arabische Ziffern für den Hauptteil und römische für das Inhaltsverzeichnis.

Wenn Sie sich nun vor Augen halten, daß Inhaltsverzeichnisse für Winword programmtechnisch nur *ein Feld* mit der Ausdehnung eines Zeichen sind, können Sie sich leicht ausmalen, zu welchen aberwitzigen Ergebnissen die Funktion *Inhaltsverzeichnis erstellen* führen würde, wenn Sie nicht die Chance hätten, das Verzeichnis selbst aus dem Dokument herauszuhalten.

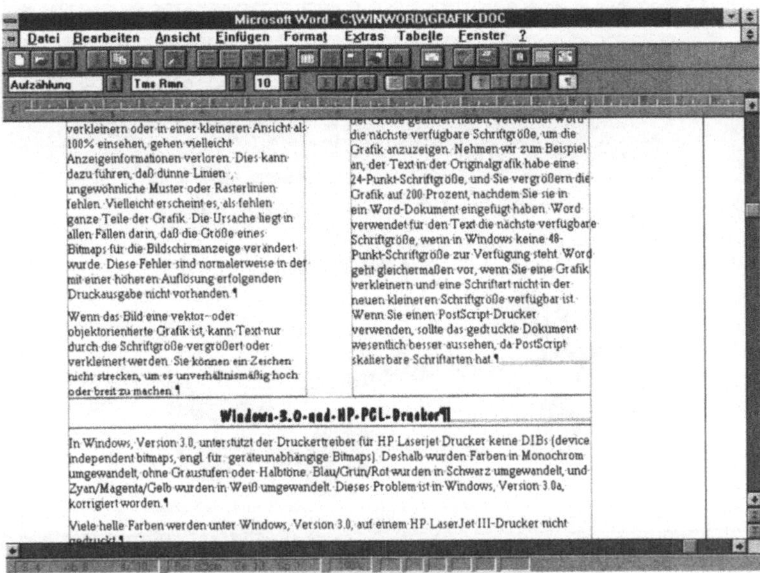

Abb. 5
Abschnitte

Der obere Abschnitt ist zweispaltig formatiert. Damit die Überschrift über den Satzspiegel zentriert werden kann, wird auch für den Absatz, der die Überschrift enthält, ein Abschnittumbruch eingefügt. Unter der Überschrift erscheint der Text wieder einspaltig. Ohne Abschnitte muß man solche Layouts auch im Zeitalter von DTP sehr zeitaufwendig konstruieren.

Auch Abschnitte bleiben beim Einfügen in andere Dokumente erhalten und behalten dort die meisten ihrer Eigenschaften. Problematisch wird das Zusammenfügen von Teildokumenten zu einem Hauptdokument, wenn die Teildokumente Abschnitte mit individuellen Kolumnen aufweisen. Diese Informationen in Kopf- und Fußzeilen gehen dann nämlich verloren.

Abschnitte und Kolumnen

Positionsrahmen

Winword fügt alle Textelemente stur aneinander. Grafik nach Zeichen und Absatz nach Absatz. Das führt zu der unbefriedigenden Situation, daß zum Beispiel eine eingefügte Abbildung – in der folgenden Abbildung ist es eine Zeichnung aus dem Lieferumfang von Winword – nicht vom Fleck zu ziehen ist.

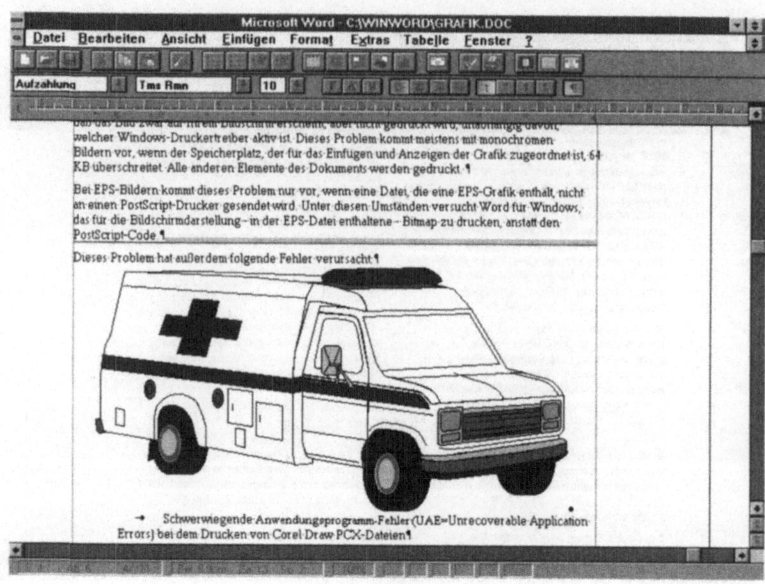

Eigenschaften und Funktion

Positionsrahmen dienen dazu, diese starre Reihenfolge aufzubrechen. Ihre Inhalte können gegenüber dem Umfeld durch Linien und Flächenfüllungen hervorgehoben und samt den Rahmen auch verschoben werden. Je nach Einstellung verdrängt der Rahmen dabei vorhandenen Text (das ist die Voreinstellung) oder wird von ihm überschrieben.

Mit den Positionsrahmen und nur mit Positionsrahmen, können Sie die Bindung einer Abbildung oder einer Formel an den Einfügeort aufbrechen. Sobald die Abbildung mit einem solchen Rahmen ausgestattet ist, kann sie beliebig auf der Seite verschoben werden.

Die Positionsrahmen sind nicht nur Transportbehälter, sondern auch schmückende Hülle. Die jeweiligen Inhalte können mit einer farbig unterlegten Fläche und unterschiedlichen Randlinien gegenüber dem umgebenden Text hervorgehoben werden.

Zusammen mit den Möglichkeiten, auch das Erscheinungsbild des Positionsrahmens zu beeinflussen, ist das Einfügen von Merksätzen, Hervorhebungen und Zusammenfassungen in den Text kein Problem mehr.

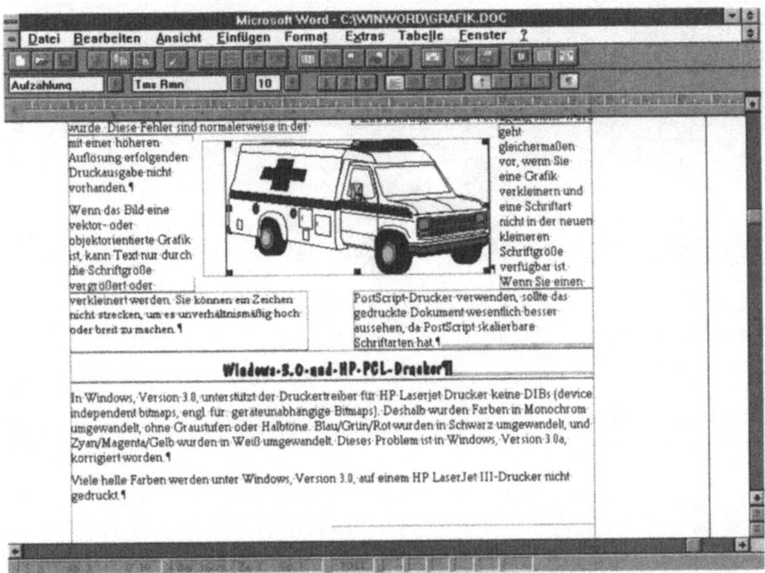

Abb. 7
Mit dem Positions-
rahmen läßt sich die
Abbildung beliebig auf
der Seite verschieben.

Leider ist es nicht möglich, Winword anzuweisen, schon beim Laden alle importierten Grafiken mit Positionsrahmen auszustatten. Das müssen Sie schon selbst erledigen, indem Sie vor dem Einfügen der Grafik oder der Formel bereits einen entsprechenden Positionsrahmen erzeugen und ihn zum Ziel des jeweiligen Vorganges machen.

Fast schon als Entschädigung für diese Unannehmlichkeit können Sie jedem Absatz oder auch jedem Zeichen einen eigenen Positionsrahmen zuordnen. Das gestattet atemberaubende Layoutkonstruktionen.

Ohne viel Umschweife konnte in der Abbildung 8 die Überschriftenlänge verringert werden.

Positionsrahmen einfügen

Die Bewegungsmöglichkeiten der Positionsrahmen sind auf die Seite begrenzt, auf der sich der Rahmen gerade befindet.

Das Einfügen von Positionsrahmen ist in jeder Ansicht möglich. Allerdings können die Positionsrahmen nur in der Druckbild-Ansicht betrachtet und bearbeitet werden. Winword erkennt, wenn andere Ansichten eingestellt sind und schaltet gegebenenfalls mit Ihrem Einverständnis beim Erstellen selbsttätig in die Druckbildansicht um.

Positionsrahmen
nachträglich oder als
Leerrahmen
Positionsrahmen nur
in der Druck-Ansicht

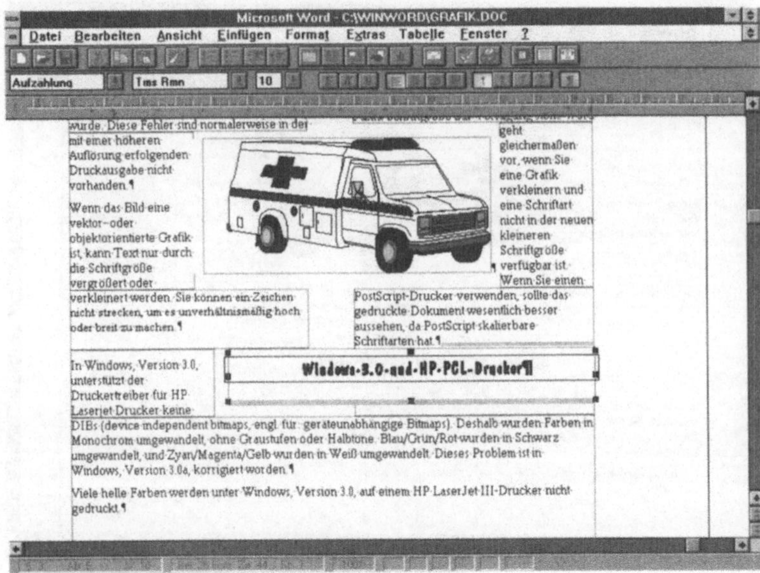

Positionsrahmen gelangen nur über den gleichnamigen Befehl im Menü **Einfügen** in das Dokument. Sie können ihn wahlweise auf markierte Elemente anwenden: Grafiken, einzelne Zeichen, Objekte aller Art, Tabellen und Absätze.

In diesem Fall wirkt der Positionsrahmen gleichsam als Stanze, mit der Sie das jeweilige Element aus dem angestammten Verbund herausreißen, um es nach Belieben gegenüber dem umgebenden Text hervorzuheben und im Bedarfsfall auch auf der Seite zu verschieben. Die Größe des Positionsrahmens richtet sich nach der Größe des markierten Objektes.

Im anderen Fall erzeugen Sie einen Leerrahmen. Nachdem Sie auf der Schaltfeld geklickt haben,

- bewegen Sie den Mauszeiger an die Stelle, an der Sie den Rahmen benutzen wollen,
- drücken die linke Maustaste und halten sie gedrückt, während Sie den Positionsrahmen durch das Bewegen der Maus auf die gewünschte Größe aufziehen.

Ein Positionsrahmen wirkt wie ein Stück Papier oder Folie, das auf die vorhandene Seite gelegt wird. Größe und Einfügeort der Leerrahmen bestimmen Sie mit der Maus.

Positionsrahmen formatieren

Nach dem Einfügen ist der Rahmen mit bestimmten Vorein- *Größe, Position,* stellungen ausgestattet. Diese sorgen unter anderem dafür, daß *Textfluß* der Rahmen an den Text des Einfügeortes gebunden bleibt und den umgebenden Text verdrängt.

Diese Einstellungen sowie die genaue Position und Größe des Positionsrahmens und seinen Abstand zum umgebenden Text lassen sich im Dialogfenster *Positionsrahmen* verändern. Es ist über den gleichnamigen Befehl im Menü **Format** zugänglich und im wesentlichen selbsterklärend.

Jeder Positionsrahmen ist zugleich auch ein ganz »normaler« *Linien, Schatten,* Rahmen, dem Sie im Dialogfenster *Rahmen Absätze* die Eigen- *Füllung* schaften für die Flächen und Linien vorgeben. Das betrifft Farbe und Struktur sowie einen angedeuteten »Schatten«, den der Rahmen auf das Papier wirft.

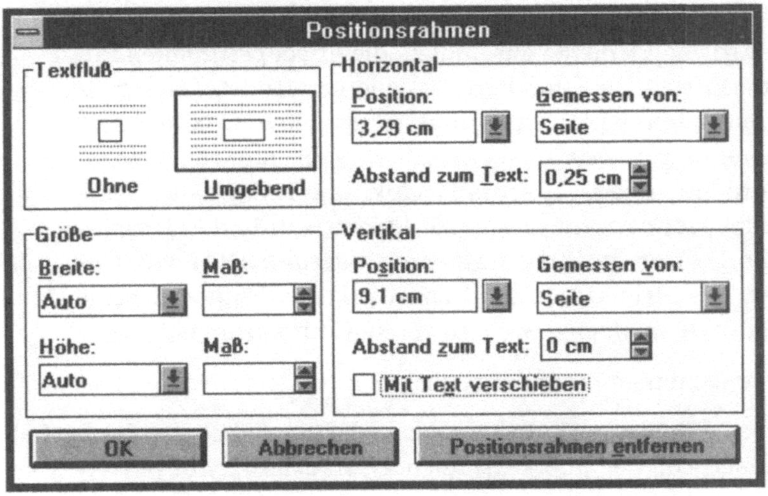

Abb. 9
Dialogfenster
»Positionsrahmen«
formatieren

Dokumente

Aus Zeichen, Absätzen und Abschnitten entstehen schlußendlich Dokumente. Es ist die einzige Verwaltungseinheit, die das Betriebssystem und Winword gemeinsam haben. Nur Dokumente treten gegenüber *DOS* oder *Windows* als erkennbare Dateneinheiten auf. Alle Druckformate sind mit einem Dokument verbunden und stehen nicht als separate Format-Datei oder Stylesheet zur Verfügung.

Dokumente sind im Normalfall das Ergebnis von Textverarbeitung. Winword verwendet Dokumente aber auch als Ausgangspunkt von Textverarbeitung, und das in zweifacher Hinsicht: Formulare und Teildokumente.

Formulare

Der Hintergrund ist einfach: der Anwender fügt in einem Dokument solche Elemente zusammen, die er bei bestimmten Publikationen stets und ständig aufs neue verwendet. Diese zeitlich konstanten Bestandteile fügt er zu einer Dokumentenschablone zusammen und speichert sie als Formular ab. Nun ist Winword ein angelsächsisches Produkt und kennt daher keine Formulare, sondern nur *Templates*. Darum wurde den entsprechenden Dateien auch die Namenserweiterung .DOT wie **Do**cument **T**emplate zuteil. Ansonsten erkennt Winword seine Dateien an der Namenserweiterung .DOC für **Doc**ument.

Wozu braucht man Formulare?

Nun, das Feld ist groß: technische Redaktionen schaffen sich eine Basis, auf der alle Beteiligten Gebrauchsanleitungen erstellen, denen man nur noch ansieht, aus welcher Firma sie stammen, aber nicht mehr, ob Müller oder Meier tätig war. Neudeutsch wird das gerne *Corporate identy* genannt. Nun ist Winword durchaus nicht dazu geeignet, Identitätskrisen zu meistern, aber der gleiche Mechanismus spart Ihnen eine Menge Zeit beim Erstellen von Seminararbeiten und Forschungsberichten, weil Sie alle Einstellungen und Elemente, die bei allen Publikationen gleich sind, in einer Datei zusammenfassen und beim Verfassen eines neuen Dokumentes der gleichen Art ohne weiteres dort haben, wo sie hingehören.

Das Spektrum reicht von Druckformaten und Numerierungsmodi bis hin zu Bild- und Textinhalten wie Logos oder Verwünschungen für den Fall der unerlaubten Weitergabe des vielleicht vertraulichen Dokumentes. Außerdem – und das verrate ich Ihnen als Bonbon schon hier – können Sie mit Formularen auch beliebig komplexe Befehlsfolgen starten, die dem jeweiligen Benutzer bestimmte Informationen entlocken oder die Verteilung des eingegebenen Textes organisieren.

Ein Template hat eine besondere Funktion: es heißt NORMAL.DOT und stellt die gemeinsame Basis für alle Texte und Dokumente dar, die Sie mit Winword erstellen. Mit dieser Dokumentvorlage sind alle Makros und Textbausteine verbunden, die vom Ersteller für *globale* Anwendung freigegeben wurden. Nun ist »global« sicher etwas hochgestochen, weil es ja letztendlich nur um den Mikrokosmos geht, den Winword nach Ihren Vorgaben auf Ihrem Personalcomputer einrichtet. Aber immerhin weiß der verunsicherte Anwender, was »normal« ist.

Das NORMALE ist die Basis für alle.

Teildokumente

Winword stellt Verfahren bereit, mit denen Sie eigenständige Winword-Dokumente oder Dateien anderer Textverarbeitungsprogramme direkt in ein Dokument einfügen können. Sinnvoll ist dieses Verfahren immer dann, wenn die bequeme Aufteilung eines langen Textes in Abschnitte das Arbeiten zu einer Geduldsprobe macht. Dann bleibt nur noch der Weg, die Texte kapitelweise auf eigenständige Dokumente zu verteilen und dann in einem *Masterdokument* zusammenzuführen. Das Handbuch von Winword kennt weder diesen Begriff noch einen anderen, der diese nützliche Funktion dem suchenden Anwender nahebringt. Dabei ist sie gerade für das Erstellen langer Dokumente eine große Hilfe.

Soweit einige wichtige Elemente der Winword-Programmphilosophie. Sie haben jetzt sozusagen das Gerippe kennengelernt, dem Winword seinen Halt verdankt und das Sie zu bestimmten Vorgehensweisen zwingt. In den folgenden Kapiteln zeige ich Ihnen, wie sie dieses Instrumentarium nutzen, um schnell und zielsicher lange, komplizierte und komplexe Dokumente mit Winword zu erzeugen.

Kapitel 3

Ansichtssachen

Wenn Sie beim Arbeiten mit Winword das Gefühl beschleicht, Sie könnten Ihren Augen nicht trauen, haben Sie entdeckt, welche Vorstellungen im Hause *Microsoft* darüber herrschen, wie nahe die Bildschirmdarstellung eines Textes dem späteren Ausdruck kommen muß. Eines der Hauptprobleme von Winword besteht in der Art und Weise, wie das Programm die Ergebnisse Ihrer Texteingaben und Gestaltungsarbeiten auf dem Monitor darstellt.

Ziel

In diesem Kapitel geht es in erster Linie darum, wie Winword die Texte für den Monitor aufbereitet, und welche Folgen das für Ihre Arbeit und den abschließenden Ausdruck hat.

Auch nach Monaten der Übung werden Sie sich ab und an verwundert die Augen reiben, wenn der Text auf dem Schirm gänzlich anders aussieht als auf dem Papier.

Winword stellt Ihre Texte auf dem Monitor auf viele unterschiedliche Arten dar. Die verschiedenen Darstellungsweisen bieten unterschiedliche Informationsinhalte und unterschiedliche Möglichkeiten der Textverarbeitung. Aber keine Ansicht garantiert eine drucknahe Abbildung des Dokumentes auf dem Monitor. Das Versprechen, Sie sähen das, was der Drucker später zu Papier bringt (WYSIWYG: What You See Is What You Get) kann Winword nur sehr bedingt einlösen. Sie brauchen schon ein gerüttelt Maß an Erfahrung und ein Quentchen Glück, um sich durch die vielen Ansichten, deren Abhängigkeiten und Verknüpfungen hindurchzulavieren.

WYSIWYG nur mit Vorbehalt

Darstellungsmodi

Insgesamt gibt es sechs verschiedene Darstellungsweisen:

- Druckbild
- Konzept
- Normal
- Gliederung
- Fußnoten
- Seitenansicht

Beispiele aus dem Lieferumfang

Ich erläutere die Eigenschaften und Abhängigkeiten der verschiedenen Schalter und Dialogfenster anhand des Dokumentes GRAFIK.DOC. Es befindet sich im Lieferumfang von Winword und enthält einige nützliche Hinweise zum artgerechten Umgang mit Grafikdateien. Während der Installation hat das Einrichtungsprogramm dieses Kapitel in das gleiche Unterverzeichnis kopiert, in dem sich auch Winword befindet.

Die Abbildungen zeigen dieses Dokument mit einer Grafik, die sich gleichfalls im Lieferumfang von Winword befindet und nach der Installation im Unterverzeichnis mit den Cliparts zu finden ist. Im Kapitel 11 können Sie nachlesen, wie man Grafiken in Winword-Dokumente einfügt.

Sofern nichts anderes vermerkt ist, beziehen sich alle Ausführungen darauf, daß Winword im Vollbildmodus betrieben wird. Das bedeutet, daß Fenster und Monitor gleich sind.

Seitenansicht

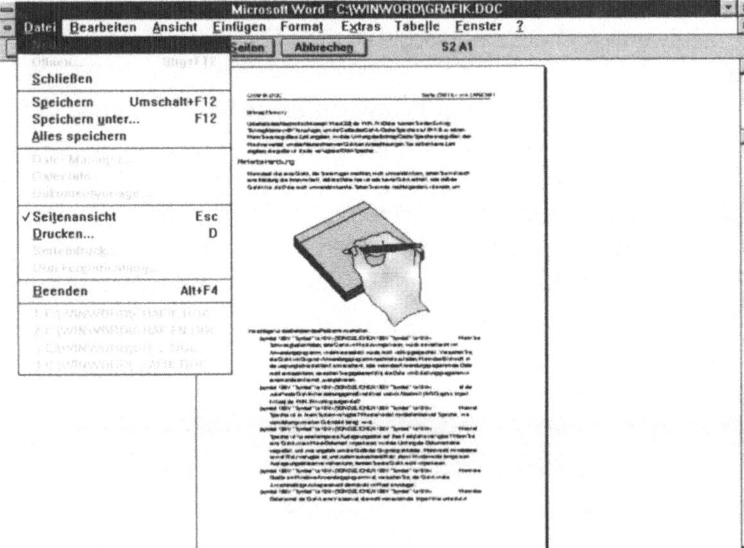

Abb. 1
Seitenvorschau

Die Seitenansicht kommt dem späteren Ausdruck verhältnismäßig nahe und erlaubt, das Dokument unabhängig von allen Schaltern und Voreinstellungen so zu betrachten, daß Sie einen Eindruck davon bekommen, wie das Dokument später auf dem Papier aussehen wird. Allerdings entziehen sich einige Felder dieser Darstellungsweise, so daß auch die Seitenansicht optisch nur eine grobe Näherung an das spätere Druckergebnis bietet.

Sie erreichen den entsprechenden Schalter im Menü **Datei** durch das Anklicken des Schaltfeldes **Seitenansicht** und erhalten dann eine zuverlässige Auskunft über die Ausgestaltung der Kolumnen, Lage, Größe und Inhalt der eingefügten Grafiken und die Wirkung eines etwa eingestellten Spaltensatzes. In dieser Ansicht sind keine Textänderungen möglich. Auch für das Verschieben von Grafiken, Tabellen und Formeln müssen Sie andere Ansichten bemühen. Wenn Sie bisher ältere Versionen von Winword verwendet haben, bedeutet das eine gewisse Umgewöhnung.

Keine Textbearbeitung möglich

Wahlweise zeigt Ihnen Winword ein oder zwei Seiten gleichzeitig an.

Winword unterscheidet nicht zwischen linker und rechter Seite.

Meiden Sie die zweiseitige Darstellung, weil Winword nicht zwischen linker und rechter Seite unterscheidet. Das führt dann zum Beispiel dazu, daß Seite 3 und Seite 4 nebeneinander zu sehen sind. Physikalisch ist das später nicht oder nur durch Vergewaltigung eherner Prinzipien der Paginierung zu erreichen.

Objekte

In der Seitenvorschau zeigt Winword keine Objekte an: weder als leere Rahmen, noch als sichtbare Daten. Wenn Sie zum Beispiel eine Grafik importiert haben und diese dann mit *Microsoft Graph* bearbeiten, bleibt das Bild nach der Bearbeitung mit dem Winword-eigenen Zeichenprogramm unsichtbar. Entsprechend stimmt natürlich die Textverteilung nicht im entferntesten mit dem späteren Ausdruck überein.

Abb. 2

Der Pfeil weist auf die neue obere Begrenzung des Satzspiegels.

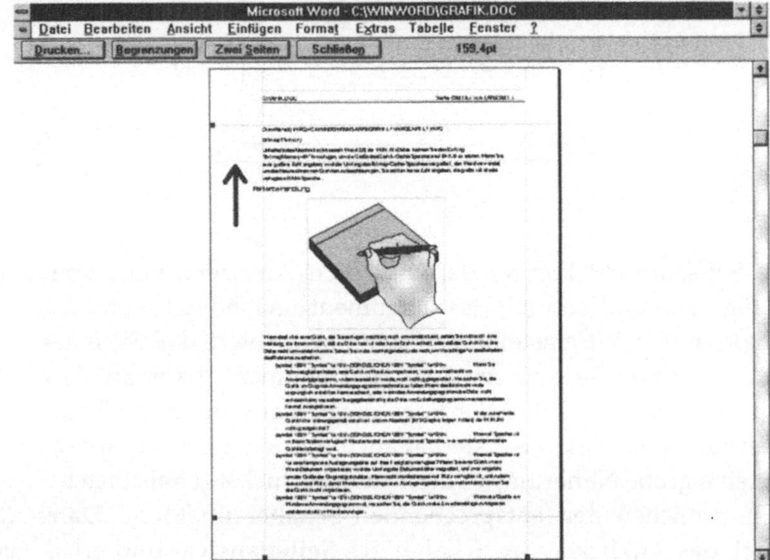

In der Seitenansicht ist der Satzspiegel veränderbar.

Mit Ausnahme der Tasten <Esc> zum Verlassen der Seitenansicht und den Tasten <Bild↑> und <Bild↓> sollten Sie in dieser Ansicht alle Tasten und vor allem die Maus ignorieren. Ansonsten kann es schon mal sein, daß Sie die Einstellungen für die Seitenränder gründlich verwürfeln. Wenn Sie nämlich auf das Schaltfeld **Begrenzungen** klicken, blendet Winword in die Seitenansicht die Begrenzungen des aktuellen Satzspiegels ein. An den Eckpunkten stehen Ihnen gleichzeitig Steuerpunkte zur

Verfügung, mit denen Sie die jeweiligen Einstellungen schneller verändern können, als Ihnen vielleicht lieb ist. Sie brauchen nur den Mauszeiger auf einen dieser Steuerpunkte zu bewegen, die Maustaste drücken und gedrückt halten. Dann folgt die Begrenzung des Satzspiegels der Mausbewegung.

Die Veränderungen werden nach Verlassen der Seitenansicht oder durch erneutes Anklicken des Schaltfeldes **Begrenzungen** wirksam. Vorsicht: Dieser Vorgang kann nicht zurückgenommmen werden.

Konzept

In dem Menü **Ansicht** finden Sie den Befehl **Konzept**. Er beeinflußt alle Ansichtsmodi, die Sie im Menü **Ansicht** auswählen können. Ob er wirksam ist, erkennen Sie an einem kleinen Häkchen vor dem Befehl. Fehlt das Häkchen, zeigt der Bildschirm auch nicht die Konzeptansicht.

Die Konzeptansicht reduziert die sichtbare Informationsmenge auf ein Minimum, um Winword von Formatieraufgaben zu entlasten. Das Programm kennzeichnet alle Auszeichnungen einheitlich durch eine Unterstreichung und blendet alle Grafiken aus. *Schneller Bildaufbau*

Dadurch verringern sich die Wartezeiten, die Winword benötigt, um den Bildschirm jeweils zu berechnen. Besonders umfangreiche Pixelbilder oder aufwendige Seitengestaltungen mit vielen separat positionierten Absätzen und Grafiken können andernfalls zu einer hammerharten Geduldsprobe werden. Die kann man sich mit der Konzeptansicht ersparen. Das ist eine Seite.

In der Konzeptansicht ist die Übereinstimmung mit dem Ausdruck am geringsten.

Auf der anderen Seite arbeitet diese Einstellung der Erwartung entgegen, daß man Einstellungsfolgen bereits am Monitor erkennt. Im wesentlichen eignet sich die Konzeptansicht nur zur Texteingabe »am Stück«. Sobald Formatierungen und Positionierungen anstehen, sind andere Ansichten besser geeignet. Wenn es Ihre Zeit irgendwie erlaubt, sollten Sie auf die Konzeptansicht verzichten. *Geringste Übereinstimmung mit Ausdruck*

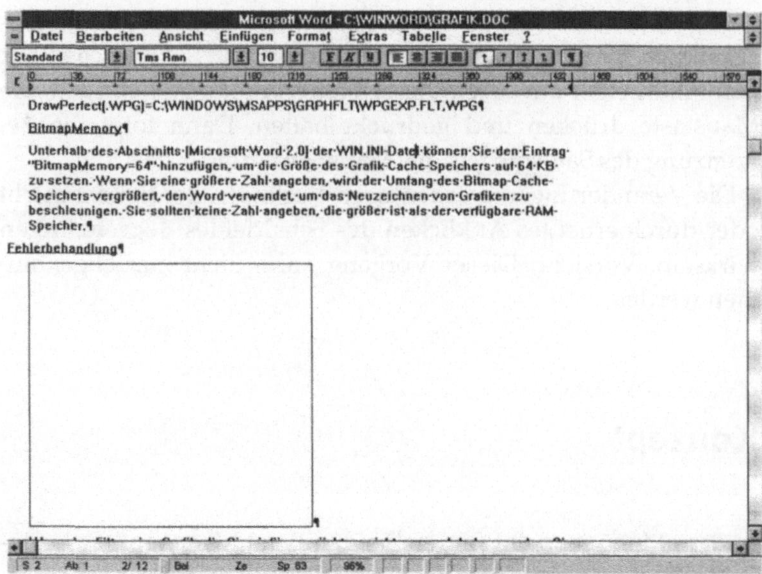

Druckbild

Anders als in der Seitenvorschau können Sie in der Ansicht *Druckbild* das Dokument nicht nur betrachten, sondern auch bearbeiten.

Sie finden den Schalter für das Druckbild im Menü **Ansicht**. Dort bietet Winword weitere Befehle und Dialogfenster an, die sich auf die Bildschirmanzeige auswirken. Außerdem wirken sich auch Vorgaben aus, die Sie in ganz anderen Menüs vornehmen.

Zoom

Im Menü **Ansicht** ist mit dem Schaltfeld **Zoom** ein Dialogfenster gleichen Namens zugänglich, dessen Einstellungen bestimmen, ob Winword Texte und Grafiken vergrößert oder verkleinert anzeigt. Diese Einstellungen beeinflussen auch die Druckbild-Ansicht.

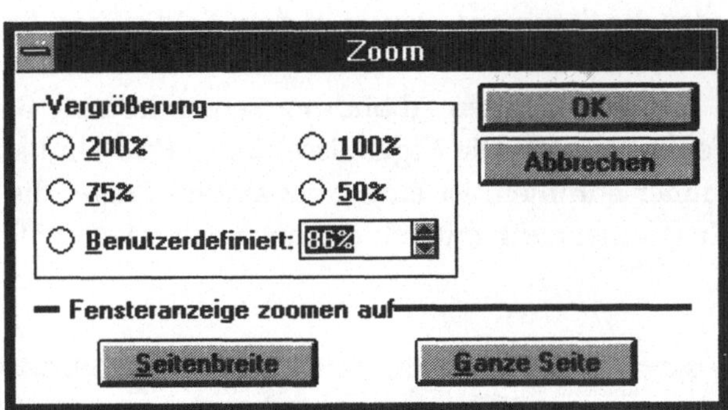

Abb. 4
Dialogfenster Zoom

Das Dialogfenster *Zoom* enthält Schaltfelder und Eingabemöglichkeiten, mit denen Sie das Programm veranlassen
können, das Dokument so darzustellen, daß es die Darstellungsmöglichkeiten des Monitors ausnutzt und Ihrem aktuellen
Informationsbedürfnis entgegenkommt.

Neben einigen festen Vergrößerungs- und Verkleinerungs-
faktoren gibt es in dem Dialogfenster noch die Möglichkeit,
einen benutzerdefinierten Faktor vorzugeben oder dem Programm die Aufgabe zu überlassen, auszurechnen, welcher
Faktor nötig ist, um entweder die aktuelle Seite nur in der
Breite im Fenster unterzubringen oder sie ganz im Fenster anzuzeigen. Das ist dann vergleichbar mit der Seitenansicht in der
Menü **Datei**. Allerdings können Sie den Text in dieser Ansicht
bearbeiten oder Rahmen auf der Seite positionieren.

Wie groß der Informationsgehalt dieser Darstellungen ist,
hängt von der Auflösung Ihres Monitors und der Größe des jeweiligen Fensters ab.

Die Einstellungen des Dialogfensters *Zoom* wirken sich auch
auf die anderen Anzeigemodi aus. Nur in der Druckbild-Ansicht zeigt Winword tatsächlich eine ganze Seite an. Ansonsten
sehen Sie nur, was das Programm in dem jeweiligen Anzeigemodus auf der »Länge« einer Seite anzeigen kann.

Feldfunktionen

In diesem Zusammenhang ist ein weiteres Schaltfeld im Menü
Ansicht von Interesse: gemeint sind die Feldfunktionen. Hier
bestimmen Sie, ob Winword das Ergebnis eines Feldes anzeigt

Unterschied mit
Folgen: Feldfunktionen
oder Feldergebnisse

oder die Steueranweisung in dem Feld selber. Der Unterschied ist entscheidend.

In der folgenden Abbildung sehen Sie eine Seite, die einige Felder enthält. Die Ergebnisse dieser Feld sind sichtbar. Ob sie immer stimmen, ist eine ganz andere Frage, die Sie später im Zusammenhang mit Feldern noch näher kennenlernen werden.

Abb. 5
Druckbild mit
Feldergebnissen

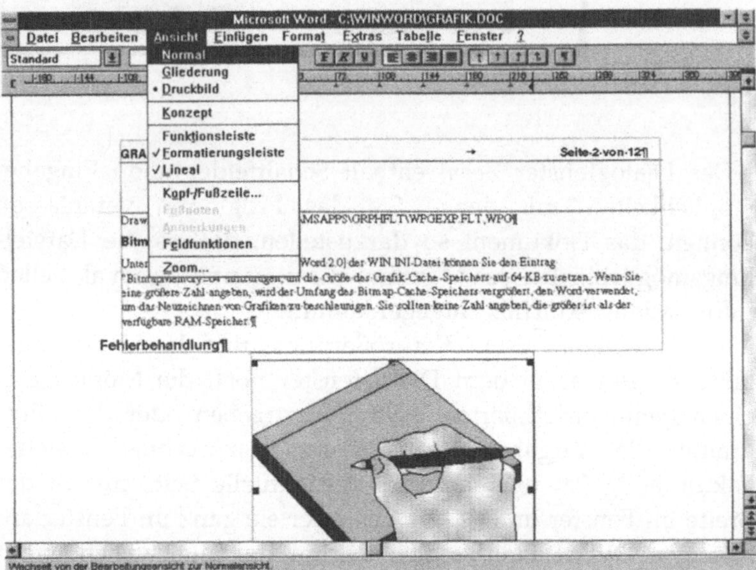

Die folgende Abbildung zeigt dieselbe Seite. Allerdings liegt ihr die Einstellung zugrunde, daß Winword nur die *Feldfunktionen* anzeigen soll.

Die Abbildung ist »verschwunden«, in den Kolumnen erscheinen statt der Seitenzahlen nur die entsprechenden Steueranweisungen.

Die Darstellungsinhalte der Ansicht **Druckbild** werden von Vorgaben beeinflußt, die Sie in einem Dialogfenster des Menüs **Extras** vornehmen. Das kann zur Folge haben, daß Sie in dieser Ansicht keine Abbildungen sehen, sondern nur ein leeres Feld, in dem die Abbildung gut Platz hat. Das ist kein Fehler, sondern eine Voreinstellung, die Sie aber ändern können.

Zeilennummern nur in der Seitenvorschau

Weder mit trickreichen Einstellungen noch mit gutem Zureden veranlassen Sie Winword, in der Druckbilddarstellung Zei-

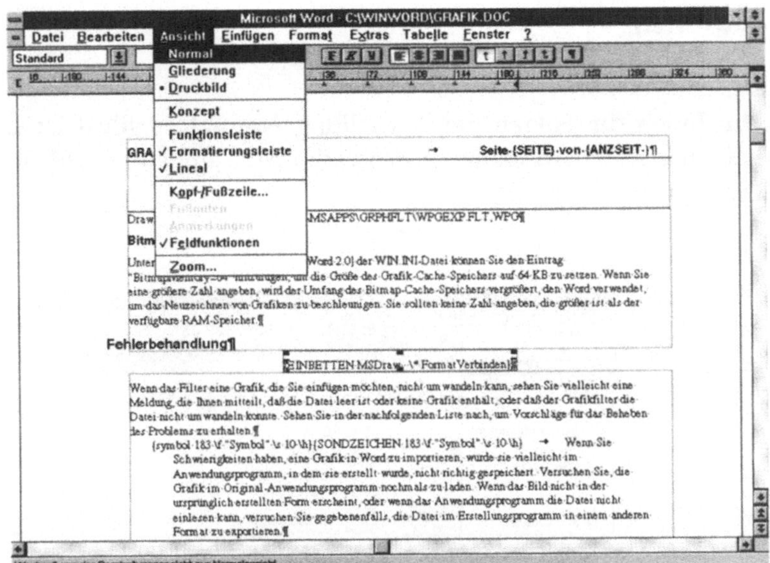

Abb. 6
Druckbild mit
Feldfunktionen

lennummern anzuzeigen. Die können Sie nur in der Seitenvorschau ahnen.

Das alles hat mit dem, was Sie unter »Druckbild« verstehen,
vielleicht nicht viel zu tun, aber Sie sind gut beraten, wenn Sie
sich mit den speziellen Eigenarten der Bildschirmdarstellung
irgendwie arrangieren.

Zu diesen Eigenarten zählt es auch, daß Winword die Anweisung: *Feldfunktionen anzeigen* nur auf die Felder des jeweiligen
Dokumentes anwendet, nicht aber auf Felder, die durch bestimmte Feldfunktionen erst in das Dokument hineingeholt
werden.

Feldfunktionen
importierter Dateien

Ein Beispiel: mit der Feldanweisung »Füge das Dokument
Kap_1.doc ein« haben Sie erreicht, daß Winword eben diese
Datei in das aktuelle Dokument eingefügt hat. Die Feldfunktionen des Kapitels *Kap_01.doc* bleiben Ihnen allerdings verschlossen. Das macht es Ihnen fast unmöglich, Fehler in den importierten Feldfunktionen zu bearbeiten.

Normal

Um Ihnen die Folgen der Einstellung **Normal** zu illustrieren, habe ich einen Abschnitt in das Dokument eingefügt und ihn zweispaltig formatiert.

Abb. 7
Spaltensatz im
Druckbild

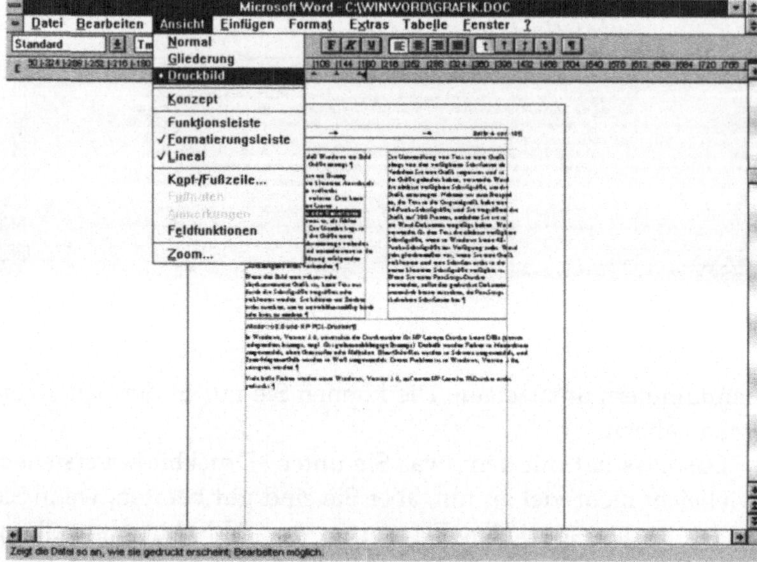

Ganz anders in der Ansicht **Normal**. Die Spalten sind zwar noch da, aber nicht mehr nebeneinander.

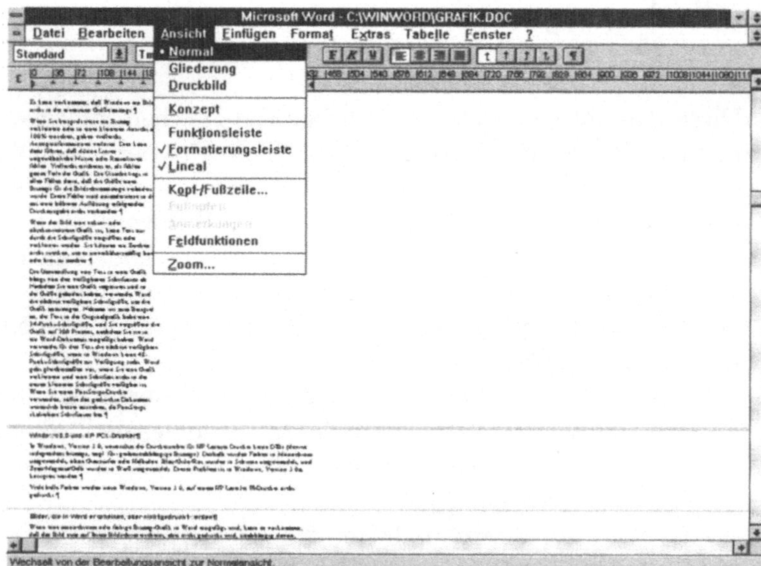

Abb. 8
*Spaltensatz in der Ansicht **Normal***

Eingefügte Grafiken bleiben erkennbar, sofern die Einstellung *Feldfunktionen* nicht wirksam ist. Dafür können Sie die Kopf- und Fußzeilen (Kolumnen) nur sehen, wenn Sie im Menü **Ansicht** den entsprechenden Befehl geben.

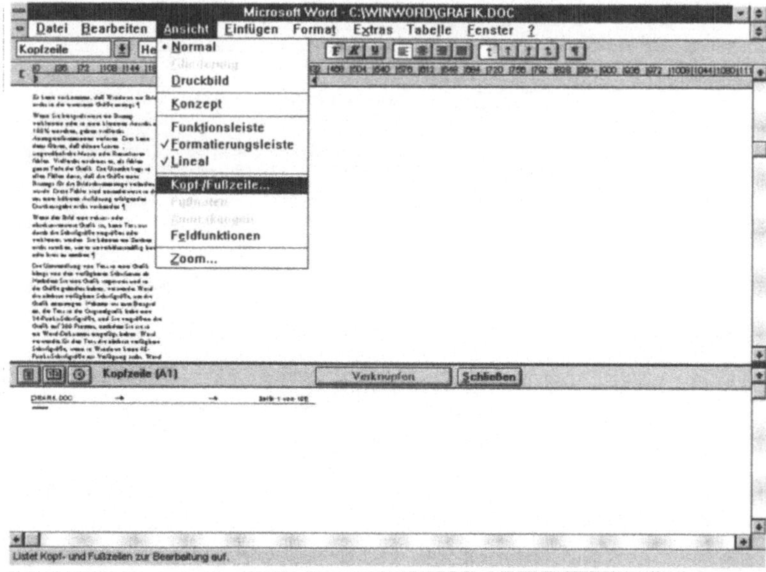

Abb. 9
*Kopfzeilen in der Ansicht **Normal***

Gliederung

Diese Ansicht bietet im wesentlichen die gleichen Informationen wie die Ansicht **Normal**. Zusätzlich wird neben den Absätzen das Druckformat angezeigt, mit dem sie ausgezeichnet sind. Neben den Absätzen selber zeigt Winword spezielle Schaltflächen an. Auch unter der Menüleiste verändert sich etwas: hier blendet Winword Ikonen ein, mit denen Funktionen per Mausklick angesprochen werden, die nur in der Gliederungsansicht zur Verfügung stehen.

Ähnlich wie beim Anzeigen der Grafiken regieren auch hier Voreinstellungen aus einem anderen Dialogfenster, so daß Winword beim Einschalten der Gliederungsansicht keine Druckformatspalte anzeigt.

Von allen Anzeigemodi bietet die Gliederungsansicht das ausgewogenste Verhältnis von Informationsangebot und Geschwindigkeit. Die damit verbundene Gliederungsfunktion ist einer der besten Gründe, sich überhaupt mit Winword zu beschäftigen. Dafür muß man billigend im Kauf nehmen, daß einige Befehle nicht zur Verfügung stehen. Gelegentliches Wechseln der Ansicht ist daher angesagt.

Abb. 10
Ansicht Gliederung

Fußnoten, Kolumnen und Anmerkungen

Sofern Sie nicht gerade die Druckbildansicht wählen, bekommen Sie Schwierigkeiten beim Bearbeiten von Fußnoten und Kolumnen: sie sind nämlich nicht zu sehen. Aus dem Auge bedeutet bei Winword nun aber nicht auch »aus dem Speicher«.

Die Fußnotentexte sind natürlich noch da. Auch die Kolumnen verwahrt Winword. Sie müssen nur im Menü **Ansicht** den Befehl **Fußnoten** anklicken, um die Fußnoten sichtbar zu machen und die Befehle **Anmerkungen** und **Kopf- und Fußzeilen**, um die entsprechenden Textbereiche auf dem Monitor erkennen und bearbeiten zu können. Im Menü **Ansicht** befindet sich zum Ein- und Auschalten der Kopf- und Fußzeilen ein eigener Befehl. Er ist auch geeignet, um Kopf- und Fußzeilen überhaupt erst einmal zu erzeugen.

Kopf- und Fußzeilen

Voreinstellungen

Die folgende Abbildung zeigt den Beispieltext in der Druckbildansicht.

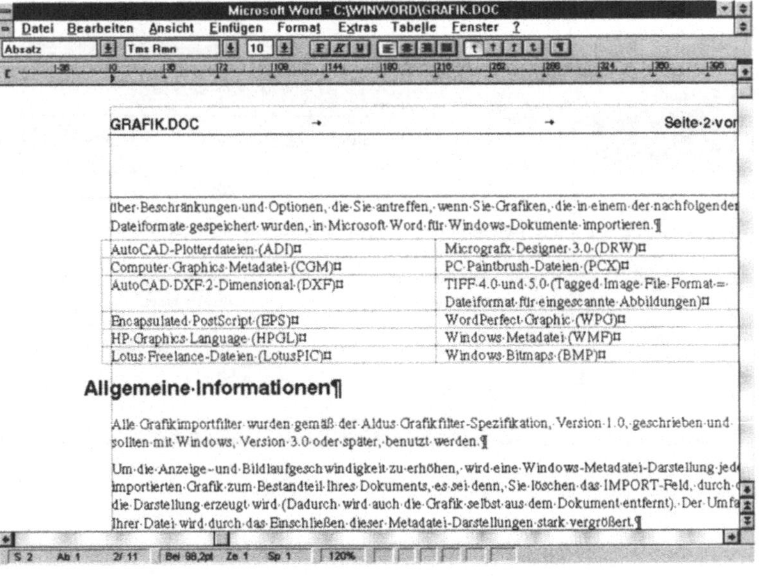

Abb. 11
Druckbild mit
Zusatzinformationen

Aber zusätzlich zu den Zeichen, die beim späteren Drucken tatsächlich zu Papier gebracht werden, sind Zeichen erkennbar, die später nicht gedruckt werden sollen. Sie dienen nur dazu, einen besseren Überblick über den aktuellen Formatierungszustand des Textes zu erhalten: kleine Punkte kennzeichnen die Leerzeichen, punktierte Linien markieren den Satzspiegel, die Zellen in der Tabelle und den Bereich der Kopfzeile.

Damit das so ist, sind gewisse Voreinstellungen nötig. Im Menü **Extras** finden Sie das Dialogfenster *Einstellungen*, das so eine Art Regiezentrum für Winword darstellt. Gleich die erste Einstellungsgruppe regelt die Anzeigemodalitäten. Hier können Sie schaltend tätig werden, wenn Sie für bestimmte Formatierungen und Einstellungen mehr Informationen benötigen.

Die meisten Schaltfelder sind so benannt, daß sie ziemlich genau beschreiben, was sie verändern. Einige allerdings sind nicht immer verfügbar. Es handelt sich hier um eine Art Kompetenzgerangel der Dialogfenster: einige Befehle und Einstellungen in den Menüs **Datei** und **Ansicht** haben unmittelbare Auswirkungen auf die Einstellmöglichkeiten im Dialogfenster *Ansicht-Einstellungen* und umgekehrt.

Die Einstellung, die Sie in diesem Dialogfenster für **Feldfunktionen** wählen, wird von dem gleichnamigen Befehl im Menü **Ansicht** überschrieben.

Das Schaltfeld **Anzeigen wie beim Ausdruck** ist nur erreichbar, wenn die Darstellungsmöglichkeiten des ausgewählten Druckers nicht geeignet sind, um alle Elemente des Dokumentes wiederzugeben. Dabei kann es sich um spezielle Schriften

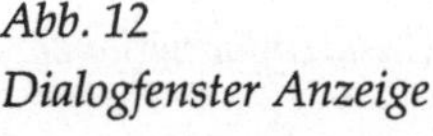

Abb. 12
Dialogfenster Anzeige

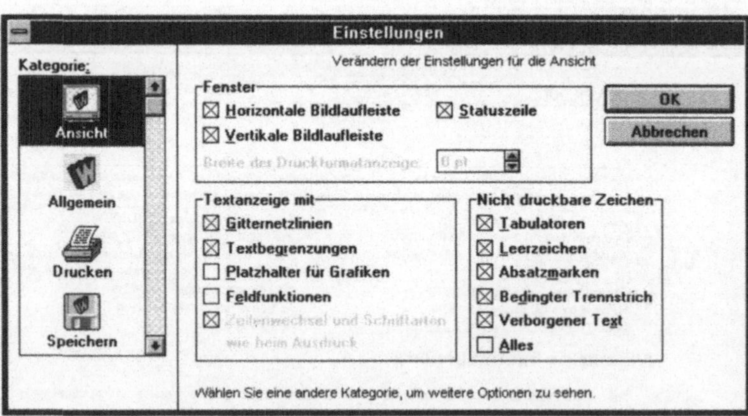

handeln, die im angewählten Drucker nicht verfügbar sind oder Grafiken, die in einem Format vorliegen, das der Drucker nicht zu Papier bringen kann.

Diese Fälle treten auf, wenn an Ihrem PC mehrere Drucker mit unterschiedlichen Eigenschaften angeschlossen sind oder wenn Sie ein Winword-Dokument laden, das für einen anderen Drucker formatiert wurde. Wenn dieses Feld nicht markiert ist, zeigt Winword auf dem Bildschirm vielleicht ein Dokument, das Sie auf Ihrem Drucker gar nicht erzeugen können. *Anzeigen wie gedruckt*

Winword wählt eine Schrift, die entweder fest in Ihrem Drucker eingebaut ist, oder wählt eine *TrueType*-Schrift, die dem geforderten Format am ähnlichsten ist. Mit *TrueType* werden spezielle Schriften bezeichnet, die erst mit *Windows* 3.1 verfügbar sind und alle Drucker (außer Typenraddruckern) mit Fähigkeiten ausstatten, die ansonsten nur Postscript-fähigen Druckern zugeschrieben wurden.

In den **Auswahllisten** bei der Fontbestimmung zeigen übrigens kleine Symbole vor dem Schriftnamen, ob es sich dabei um *TrueType*-Schriften handelt oder um Schriften, die fest im Drucker installiert sind.

Und noch etwas ist wichtig. Wenn Sie in dem Dialogfenster *Anzeige* die Einstellung **Platzhalter für Grafik** wählen, werden nur in der Seitenvorschau die Bilder schon vor dem Druck gezeigt.

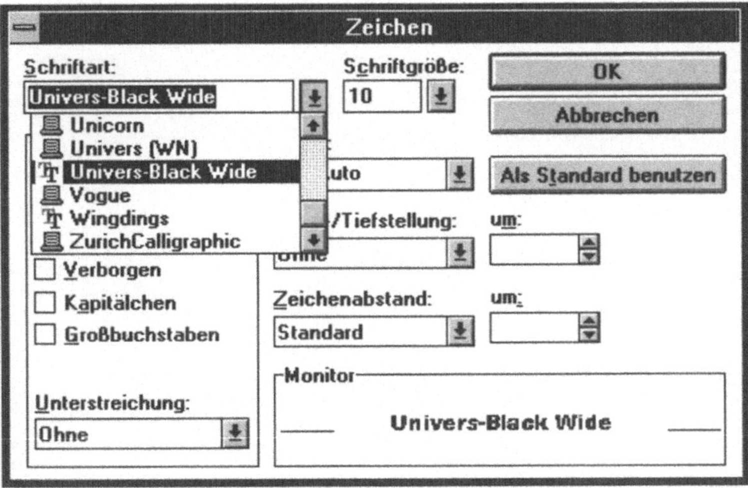

*Abb. 13
TrueType-
Kennzeichnung bei
der Fontauswahl*

Kapitel 4

Gliedern

Ziel

In diesem Kapitel lernen Sie mit der Gliederungsfunktion das zentrale Instrument kennen, mit dem es möglich ist, in ein und demselben Dokument sowohl das »Gerippe« der Gliederung als auch das »Fleisch« der jeweilgen Ausführung zur Überschrift zu bearbeiten.

Hier finden Sie die wichtigsten Verfahren beschrieben, mit denen Sie die Funktionsvielfalt von Winword schnell und zielsicher für Ihre Vorhaben nutzbar machen können. Die entsprechenden Informationen sind im Winword-Handbuch sehr verstreut und überwiegend in den Kapiteln mit hohen Laufnummern angeordnet.

Das ist schon erstaunlich, weil diese Funktionen bei der Erstellung und Verwaltung umfangreicher Dokumente zu den wichtigsten und grundlegendsten Werkzeugen gehören. Hinzu kommt, daß ihr Einsatz durchaus nicht intuitiv ist und um so unwilliger angewendet wird, je später man damit vertraut gemacht wird.

Betrachten Sie diese Vorbemerkung auch als einen Appell an den inneren Schweinehund, der schon manche/n Software-Anwender/in zu einer schnellen Lösung verführt hat, die sich im nachhinein als sehr zeitraubend und umständlich herausgestellt hat.

Schreiben und Gliedern

Die Gliederungsfunktion zählt zu den sogenannten *Spezialfunktionen* und wird darum im Handbuch erst ziemlich spät behandelt – zu spät bisweilen, um seine Texte in angemessener Zeit umzuformatieren. Der wahre Nutzen der Gliederungsfunktion zeigt sich nämlich vor allen Dingen, wenn von Anfang an die Besonderheiten der Gliederungsfunktion bei der Texterfassung und -gestaltung berücksichtigt werden. Manche Modalitäten sind etwas spröde, aber im Endergebnis erweist sich die Gliederungsfunktion als unverzichtbar für das Erstellen umfangreicher Dokumente.

Grundzüge

Im Handbuch zur ersten Version von Winword firmierten die Ausführungen zu diesem Thema unter der Überschrift »Gedankenverarbeitung«. Das war einerseits falsch, weil sich mit dieser Funktion die Hauptaufgabe von Winword, nämlich Textverarbeitung, nicht änderte. Andererseits war ein Funken Wahrheit darin, weil die Gliederungsfunktion in jeder Phase der Texterfassung die gedanklich-logische Struktur des Dokuments transparent und veränderbar macht.

Die Gliederungsfunktion setzt voraus, daß Sie das Dokument in mehrere Sinneinheiten unterteilen wollen, die hierarchisch geordnet sind.

Typische Hierarchiestufen sind

• Kapitel
• Unterkapitel
• Abschnitt
• Unterabschnitt
• Paragraph.

Das Konzept beruht darauf, daß Sie jeder Sinneinheit

1. eine Überschrift geben und
2. in eine Hierarchiestufe einordnen.

Dann können Sie Winword veranlassen, den Text der jeweiligen Sinneinheit auszublenden und nur noch die betreffenden Überschriften anzuzeigen. Die Überschriften nennt auch Winword so, den normalen Grundtext hingegen finden Sie im Stichwortverzeichnis der Winword-Dokumentation als Textkörper. Dabei werden die verschiedenen Hierarchiestufen der Überschriften optisch durch Einrückungen kenntlich gemacht. Das geschieht unabhängig von der tatsächlichen Formatierung

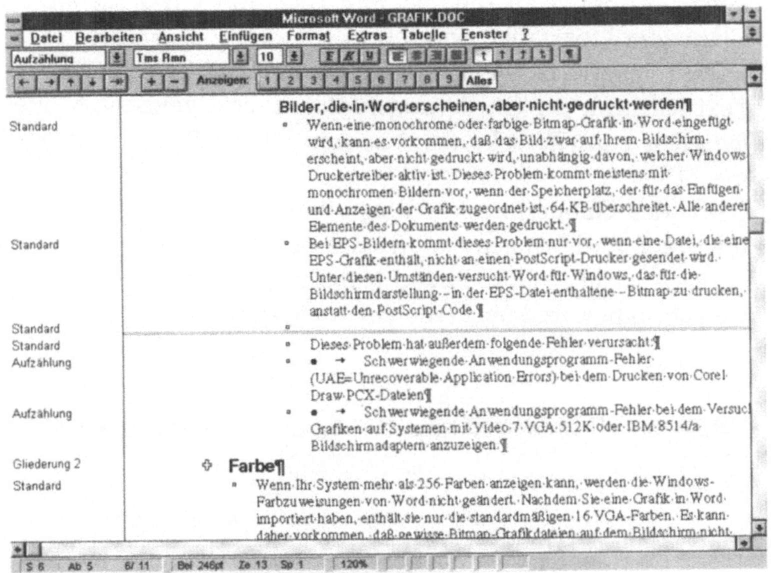

der Überschriften. Es besteht also kein Grund zur Beunruhigung, wenn Überschriften der Hierarchiestufe 2 trotz gegenteiliger Formatierung auf dem Monitor eingerückt zu sehen sind.

Was das in der Praxis bedeutet, führe ich Ihnen an den Winword-Dokument *GRAFIK.DOC* vor, mit dem Sie *Microsoft* über wichtige Eigenschaften der Grafikfilter informiert. Sie finden das Dokument in demselben Verzeichnis, in dem sich auch die Winword-Programm- und Systemdateien befinden. Es ist übrigens eine gute Idee, diese Dokumente gründlich zu studieren. Sie finden dort einige Informationen, die im Handbuch nicht berücksichtigt wurden.

Die vorstehende Abbildung zeigt dieses Dokument in der Gliederungsansicht. Links sehen Sie die Druckformatspalte, mit deren Hilfe Sie auf einem Blick erkennen können, welches Druckformat den einzelnen Absätzen zugeordnet ist. Am oberen Rand des Ausschnitts stellt Winword eine Symbolleiste bereit, mit deren Ikonen Sie die Gliederungsfunktion steuern. Beim Einschalten der Gliederungsfunktion ist das Symbol **Anzeigen: Alles** aktiv. Und genau das zeigt der Monitor: jeglicher Text wird unabhängig von seiner hierarchischen Einstufung angezeigt.

Das ändert sich nachhaltig, wenn Sie mit dem Mauszeiger auf dem Schaltfeld **Anzeigen: 3** klicken. Dann zeigt Winword nur noch die Absätze an, die mit den Druckformaten *Gliederung 1 ... Gliederung 3* formatiert wurden.

Die folgende Abbildung zeigt das Ergebnis. Der zugehörige Text wird mit der Gliederungsfunktion nicht gelöscht, sondern lediglich zum Zwecke der besseren Übersicht unsichtbar gemacht.

Mit der Gliederungsfunktion öffnen Sie kein neues Dokument, sondern bringen ein und dasselbe Dokument in einer anderen Ansicht auf den Bildschirm. Entsprechend ist die Gliederungsfunktion im Menü **Ansicht** zugänglich.

Abb. 2
Gliederungsansicht
ohne Grundtext

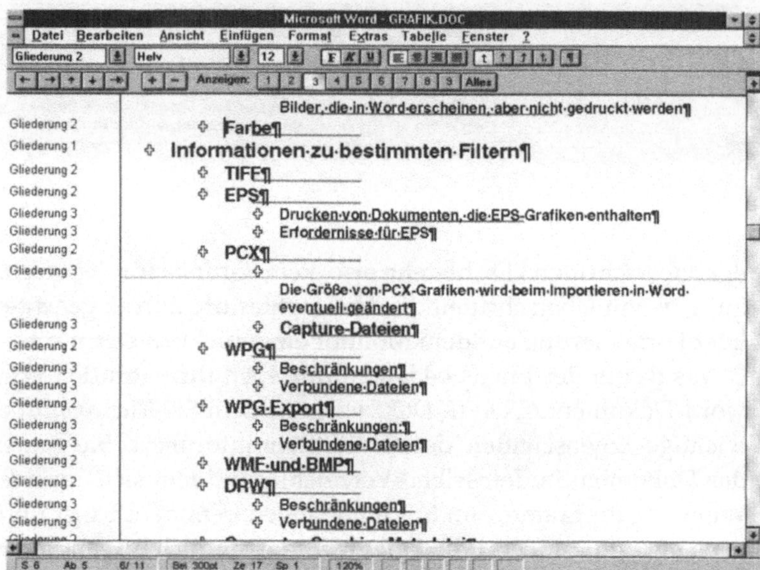

Auch in dieser Ansicht können Sie Text einfügen. Beachten Sie bitte, daß jedes <↵> einen Absatz der gleichen Hierarchiestufe erzeugt.

Wenn Sie also zu einer Überschrift Grundtext hinzufügen wollen, dürfen Sie Ihr Vorhaben nicht mit einem <↵> am Ende der Überschrift beginnen. Andernfalls erzeugen Sie keinen Grundtext, sondern eine weitere Überschrift derselben Hierarchiestufe.

Einsatzmöglichkeiten der Gliederungsfunktion

Schön und gut, aber was nutzt Ihnen das?

Übersicht im Text

Viel Text erschwert zuweilen den Überblick. Besonders bei großen Textvorhaben ist es ausschlaggebend, ob sich der geplante gedankliche Ablauf tatsächlich im Text niederschlägt oder die jeweilige Ergebnislage eine Korrektur der Gliederung notwendig macht. Eine impulsiv eingefügte Überschrift kann die schlüssige Gedankenabfolge gehörig durcheinander bringen. Sie kann aber auch ein Indiz dafür sein, daß das ursprüngliche Konzept nicht tragfähig war.

Die Gliederungsfunktion ist so auf der einen Seite ein unentbehrliches Diagnoseinstrument. Sie verdeutlicht zu jedem Zeitpunkt der Arbeit die Wechselwirkung zwischen der dynamischen Erschließung eines Stoffs und der geplanten Sytematik der Stoffdarreichung. Schlaglichtartig wird der Inhalt des gesamten Textes auf wenig mehr als eine Bildschirmseite zusammengedrängt. *Textstruktur erkennen*

Auf der anderen Seite ist sie aber auch Werkzeug, um den Text konsequent zu gliedern und den Stoff systematisch zu verteilen. Mühelos können Sie die Hierarchiestufe einer Überschrift verändern, ohne deswegen Textblöcke hin- und herzuschaufeln. Auch wenn die Hierarchiestufe einer Überschrift richtig ist, die Überschrift selber mit dem dazugehörigen Text an eine andere Stelle des Textes passsen würde, stellt die Gliederungsfunktion das richtige Werkzeug zur Verfügung. Zusammen mit der Überschrift eines Kapitels verschieben Sie auch den dazugehörigen Text mitsamt aller Unterkapitel. *Textstruktur verändern*

Numerierung vorbereiten

Die Gliederungsfunktion blendet den Grundtext nicht nur für den Betrachter aus, sondern entzieht ihn auch der Wirksamkeit einiger Winword-Funktionen. Eine dieser Funktionen möchte ich Ihnen hier schon kurz vorstellen, weil sie für das Arbeiten mit umfangreichen Texten unentbehrlich ist und ohne den Einsatz der Gliederungsfunktion nicht zu verwirklichen ist.

Gemeint ist die Fähigkeit des Programms, Absätze zu zählen, um so eine numerierte Gliederung, Aufzählung oder numerierte Absätze zu erzeugen. Diese Funktion wirkt nur auf sichtbare Absätze, dann aber ausnahmslos.

Absätze ausblenden

Wenn Sie, was in der Praxis der Textverarbeitung der Normalfall ist, nicht jeden Absatz zählen wollen, müssen Sie bestimmte Absätze aus der Zählung ausblenden. Das einzige Verfahren, um das zu erreichen, ist die Gliederungsfunktion. Sie ermöglicht es, bestimmte Absätze für die Zählung unerreichbar zu machen.

Ich hoffe, diese Aussichten haben Sie auf die Gliederungsfunktion neugierig gemacht. Im folgenden beschreibe ich Ihnen ein Verfahren, das sowohl geeignet ist, einen nicht gegliederten Text in Hierarchiestufen einzuordnen als auch eine bestehende Hierarchie zu bearbeiten.

Anschließend zeige ich Ihnen anhand eines einfachen Beispiels den umgekehrten Weg: statt nämlich in einen Text im nachhinein ein Gerüst einzuziehen, kann man mit der Gliederungsfunktion natürlich auch zuerst ein Gerüst schaffen, in das dann im weiteren Verlauf der Textkörper eingehängt wird.

Begriffe

Im Zusammenhang mit der Gliederungsfunktion tauchen in diesem Buch und im Handbuch einige Begriffe auf, über deren Bedeutung man sich Klarheit verschaffen sollte.

Hierarchiestufe

Verschiedene Gliederungsebenen

Überschriften teilen Texte in Abschnitte bestimmter Wertigkeit. Abschnitte mit gleicher Wertigkeit gelten als Hierarchiestufe. Das Winword-Handbuch spricht in diesem Zusammenhang von Gliederungsebenen. Alle Vorgänge, die auf einer Hierarchieebene ausgeübt werden, wirken sich im Normalfall auf alle Ebenen aus, deren Wertigkeit geringer ist.

Grundtext

Alle Texte, die keiner Hierarchiestufe zugeordnet sind, gelten als Grundtext. Dieser Text ist einer Hierarchieebene fest zugeordnet und folgt ihr, wenn sie verschoben, gelöscht oder in ihrer hierarchischen Wertigkeit verändert wird.

Herunter- und Höherstufen

Die Zuordnung von Überschriften zu bestimmten Hierarchiestufen ist veränderbar. Als höchste Ebene gilt die Ebene 1, als niedrigste die Ebene 9. Dementsprechend werden Überschriften höhergestuft, deren numerische Wertigkeit verkleinert wird. Der umgekehrte Fall ist das Herunterstufen. Er tritt ein, wenn Absätzen eine Hierarchieebene mit einer numerisch höheren Zahl zugewiesen wird.

Ebene 1 hat die höchste Wertigkeit.

Gliederung organisieren

Zunächst geht es aber um den Einsatz der Gliederungsfunktion im allgemeinen. Ich gehe davon aus, daß Sie die Gliederungsfunktion bisher nicht benutzt haben.

Um die Verfahren nachzuvollziehen, benötigen Sie also einen ganz normalen Text ohne Gliederung und womöglich auch ohne Druckformate. Sofern Ihnen die Ausführungen zum Thema Druckformat im vorigen Kapitel nicht ausreichen, sollten Sie den entsprechenden Abschnitt im weiteren Verlauf dieses Kapitels durchlesen.

- Ordnen Sie allen Überschriften das Druckformat **Standard** Winword zu. Winword verwendet für die Gliederungsfunktion bestimmte Druckformate, deren Namen von Ihnen nicht beeinflußt werden können. Auch wenn Sie der Hauptüberschrift das Druckformat »Titel_1« zuweisen, überschreibt Winword diesen Namen, wenn Sie in dieser Überschrift im Rahmen der Gliederungsfunktion die Hierarchiestufe 1 zuordnen.
- Schalten Sie die Druckformatspalte ein.

• Schalten Sie die Gliederungsfunktion mit der Tastenfolge <Alt>-a-g ein. Winword blendet im oberen Bereich der Arbeitsfläche eine Sinnbildzeile ein. An der Erscheinungsweise des Textes ändert sich zunächst nichts, außer daß vor jedem Absatz ein kleines Quadrat erscheint. In der Druckformatspalte erscheint das Druckformat, das der Absatz vor dem Einschalten der Gliederungsfunktion hatte.

Abb. 3
Ungegliederter Text in
der Gliederungsansicht

• Betätigen Sie die Maustaste, wenn sich der Mauszeiger genau auf dem kleinen Quadrat befindet, und halten Sie die Maustaste gedrückt. Der Mauszeiger hat sich in ein Doppelkreuz verwandelt. Der betroffene Absatz wird hervorgehoben.

Absatz höherstufen
• Bewegen Sie die Maus nach links, um dem Absatz eine höhere Hierarchiestufe zuzuordnen. Der Mauszeiger verwandelt sich in eine waagerechte Linie mit zwei Pfeilspitzen. An bestimmten Stellen erscheint in der Nähe des Mauszeigers eine dünne senkrechte Hilfslinie. Diese folgt dem Mauszeiger schrittweise, indem sie an bestimmten Punkten einrastet. Je weiter links diese Hilfslinie einrastet, desto höher ist die zugeordnete Hierarchiestufe.

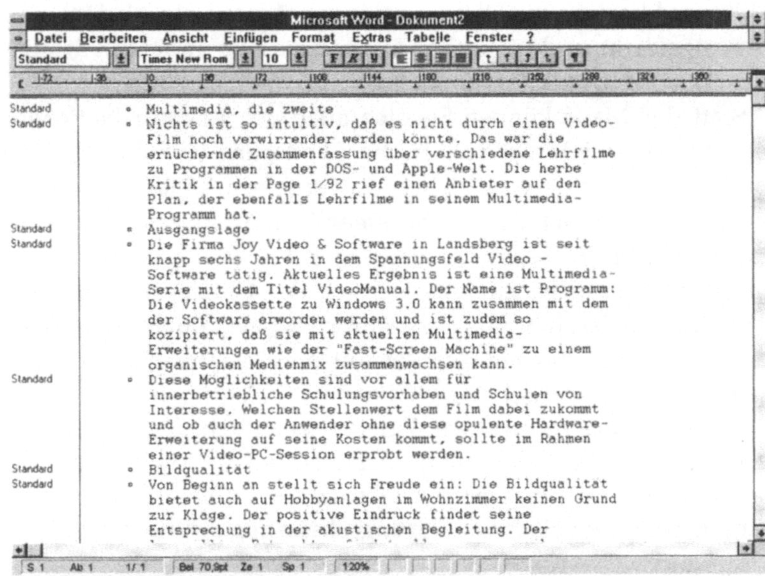

Abb. 4
Hierarchiestufe mit
der Maus zuordnen

- Lassen Sie die Maustaste los, wenn die Position der Hilfslinie darauf hindeutet, daß dem Absatz die gewünschte Hierarchiestufe zugeordnet wurde. In der Druckformatspalte weist Winword aus, welcher Hierarchiestufe der Absatz zugeordnet wurde.

- Bewegen Sie die Maus nach rechts, um dem Absatz eine niedrigere Hierarchiestufe zuzuordnen. An bestimmten Stellen erscheint in der Nähe des Mauszeigers eine dünne senkrechte Hilfslinie. Diese folgt dem Mauszeiger schrittweise, indem sie an bestimmten Punkten einrastet. Je weiter rechts die Linie rastet, desto niedriger ist die Hierarchiestufe. Mehr als neun Stufen sind nicht möglich. Damit hält sich Winword zwar im Rahmen dessen, was die Mitbewerber bieten, aber für Anwender des dezimalen Klassifikationswesens ist der Verzicht auf die 10. Stufe schon recht bitter. *Absatz herunterstufen*

- Lassen Sie die Maustaste los, wenn die Position der Hilfslinie darauf hindeutet, daß dem Absatz die gewünschte Hierarchiestufe zugeordnet wurde. In der Druckformatspalte informiert Sie das Programm, in welche Gliederungsebene der Absatz tatsächlich aufgenommen wurde.

Winword bezieht die Hierarchisierung nur auf die Absätze, die Sie angeklickt und »verschoben« haben. Alle anderen Absätze behalten das Druckformat *Standard*.

Statt der Maus können Sie sich auch der Tastatur bedienen, um die Absätze Ihrer Wahl in die Gliederung einzubinden. Ich habe diesen Sachverhalt nicht etwa vergessen, sondern ganz bewußt ausgeblendet. Angesichts einer Tastatur, deren Funktionstasten mit bis zu sechs verschiedenen Funktionen belegt sind, erscheint mir nicht nur das Steuern der Gliederungsfunktion mit Hilfe der Tastatur als ausgesprochen selbstquälerisches Unterfangen. Wer das mag, findet mit der Tastaturschablone ein wirksames Hilfsmittel.

Winword macht mit zwei Zeichen kenntlich, ob einer Überschrift Text folgt oder nicht. Der zweite Fall tritt immer ein, wenn einem hierarchisierten Absatz unmittelbar ein anderer Absatz folgt, der einer Gliederungsebene zugeordnet wurde.

- Ein Plus-Zeichen steht vor dem Absatz, wenn der Überschrift Grundtext folgt.
- Ein Rechteck erscheint, wenn kein Grundtext folgt. In aller Regel deutet dieses Zeichen darauf hin, daß Sie hier noch schreibend tätig werden müssen.

Abb. 5
Dem Absatz
Gravitationsgesetze
folgt kein Grundtext.

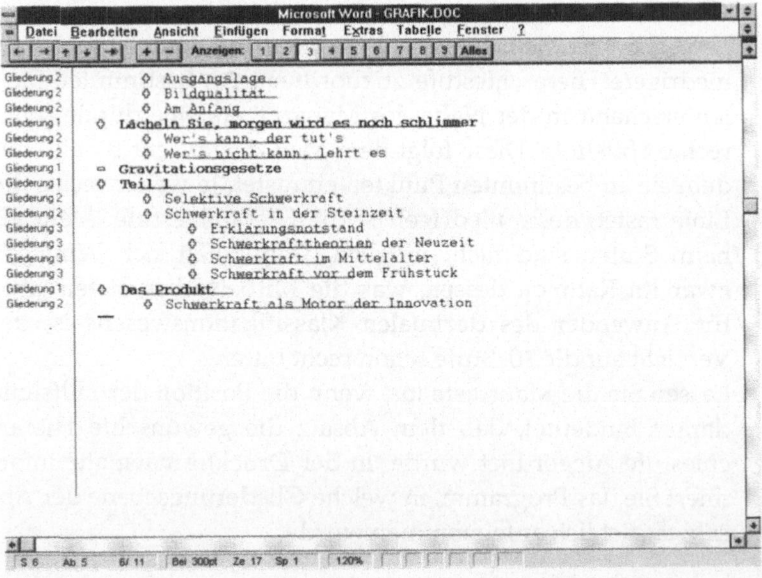

Grundtext aus- und einblenden

Sobald Sie ein Gliederungsgerüst in den Text eingezogen haben, können Sie die Segnungen der Gliederungsfunktion für Ihre Arbeit nutzen. Lassen Sie sich als erstes die Gliederung des Textes anzeigen. Dazu müssen Sie Winword anweisen, jeglichen Grundtext unsichtbar zu schalten und nur noch die hierarchisierten Überschriften anzuzeigen. Je nach Anzahl der eingestellten Hierarchiestufen und der Länge des Textes, kann es darüber hinaus nützlich sein, sich dabei auf wenige Hierarchiestufen zu beschränken.

- Klicken Sie in der Sinnbildzeile hinter dem Wort **Anzeigen** auf das Zahlenfeld, das der letzten noch anzuzeigenden Hierarchiestufe entspricht.
- Klicken Sie auf Schaltfeld **Alles**, um auch den Grundtext wieder sichtbar zu schalten.

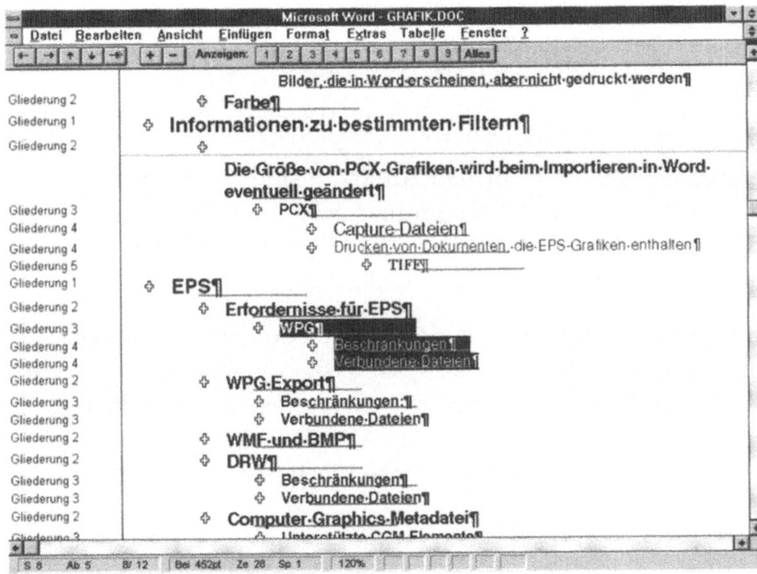

Abb. 6
Winword zeigt nur Absätze bis zur 5. Ebene an.

Auf der vorstehenden Abbildung erscheint das Schaltfeld **5** »gedrückt«. Das bedeutet, daß Winword erstens alle Absätze ausblendet, die nicht einer Gliederungsebene zugewiesen wurden und zweitens nur die Hierarchiestufen 1 bis 5 anzeigt.

Hierarchie ändern

Die Textverarbeitung mit Winword unterscheidet sich vom umgebenden Büroalltag unter anderem dadurch, daß sich die einmal eingerichtete Hierarchie schnell und reibungslos ändern läßt. So kann gezielt die Hierarchiestufe einer Überschrift angesprochen werden. Der Absatz bleibt an der Stelle im Dokument, wo er ursprünglich stand. Aber aus der Gliederungsebene 1 wurde der Absatz zum Beispiel in Gliederungsebene 3 umgestellt.

Die Vorgänge, mit denen Sie eine Hierarchie einstellen, sind auch geeignet, sie zu verändern:

Klicken Sie dazu auf das Hierarchiesymbol neben dem Absatz, und verschieben Sie es zur Seite. Die Überschrift bleibt damit an derselben Stelle im Text stehen. Lediglich durch die Information in der Druckformatspalte wird unmittelbar deutlich, daß sich in der Einordnung des Textes etwas geändert hat.

Überschriften in Grundtext verwandeln

Die Hierarchie-Sinnbilder vor den Absätzen sind nur geeignet, Grundtext in Überschriften bestimmter Hierarchiestufen umzuwandeln. Für den umgekehrten Weg bietet Winword ein Schaltfeld in der Sinnbildzeile der Gliederungsfunktion an.

- Setzen Sie die Einfügemarke in den Absatz, den Sie in Grundtext umwandeln wollen.
- Klicken Sie mit der Maus auf der Grundtext-Ikone in der Sinnbildzeile im oberen Bereich der Arbeitsfläche. In der folgenden Abbildung ist die entsprechende Ikone hervorgehoben.

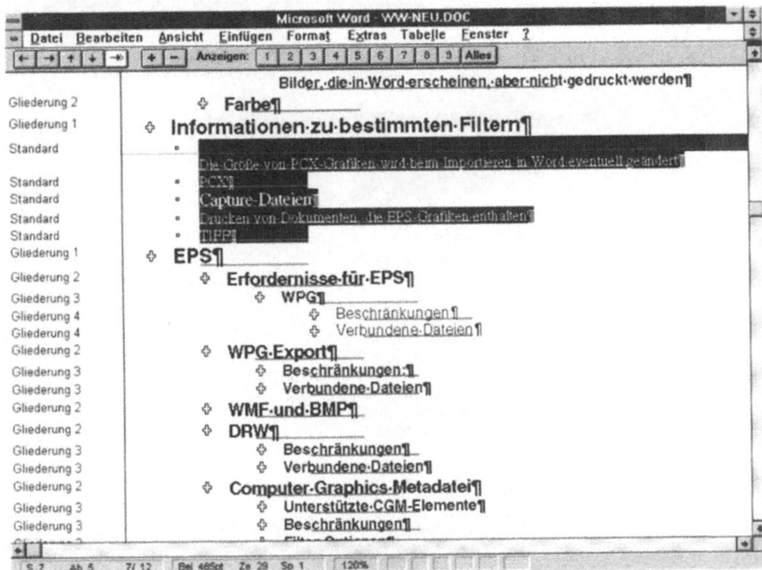

Text editieren mit der Gliederungsfunktion

Unter Editieren wird das Verschieben, Löschen und Kopieren von Text verstanden. Sie werden sich jetzt vielleicht fragen, was das mit der Gliederungsfunktion zu tun hat.

Mit der Gliederungsfunktion verbinden Sie die jeweiligen Überschriften untrennbar mit dem gesamten Text, der zu dieser Hierarchiestufe gehört. Sie dürfen sich diesen Text in dem Hierarchiesymbol konzentriert vorstellen.

Damit eröffnen sich für Sie ungeahnte Möglichkeiten, Textteile im Dokument zu verschieben, zu kopieren oder auch zu löschen. Winword behandelt jede Hierarchiestufe als Textblock, den Sie mit der Maus (zweckmäßig) oder Tastatur (möglich, aber nervig) nach Belieben mit allem, was dazugehört, im Text hin- und herschieben können.

Der Vorgang betrifft alles, was mit der jeweiligen Überschrift beginnt und bei der Überschrift endet, die auf derselben Gliederungsebene eingeordnet ist. Darum wirken sich die Vorgänge auch auf Bilder, Formeln und Tabellen aus, die sich innerhalb der markierten Gliederungseinheit befinden. Beachten Sie in diesem Zusammenhang die vielfältigen Felder: auch eingebettete Objekte (Dokumente, Formeln, Grafiken) folgen dem Ruf der Maus.

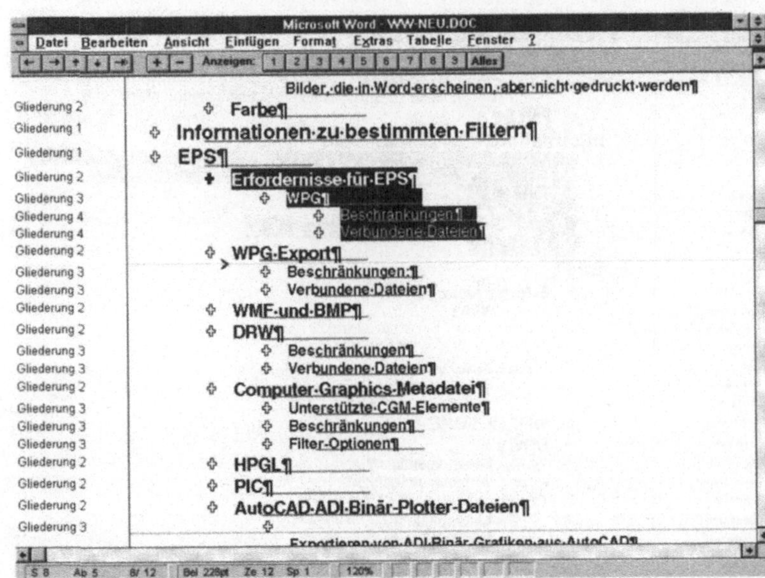

- Betätigen Sie die Maustaste, wenn sich der Mauszeiger genau auf dem Sinnbild neben dem Absatz (Plus-Zeichen, Rechteck oder Quadrat) befindet, und halten Sie die Maustaste gedrückt. Der Mauszeiger hat sich in ein Doppelkreuz verwandelt.
- Bewegen Sie die Maus nach oben oder unten, um den Absatz innerhalb des Dokumentes an eine andere Position zu bewegen. Der Mauszeiger verwandelt sich in eine senkrechte Linie mit zwei Pfeilspitzen. An bestimmten Stellen erscheint in der Nähe des Mauszeigers eine dünne waagerechte Hilfslinie mit einem rechtsgerichteten Pfeil im ersten Drittel. Sie folgt dem Mauszeiger schrittweise, indem sie an bestimmten Punkten einrastet.
- Lassen Sie die Maustaste los, wenn die Position der Hilfslinie darauf hindeutet, daß sich der Absatz an der gewünschten Position im Dokument befindet.Winword fügt den gesamten Text dieser Hierarchiestufe an dem neuen Ort ein.

Ich empfehle, sich mit dieser Möglichkeit der Gliederungsfunktion schon wegen der blitzschnellen und übersichtlichen Verschiebemöglichkeit vertraut zu machen.

Nur wer den Papierkrieg kennt, weiß wie wertvoll der Komfort ist, den die Editiermöglichkeiten der Gliederungsfunktion bietet.

Natürlich wirkt sich nicht nur das Verschieben einer Überschrift auf den nachgeordneten Text aus, sondern auch das Kopieren und Löschen. In jedem Fall ist der ganze Text betroffen, der zu dieser Hierarchiestufe gehört. Das schließt Unterstufen mit ein und ermöglicht wirklich rasend schnelle Umstellungen im Text. Das ist die gute Seite der Medaille.

Auf der anderen Seite macht es sich gerade beim Kopieren und Löschen störend bemerkbar, daß in der Gliederungsansicht weniger Text sichtbar ist, als von der Maßnahme betroffen wird.

Darum ist es zweckmäßig, nach einer – zumal größeren – Umstellung oder Löschaktion in eine andere Ansicht umzuschalten, um sich das erreichte Werk in seiner ganzen Ausdehnung anzusehen. Manchmal erweist es sich als sehr beruhigend, daß Winword die jeweils letzte Tat vergessen machen kann. Allerdings – und das sollten Sie gerade im Umgang mit der Gliederungsfunktion berücksichtigen – nur die letzte. Es zeugt darum von einem gewissen Maß an Professionalität oder zumindest Erfahrung, wenn Sie Ihre Arbeit in regelmäßigen Abständen und vor folgenreichen Umstellungen sichern.

Mehrere Ansichten desselben Textes

Die Gliederungsfunktion stellt die logische Struktur des Textes dar. Sie eignet sich aber nur bedingt zum Bearbeiten des Textes. Das gilt im besonderen Maße, wenn Teile des Textes ausgeblendet werden.

Wünschenswert wäre es, beide Ansichten auf dem Monitor zu haben.

So wird es gemacht:

- Laden Sie das aktuelle Dokument ein zweites Mal, indem Sie im Menü **Datei** den Namen des Dokumentes anklicken. Winword zeigt im unteren Bereich dieses Menüs immer die vier zuletzt bearbeiteten Dokumente an. Sie können diese Dateien öffnen, ohne das Dialogfenster *Datei öffnen* zu bedienen.
- Klicken Sie im Menü **Fenster** auf den Befehl **Alles anordnen**. Im unteren Teil dieses Menüs zeigt Winword, welche Dokumente es derzeit im Speicher hält. Wenn es zweimal dasselbe Dokument ist, werden die beiden Namen durch eine laufende Nummer nach der Namenserweiterung unterschieden.

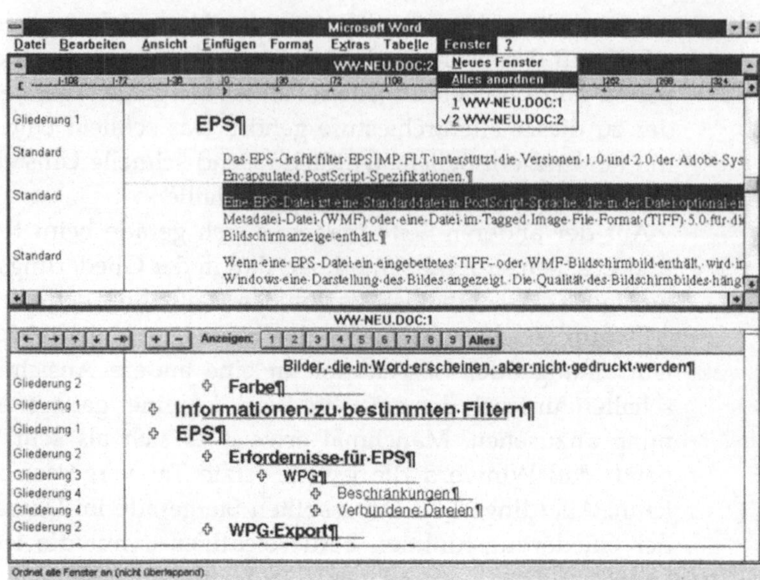

Der Monitor wird jetzt in mindestens zwei Fenster geteilt, die jeweils dasselbe Dokument zeigen. Winword teilt den Monitor so auf, daß möglichst alle Ausschnitte den gleichen Raum einnehmen. Für den Fall, daß auf Ihrem Monitor mehr als zwei Fenster erscheinen, ist es zweckmäßig, die nicht benötigten zu schließen. Klicken Sie auf die Titelleiste der »überflüssigen« Fenster und schließen Sie sie mit <Strg>+<F4>.

Sie können die Fenstergröße dann nach Bedarf und Belieben verändern. Die Ansichten dürfen sich auch überlappen.

Nur eines dieser Fenster kann aktiv sein. Das heißt die Winword-Befehle beziehen sich immer nur auf ein Fenster. Die Einträge in dem einen Fenster wirken sich auch auf den Text im anderen Fenster aus. Das gilt auch dann, wenn gerade unterschiedliche Teile des Textes sichtbar sind.

Von der Gliederung zum Text

Bisher habe ich Ihnen bewährte Vorgehensweisen vorgestellt, mit denen Sie einen ungegliederten Text mit Hilfe der Gliederungsfunktion strukturieren und bearbeiten können. Nun ist der Fall denkbar, daß Sie noch gar keinen Text haben, den Sie gliedern können. Das ist zum Beispiel dann der Fall, wenn Sie an einem Dokument arbeiten, das intensive Vorarbeiten in Form von Literaturstudien, Sachanalysen oder Recherchen voraussetzt.

Solche Texte entstehen selten »am Stück«. Vielmehr erfordern diese Texte ausgedehnte Vorbereitungen, in deren Verlauf der Text aus einer Vielzahl von Einzelelementen im Rahmen eines dynamischen Prozesses zu einem vorzeigbaren Ganzen heranwächst.

Auch und gerade dann bietet sich die Gliederungsfunktion als wirkungsvolles und handliches Hilfsmittel an. Entscheidend ist nur, daß Sie Ihre Überschriften mit den Druckformaten ausstatten, die Winword den Gliederungsebenen zuweist.

Das notwendige Verfahren konnten Sie im bisherigen Verlauf der Ausführungen kennenlernen. Im Gegensatz zu dem bisher beschriebenen Schema besteht der Text ausschließlich aus Überschriften.

Mit den bisher vorgestellten Funktionen ist es möglich, den Grundtext zugunsten der Überschriften auszublenden und Überschriften in Grundtext zu verwandeln. Wenn Sie, wie jetzt beschrieben, erst das Textgerüst hochziehen, um dann nach und nach die Substanz einzufügen, hilft es Ihnen nicht viel, daß Winword immer das ausblendet, was Sie doch gerade erst schreiben oder bearbeiten wollen.

Grundtext einer Ebene einblenden

Winword bietet in der Gliederungsansicht eine Art Ausschnittvergrößerung. Damit können Sie den Textkörper einer Gliederungsebene schreiben oder bearbeiten und gleichzeitig dessen Einordnung im Ganzen vor Augen behalten.

- Markieren Sie die Gliederungsebene, der Sie Text hinzufügen möchten.
- Klicken Sie auf das Schaltfeld »+« in der Symbolleiste der Gliederungsfunktion.
  Winword blendet daraufhin den gesamten Textkörper der Gliederungsebene ein.

- Klicken Sie auf das Schaltfeld »–« in der Symbolleiste, um den Textkörper wieder in der Überschrift der Gliederungsebene aufgehen zu lassen.

Der letzte Schritt, bei dem Sie den Grundtext aus der Gliederungsansicht verschwinden lassen, ist zwar nicht nötig, um den Grundtext bei Textveränderungen im Rahmen der Gliederungsfunktion an die Gliederungsebene zu binden. Aber es macht die Arbeit insgesamt wieder übersichtlich.

Kapitel 5

Mit Druckformaten formatieren

Ziel

In diesem Kapitel stelle ich Ihnen Verfahren vor, mit denen Sie die Winword-Druckformate zum einheitlichen Aussehen und dem arbeitssparenden Erstellen von Verzeichnissen und Verweisen nutzen können.

Auszeichnen und Formatieren

Während der Texteingabe werden Sie versucht sein, Winword anzuweisen, das eine oder andere Wort fett zu drucken oder mit einer Unterstreichung zu versehen. Das Programm wird das auch willig tun. Die jeweilige Anweisung bezieht sich immer auf den markierten Text. Das kann im Extremfall das ganze Dokument sein.

Dieses Verfahren mag am Anfang funktionieren und zu befriedigenden Ergebnissen führen. Sobald die Texte eine gewisse Länge und Komplexität erreichen, werden Sie mit den Ergebnissen zunehmend unzufriedener werden.

Greifen Sie nur sehr behutsam in den Werkzeugkasten, den Ihnen Winword bereitstellt, um das Aussehen von Zeichen und Absätzen zu beeinflussen.

Die meisten Einstellungen in der oberen Hälfte des Menüs **Format** führen auf den Pfad des typografischen Dilettantismus.

Bevor Sie auf einzelne Worte oder Absätze den Befehlsvorrat der Dialogfenster *Zeichen*, *Absatz*, *Tabulatoren* oder *Rahmen* anwenden, halten Sie kurz inne und lesen im Kapitel 13 nach, welche typografischen Grundregeln das Lesen Ihrer Texte erleichtern.

Druckformate

Im Rahmen des Lernprogramms oder durch Probieren haben Sie erfahren, daß es verhältnismäßig einfach ist, einzelne Zeichen oder auch längere Textpassagen zu markieren und mit allem auszustatten, was Winword hergibt: Schriftart und -größe, Ausrichtung der Zeilen und was der Dinge da noch mehr sind.

Auszeichnungen gelten nur lokal.

Das alles ist sehr einfach und macht auch Spaß, weil es ja schön intuitiv ist. Die Ikonen unter der Menüleiste ermuntern zudem, die gewünschten Einstellungen mal eben nebenbei vorzunehmen. Im Hinblick darauf, daß Sie Größeres vorhaben, rate ich dringend, von dieser »wilden« Formatiertechnik Abstand zu nehmen. Wann immer Sie einem Absatz eine abweichende Erscheinungsweise zuweisen, wenden Sie besser das Instrument des *Druckformats* an. Druckformate bündeln viele Einzeleinstellungen und sorgen so dafür, daß Winword bei aller Funktionalität noch einigermaßen bedienbar bleibt.

Druckformate wirken über den ganzen Text.

Statt zum Beispiel jeden Absatz einzeln auszurichten, mit einer Schrift zu versehen, zu positionieren und vielleicht noch Tabulatoren zu bestimmen, führen Sie den ganzen Formatierdurchgang nur noch einmal durch und geben dem Ganzen einen einprägsamen Namen. Später weisen Sie dann den Absätzen die Einstellungen unter diesem Namen als ein Paket zu.

Den Inhalt des Päckchens können Sie im nachhinein verändern. Alle Absätze, deren Formatpäckchen den gleichen Namen tragen, werden auch im Falle der späteren Änderung gleich formatiert. Meistens jedenfalls: für Dokumente, die in ein anderes Dokument importiert werden, gilt dieser Automatismus nicht so ohne weiteres. Sofern Sie Dokumente erstellen, deren Umfang die Aufteilung in mehrere Einzeldokumente nahelegt, müssen in allen Einzeldokumenten die Druckformate identisch sein. Andernfalls droht Ihnen Ungemach.

Im Lieferumfang von Winword befinden sich bereits einige Druckformate. Welche das sind, hängt von den Dokumenten ab, die Sie gerade geöffnet haben.

Druckformate anzeigen

Es ist ziemlich schwierig, mit Druckformaten zu arbeiten, wenn man nicht weiß, welches dem aktuellen Absatz zugewiesen ist. Winword läßt Ihnen die Wahl, sich über das zugewiesene Druckformat durch die

- Formatierungsleiste oder durch die
- Druckformatspalte

zu informieren.

Formatierungsleiste

Im ersten Fall wird die Arbeitsfläche nach oben hin kleiner und die Schreibmarke muß sich in einem Absatz befinden, um ablesen zu können, welches Druckformat angewendet wird. Diese Anzeige funktioniert in jeder Bildschirmdarstellung.

Druckformatleiste

Im zweiten Fall verkürzt sich die darstellbare Zeilenlänge. Dafür ist mit einem Blick die Druckformatzuordnung aller sichtbaren Absätze zu erkennen. Viele Anwender bevorzugen darum die Druckformatspalte, auch wenn sie gerade in der Druckbildansicht nicht funktioniert. Beim Arbeiten mit Winword sagt sie jedoch am meisten über das spätere Aussehen der Seite aus.

In der wirklichkeitsnahen Druckbilddarstellung ist die Druckformatspalte ausgeblendet. Das ist logisch, weil ja auf dem Papier die Namen der Druckformate tatsächlich nicht ausgedruckt werden, aber es ist auch ärgerlich, weil viele wichtige Informationen über die aktuelle Formatierung nur noch sehr abstrakt auszumachen sind. Freunden Sie sich also rasch mit dem Informationsangebot der Normal- oder Konzeptansicht an.

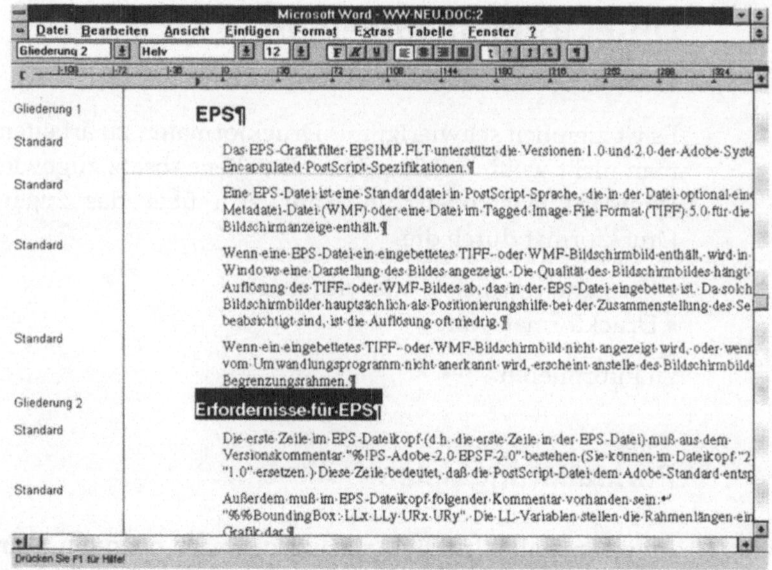

Abb. 1
Druckformat in der
Formatierungsleiste
und direkt neben dem
Absatz

Druckformatspalte

Der Schalter zum Einschalten der Druckformatspalte befindet sich im Dialogfenster *Einstellungen*, das im Menü **Extras** zugänglich ist. Dort listet Winword auf, zu welchen Bereichen es Einstellmöglichkeiten bereithält. Der erste Bereich, Winword spricht von *Kategorien*, betrifft die **Ansicht**. Der Schalter für die Druckformatspalte ist erst zugänglich, wenn der Monitor nicht das Druckbild anzeigt.

- Schalten Sie im Menü **Ansicht** die Option **Druckbild** aus. Sie erreichen das durch die Wahl von **Normal**, **Gliederung** oder **Konzept**.
- Öffnen Sie das Dialogfenster *Bildschirmanzeige* im Menü **Extras**.
- Tragen Sie im Textfeld **Druckformatanzeige** die gewünschte Breite für die Druckformatspalte ein. Es ist ziemlich gleichgültig, welche Zahl Sie eintragen, solange sie nicht negativ ist, weil Sie die Breite später mit der Maus beliebig einstellen können.
- Schließen Sie das Dialogfenster mit <↵>. Winword schafft rechts neben dem Text eine Spalte, in der neben jedem Absatz eingetragen ist, welches Druckformat ihm zugeordnet ist.

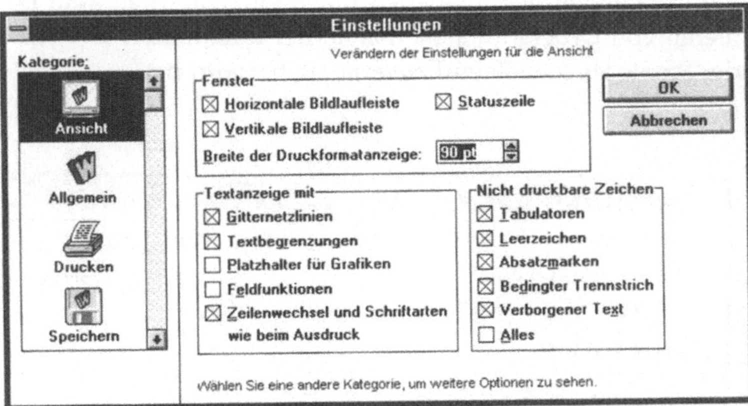

Abb. 2
Dialogfenster für
Druckformatspalte

- Klicken Sie auf die Trennlinie zwischen der Druckformat-
  spalte und dem Text, und halten Sie sie gedrückt.
  Nun können Sie die Breite der Druckformatspalte nach
  Augenschein einstellen.

Einige Druckformate erscheinen nicht in der Druckformatleiste.
Dazu zählen alle Druckformate, die einzelnen Zeichen zugeordnet werden, zum Beispiel die Druckformate für Fußnotenre-
ferenzen und Zeilennummern.

Druckformate bestimmen

Zunächst müssen Sie die Einzelheiten des Druckformates bestimmen. Es ist eine gute Idee, sich einen Plan zu machen, welche Funktion das Druckformat im Dokument übernehmen soll.
Sie gewinnen dann sehr rasch einen Überblick, welches Format
auf welchem aufbaut und sparen auf diese Weise eine Menge
Zeit dadurch ein, daß Sie in solchen Fällen nur noch die Unterschiede der einzelnen Druckformate bestimmen müssen.

Ganz am Rande trägt eine auch nur grobe Übersicht über die
geplanten Druckformate viel zu einer übersichtlichen Struktur
und einer lesefreundlichen Seitengestaltung bei.

Im folgenden beschreibe ich Ihnen ein Verfahren zum Definieren von Druckformaten, das immer funktioniert und sich in der Praxis als schnell und zuverlässig bewährt hat.

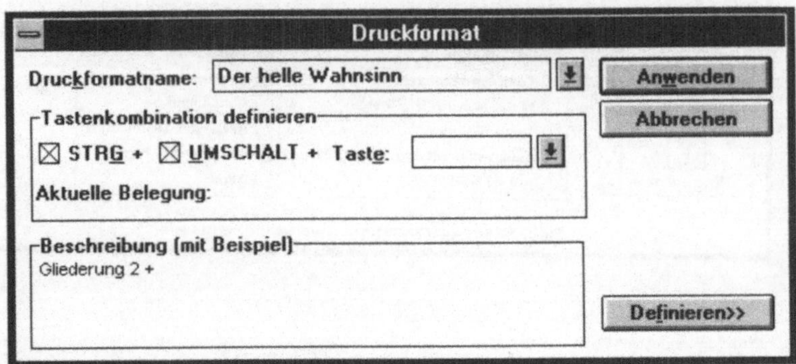

- Markieren Sie den Absatz,
- statten Sie ihn in den Dialogfenstern des Menüs **Format** mit den gewünschten Vorgaben aus.
- Öffnen Sie mit der Tastenkombination <Strg>+y das Dialogfenster *Druckformat*. In dem Textfeld **Druckformatname** ist das derzeitige Druckformat des markierten Absatzes hervorgehoben.
- Tragen Sie in dieses Textfeld einen Namen Ihrer Wahl ein.
- Klicken Sie auf das Schaltfeld **Anwenden**. In der Druckformatspalte erscheint der neue Name.

Fertig !

Sie sehen, Winword macht es Ihnen nicht besonders schwer, neue Druckformate zu erzeugen. Um so wichtiger ist es, daß Sie dieses Instrument mit Vorsicht und Weisheit einsetzen. Das gilt besonders für die zuweilen unübersichtlichen Interferenzen zwischen Abschnitten, Absätzen und den verschiedenen Möglichkeiten der Bildschirmdarstellung.

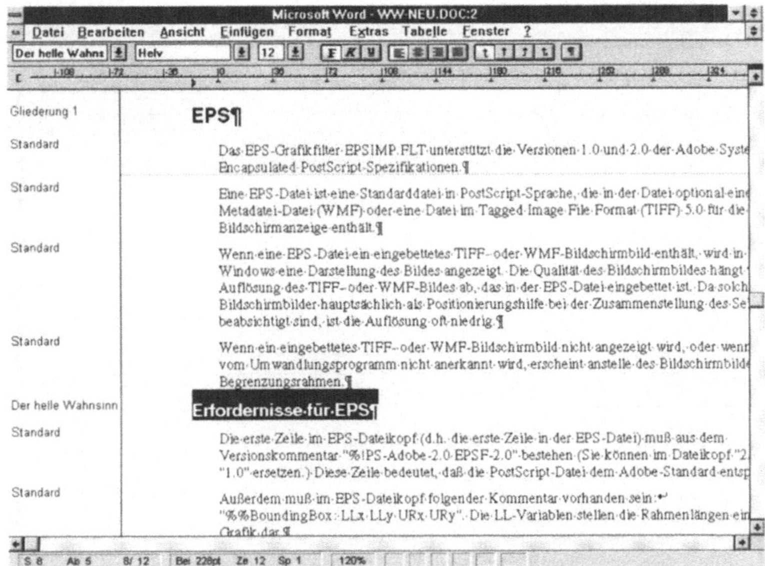

Abb. 4
Nach dem OK steht
das neue Druckformat
im Dokument zu
Verfügung.

Druckformat verändern

Von Zeit zu Zeit kommt es vor, daß Sie mit dem Ergebnis eines Druckformates unzufrieden sind. Bei aller Planung und trotz der Ergebnisvorschau in den Dialogfenstern entwickelt die Textgestaltung eine gewisse Eigendynamik, die durch geeignete Veränderungen des Druckformates korrigiert werden muß.

Die Schreibmarke muß durchaus nicht in einem Absatz stehen, dessen Druckformat verändert werden muß. Den Gegenstand Ihrer Einstellungen legen Sie im Dialogfenster *Druckformat* fest. Dort finden Sie in dem Listenfeld alle Druckformate dieses Dokumentes.

- Markieren Sie das gewünschte Druckformat durch einfaches Klicken.
- Klicken Sie auf das Schaltfeld **Definieren**.
- Bestimmen Sie durch Anklicken der entsprechenden Schaltfelder, welche Formatierung Sie ändern möchten. Sie finden dort die gleichen Formatierungen wie in dem umgebenden Menü **Format**.

Abb. 5
Druckformate ändern

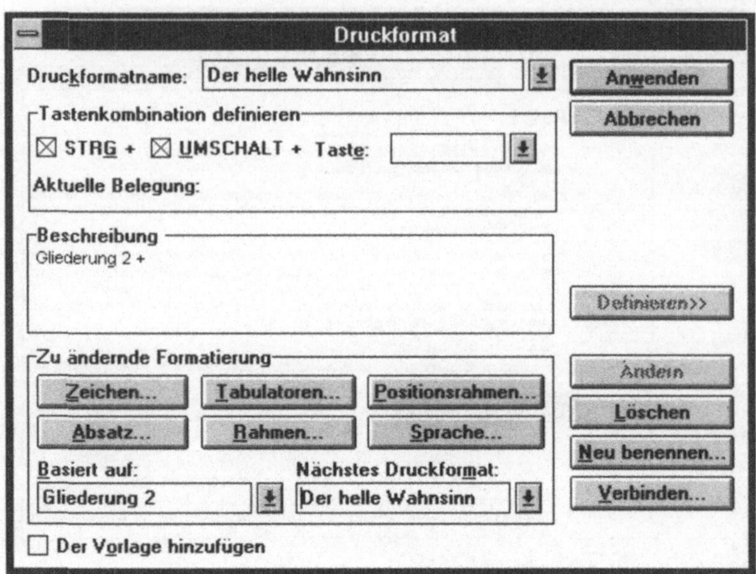

Die Schaltfelder öffnen Dialogfenster, in denen Sie die gewünschten Änderungen vornehmen können. Jedes Feld wird für sich geschlossen und führt Sie zum Ausgangsfeld zurück. Erst wenn Sie auf das Schaltfeld **Anwenden** klicken, nimmt Winword Ihren Wunsch zur Kenntnis, Änderungen am Bestehenden vorzunehmen. Die eingebrachten Neuerungen wertet das Programm allerdings als neues Druckformat, dem Sie irrtümlich den Namen eines bestehenden Druckformates gegeben haben. Klicken Sie also beherzt auf das Schaltfeld **Ja**, um ein Druckformat zu ändern.

Abb. 6
Warnung:
Änderungen
überschreiben
Bestehendes!

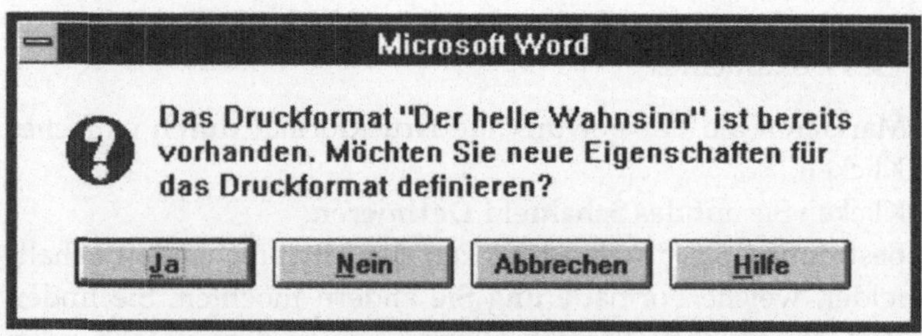

72

Viele dieser Felder sind im wesentlichen selbsterklärend. Nicht zuletzt trägt die allerorten eingebaute Vorschau auf die Folgen der getätigten Einstellung dazu bei. Als Beispiel verweise ich auf das Dialogfenster *Schrift* zum Einstellen der verwendeten Schrift.

Bei anderen Dialogfenstern bin ich mir nicht so sicher, ob die Einstellmöglichkeiten tatsächlich so intuitiv und transparent sind. Im folgenden finden Sie einige Hinweise über die Vorgaben in den verschiedenen Dialogfenstern.

Tabulatoren

Im Textfeld **Tabstop-Position** tragen Sie die Werte ein, die Ihnen zweckmäßig erscheinen. Anschließend bestimmen Sie mit den Schaltfeldern für die Ausrichtung und die Füllzeichen die weitere Ausgestaltung der Tabulatoren.

Wirksam werden die Einstellungen mit dem Klicken auf dem Schaltfeld **Setzen**.

Winword zeigt die Tabulatoren im Lineal an. Mit diesem Hilfsmittel können Sie auch erkennen, daß Winword die Position der Tabulatorenstopps vom Zeilenanfang des Absatzes errechnet. Ausgangsbasis ist dabei nicht die erste Zeile, deren Einzüge die Tabulatoren ansonsten unbeabsichtigt beeinflussen würden.

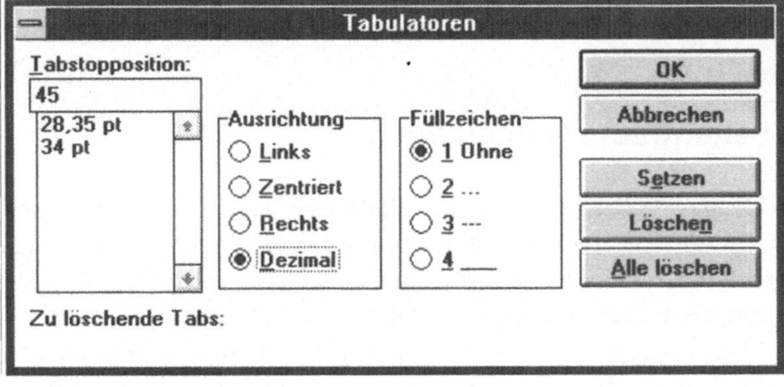

Abb. 7
Tabulatoren festlegen

Absatz

In diesem Dialogfenster gibt es ein paar erklärungsbedürftige Einstellungen. Bei **Ausrichtung** und **Ausrichtung** gibt es nicht viele Fragen, und wenn, werden sie von der Vorschau für gewöhnlich beantwortet.

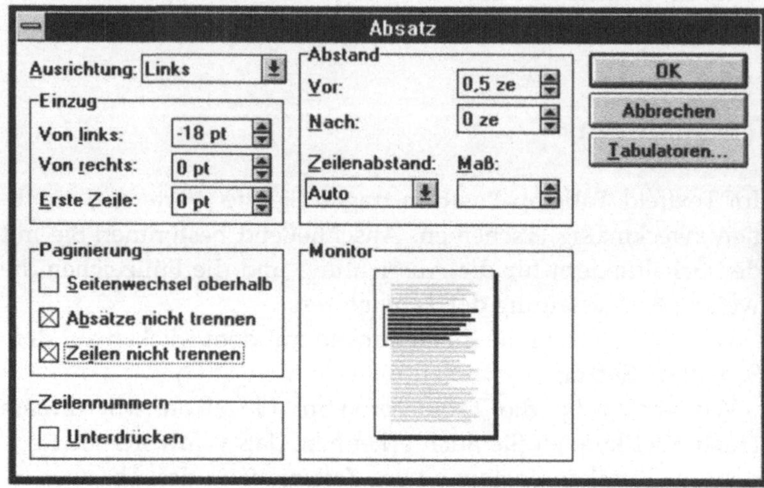

Abb. 8
Dialogfenster Absatz

Anders sieht es mit den Einstellungen zur **Paginierung** aus. Ein wirklich schönes Wort, ein Fachbegriff sogar, aber leider am falschen Platz. Hier bestimmen Sie nicht die Seitenzählung, sondern den Umbruch, und zwar wie folgt:

Seitenwechsel oberhalb

Absätze mit der Vorgabe **Seitenwechsel oberhalb** druckt Winword immer am Seitenanfang. Im Klartext bedeutet das, daß Sie mit jedem Absatz, der dieses Druckformat aufweist, einen Seitenumbruch in Ihr Dokument einfügen.

Auch Abschnitte lösen Seitenwechsel aus. Ebenso der Befehl Seitenwechsel im Menü Einfügen

Diese Möglichkeit wird gerne genutzt, um sicherzustellen, daß Kapitelüberschriften immer auf einer neuen Seite beginnen.

Leider unterscheidet Winword bei dieser Umbruchoption nicht zwischen linker und rechter Seite, so daß es bei dieser Steuerungstechnik durchaus vorkommen kann, daß ein Kapitel regelwidrig auf einer linken Seite beginnt. Also aufgepaßt: oben alleine reicht nicht!

Absätze nicht trennen

Mit dem Aktivieren dieses Schaltfeldes legen Sie fest, daß Winword den so formatierten Absatz mit dem nächstfolgenden Absatz zusammenzuhalten versucht. Dieser Automatismus ist bei Überschriften gefordert, bei denen sichergestellt werden soll, daß ihnen auf derselben Seite noch ein weiterer Text folgt.

Das funktioniert natürlich nur, wenn Sie von der lieben Gewohnheit Abschied nehmen, Absätze mit Leerzeilen zu trennen.

Andernfalls kann es passieren, daß die Überschrift einsam und verlassen erscheint, während der dazugehörige Grundtext auf der folgenden Seite weitergeführt wird.

Auch Tabellentexte müssen mit dieser Einstellung ausgestattet werden, um sicherzustellen, daß die Tabelle nicht von einem Seitenumbruch auseinandergerissen wird. Vorsicht ist hier geboten, wenn die Tabelle länger ist als eine Seite. Dann kann Winword bei dem Versuch, keinen Seitenumbruch zuzulassen und dennoch die Tabelle zu drucken, ins Straucheln kommen.

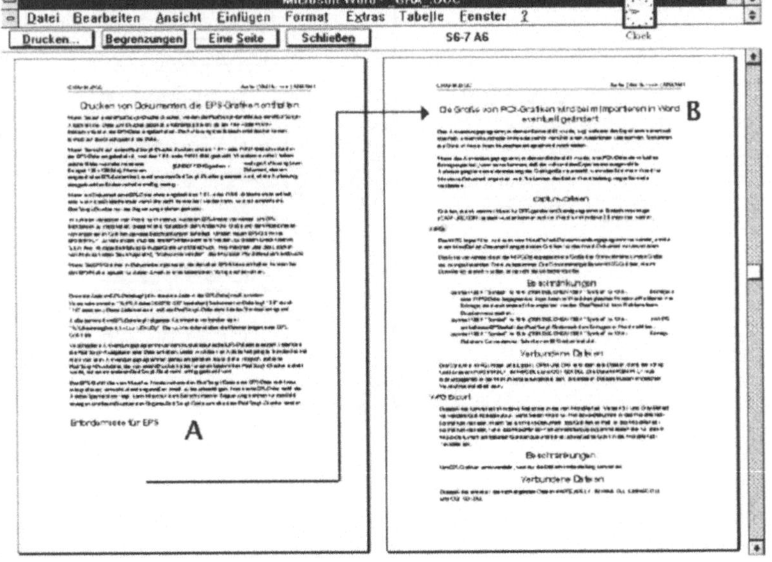

Abb. 9
Der Absatz bei »B« hat die Einstellung **Absatz nicht trennen**. Darum ist sichergestellt, daß er niemals als letzter auf einer Seite gedruckt wird.
Der Absatz bei »A« weist diese Einstellung nicht auf, so daß die Überschrift am Seitenende ein bißchen verloren wirkt.

Zeilen zusammenhalten

Satzamateure erkennt der Leser an einzelnen Zeilen zu Beginn oder am Ende einer Seite oder Spalte (Hurenkinder und Schusterjungen). Winword bietet im Zusammenhang mit dem Schaltfeld **Zeilen zusammenhalten** ein Minimum, um die Anzahl der Hurenkinder und Schusterjungen zu beeinflussen.

Zwar können Sie die minimale Anzahl der End- und Anfangszeilen eines Absatzes nicht einstellen: Winword arbeitet mit der Voreinstellung »zwei Zeilen« für beide Einstellungen. Bei kurzen Absätzen (drei Zeilen) versagt dieses Minimum, so daß eine Zeile allein stehen bleibt. Aber mit der Option, innerhalb eines Absatzes keinen Seitenumbruch zuzulassen, können Sie dieses Manko mit Brachialgewalt beseitigen. Mit dem Aktivieren des Schaltfeldes **Zeilen zusammenhalten** stellen Sie sicher, daß Winword versucht, alle Zeilen eines Absatzes auf einer Seite unterzubringen. Gelingt das nicht, wird der ganze Absatz auf die nächste Seite geschoben.

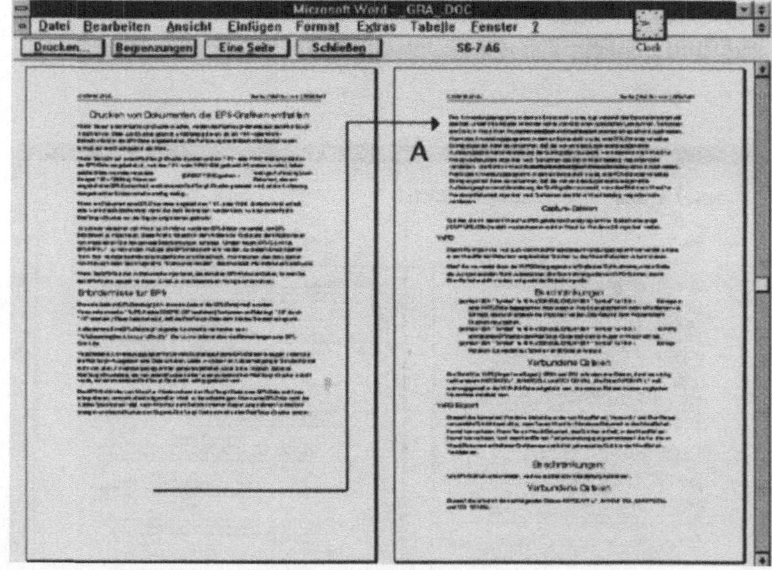

Abb. 10
*Für den Absatz bei »A« wurde mit der Einstellung **Zeilen zusammenhalten** sichergestellt, daß Winword alle Zeilen des Absatzes auf einer Seite zusammenhält.*

Druckformate zuweisen

Wie in so vielen Fällen bietet Winword auch für diese Aufgabe mehrere Lösungswege an. Ich zeige Ihnen einen Weg, der immer funktioniert und sehr schnellen Zugriff auf die vorhandenen Druckformate gewährleistet.

- Positionieren Sie die Schreibmarke in dem gewünschten Absatz.
- Drücken Sie <Strg>+y um den Zugriff auf die Druckformate zu öffnen. In der Statuszeile fragt Winword, welches Druckformat es dem aktuellen Absatz zuweisen soll.
- Geben Sie den Namen des Druckformats über die Tastatur ein, oder drücken Sie erneut <Strg>+y, um das Dialogfenster *Druckformatnamen* zu öffnen. Hier können Sie dann mit der Maus oder über Tastatur das gewünschte Druckformat auswählen.
- Winword benutzt die Druckformate unter anderem zum Numerieren von Absätzen und zum Zusammentragen des Inhaltsverzeichnisses. Zu diesem Zweck sind einige Namen für Druckformate reserviert. Geben Sie Ihren Druckformaten andere Namen als *Gliederung 1 ... Gliederung 9*. Anderenfalls kann die Funktion der Absatznumerierung zu überraschenden Ergebnissen führen.

Mehr Informationen zum Thema Absatznumerierung finden Sie im Kapitel 6.

Mit <⏎> wird das Druckformat dem Absatz zugewiesen.

Nach dem Erzeugen eines Absatzes durch das Betätigen der <⏎>-Taste, haben Sie grundsätzlich zwei Möglichkeiten, den Absatz zu bearbeiten: einzeln oder als Druckformat.

In beiden Fällen wenden Sie Befehle aus dem Menü **Format** an. Dort ist das Dialogfenster *Absätze* zugänglich, in dem Ihnen Winword Einstellmöglichkeiten für die Zeilenausrichtung, Abstände und die Eigenschaften der Tabulatoren bietet. Die Einstellungen wirken sich immer auf den Absatz aus, in dem sich die Schreibmarke gerade befindet. Wenn Sie mehrere Absätze markiert haben, wendet Winword Ihre Vorgabe auf die markierten Absätze an.

An einem kleinen Beispiel stelle ich Ihnen beide Verfahren vor. Es zeigt sowohl die Auswirkung der Formatierung als auch mögliche Auswirkungen auf den Einsatz von Winword.

Absätze formatieren

Nach dem Start von Winword können Sie sofort einen Text eingeben. Erzeugen Sie bitte ein paar Absätze, die gerne einige Zeilen umfassen dürfen. Wenn Sie Wert darauf legen, daß die Vorgänge auf Ihrem Rechner möglichst so aussehen wie auf den Abbildungen dieses Buches, betreiben Sie Winword im Vollbildmodus und schalten die *Formatierungsleiste* ein. Die folgende Abbildung zeigt, wie man das anstellt. Die Formatierungsleiste bietet – nomen est omen – einen schnellen Zugriff auf wichtige Formatierungen.

Zuerst zeige ich Ihnen, wie Sie einen Absatz direkt formatieren. Wahlweise können Sie das mit dem Mauszeiger in der Menüleiste, einem Tastatur-Kürzel oder unter Verwendung der Formatierungsleiste bewerkstelligen. Wichtig ist nur, daß sich die Schreibmarke in dem Absatz befindet, den Sie zum Beispiel mit rechtsbündigen Zeilen formatieren wollen:

- Setzen Sie den Mauszeiger in einen Absatz.
- Alternativ können Sie auch das Schaltfeld **Absatz rechtsbündig ausrichten** in der Formatierungsleiste anklicken.
- Öffnen Sie das Dialogfenster *Absatz* im Menü **Format**.

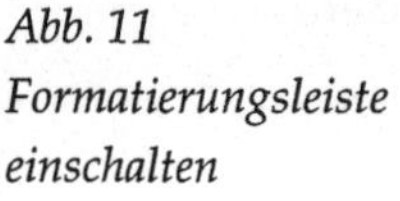

Abb. 11
Formatierungsleiste
einschalten

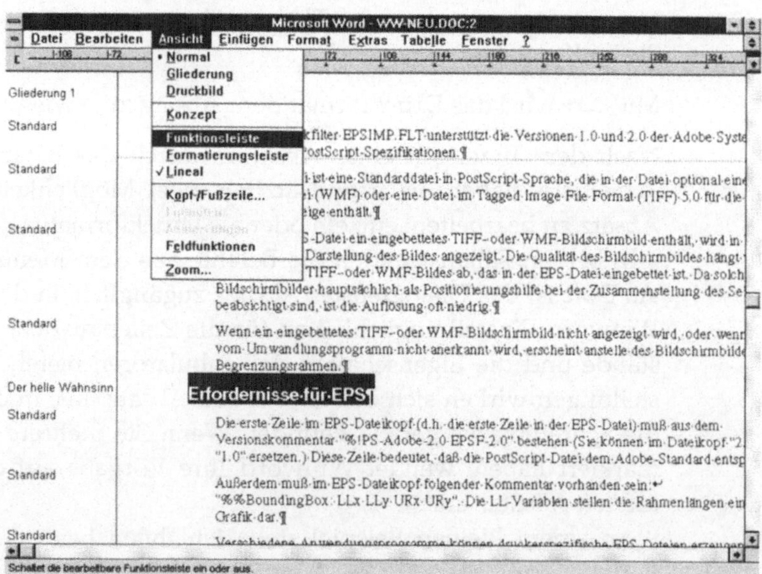

Dort befindet sich das Auswahlfeld **Ausrichtung**. Mit dem Anklicken des Pfeils wird der Vorrat an möglichen Ausrichtungen angezeigt und kann durch Anklicken und anschließendes Quittieren mit <↵> auf den Absatz übertragen werden.

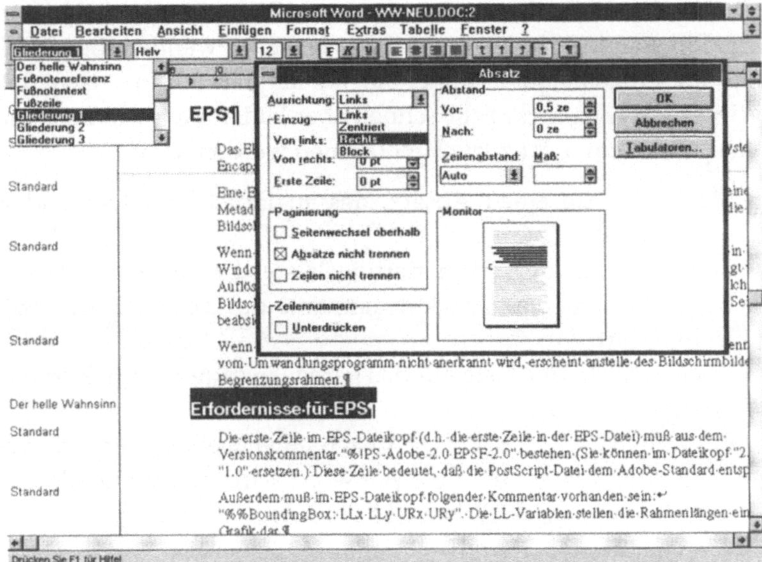

Abb. 12
Arbeiten mit der Formatierungsleiste und mit dem Menü **Format**

Falls Sie den Absatz schon bei der Texterfassung rechtsbündig formatieren, geht das am schnellsten ohne Maus mit dem Tastatur-Kürzel <Strg>+r.

Alle Einstellungen, die mit der Maus in Dialogfenstern vorgenommen werden, sind auch mit der Tastatur zugänglich, so daß die vorstehende Aufzählung durchaus nicht vollständig ist.

Im Dialogfenster *Absatz* im Menü **Format** finden Sie den ganzen Befehlsvorrat, den Winword zum Formatieren von Absätzen bereithält.

Quick and dirty

Winword stellt erfahrenen Anwendern ein weiteres Verfahren bereit, Druckformate neu zu definieren.

Definieren über Vorlagen

Es beruht darauf, daß Sie einen Absatz über die Befehle und Dialogfenster im Menü **Format** nach Bedarf formatieren und anschließend in der Formatierungsleiste verwenden. Bevor ich zu den Einzelheiten komme, möchte ich darauf hinweisen, daß dieser Vorgang zwar sehr schnell aber leider auch weitreichend und vor allem nicht zurückgenommen werden kann.

- Markieren Sie einen Absatz, dessen Druckformat verändert werden soll.
- Öffnen Sie in der Formatierungsleiste die Auswahlliste der Druckformate. Der Druckformatname des aktuellen Absatzes ist markiert.
- Klicken Sie in der Liste auf das bereits markierte Druckformat. Fertig.
- Bestätigen Sie Ihren Wunsch nach einer Neubestimmung des genannten Druckformates. Winword wird daraufhin alle entsprechend ausgezeichneten Absätze neu formatieren.

Das gleiche Verfahren eignet sich auch zum Erzeugen neuer Druckformate. Zu diesem Zweck müssen Sie in der Formatierungsleiste lediglich den Eintrag in der Druckformatanzeige mit dem gewünschten neuen Druckformatnamen überschreiben.

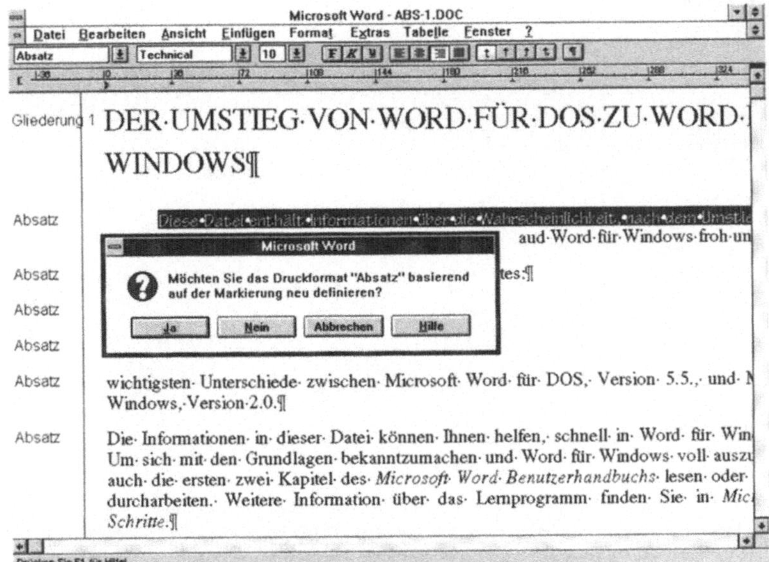

Abb. 13
Winword übernimmt alle Einstellungen des markierten Absatzes als neues Druckformat. Dieses Verfahren eignet sich auch zum Definieren neuer Druckformate.

Kapitel 6

Text erfassen

In diesem Kapitel geht es um die Aufgaben, für die Winword oder seine Vorgängerversionen ursprünglich einmal konzipiert waren: im Mittelpunkt stehen Fragen, die gelöst werden müssen, damit Ihre Texte in den Rechner »hineinkommen«.

Ziel

Das Kapitel konzentriert sich dabei auf Verfahren und Vorgehensweisen, die Ihnen Tipparbeit ersparen oder Zeichen und Daten in den Text einfügen, die auf Anhieb kaum zu erkennen oder zu begreifen sind, aber weitblickend eingesetzt für die Arbeit mit Winword unentbehrlich sind.

Im einzelnen handelt es sich um

- Textbausteine,
- Schablonen,
- Makros.

Es geht also vor allem um solche Themen, die etwas mit der reinen Texterfassung zu tun haben. Sie sind also auch dann aktuell, wenn Sie noch nicht einmal wissen, wie der Satzspiegel des Dokumentes aussieht, in dem der Text erscheinen soll, und ob Sie vielleicht Kopf- oder Fußzeilen benötigen.

Winword kann Ihnen um so mehr Arbeit abnehmen, je mehr Sie sich von der »traditionellen« Vorgehensweise der Materialsammlung und Aufbereitung lösen, und diese Aufgaben wagemutig dem Personalcomputer übertragen.

Grundsätzlich gilt, daß Sie alles, was Sie schreiben, zeichnen oder kopieren, auch in der einen oder anderen Form im Rechner speichern und mit Winword zusammenstellen können.

So spricht nichts dagegen, Exzerpte auf einem Personalcomputer zu erstellen. Im selben Arbeitsgang wächst die Literatur-

Möglichkeiten nutzen!

liste. Meßprotokolle lassen sich mit Programmen zur Tabellenkalkulation hervorragend auswerten. Die anfallenden Zahlenwerte bereitet Winword zu eindrucksvollen Grafiken auf und verwendet diese Daten, um die Beschreibung und mathematische Herleitung mitsamt der benötigten Formeln zu Papier zu bringen.

Winword bietet mehrere Möglichkeiten, die Text-, Daten- und Grafikelemente für ihren Einsatz in Texten und Dokumenten bereitzuhalten. Eine davon sind Textbausteine.

Textbausteine

Wie der Name schon sagt, sind Textbausteine Elemente der Texterstellung. Sie werden von Winword in einer Textbausteindatei verwaltet. Diese Datei dürfen Sie sich als eine Tabelle vorstellen, in der die eine Spalte Kurzrufe beinhaltet und in der zweiten Spalte die Informationen stehen, die statt des Kürzels in den Text eingefügt werden sollen.

Grundzüge

Praktisch sieht das so aus: Sie schreiben einen Text, kopieren ihn in die Bausteintabelle und denken sich einen eindeutigen Kurzruf für ihn aus. Winword ordnet diese beiden Größen einander zu. Und fortan genügt der Eintrag des Kurzrufes und der Druck auf die Funktionstaste <F3>, um die Langform in das Dokument einzufügen. Die Langform darf alle Zeichen enthalten, die auch sonst in Winword zulässig sind.

Das eröffnet Ihnen weit mehr Möglichkeiten, als aus dem nichtssagenden *sgh* die gängige Begrüßungsformel *Sehr geehrte Damen und Herren* zu zaubern. Ich erinnere an die Eigenart von Winword, daß Grafiken als Zeichen behandelt werden. Textbausteine fügen zum Beispiel Grafiken und Formeln auf Tastendruck in das Dokument ein. Ein paar Beispiele verdeutlichen, welcher Gestaltungs- und Rationalisierungsraum sich Ihnen mit dieser Option eröffnet:

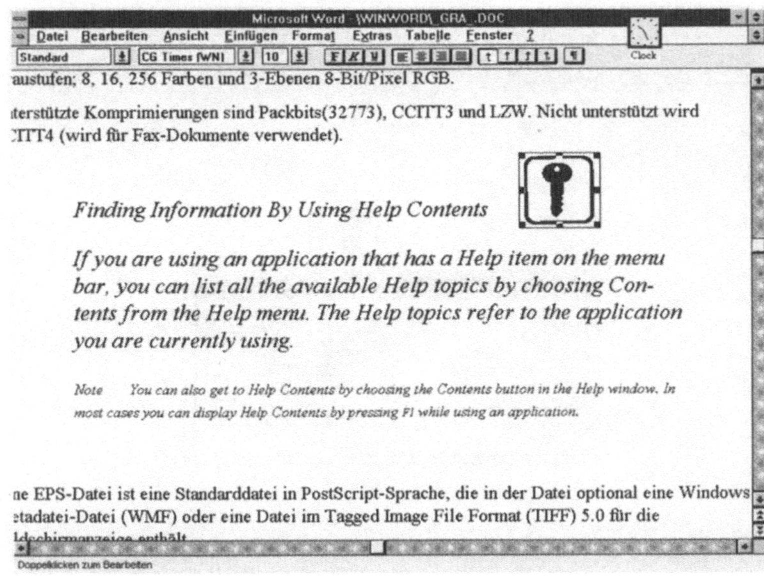

Abb. 1
Textbausteine dürfen auch Grafiken beinhalten.

- Halten Sie auf Knopfdruck häufig wiederkehrende Formeln und Schaltzeichnungen für Ihre Meßprotokolle bereit,
- ergänzen Sie eine Betriebsanleitung mit einem augenfälligen Piktogramm als Warnhinweis.
- Sparen Sie sich Tipparbeit und Eingabefehler, indem Sie längere und komplizierte Textpassagen als Textbaustein ablegen.

Neben den naheliegenden Anwendungsfällen, in denen der Textbaustein *kf* für *Koordinatentransformation* steht, finden auch Vertragstexte, Briefköpfe und Formulare ihren Weg als Textbaustein in neue Texte. Wenn es darum geht, Informationen aus verschiedenen Quellen in einem Dokument zusammenzutragen, zählen die Textbausteine zu den zuverlässigsten und übersichtlichsten Verfahren.

Textbausteine definieren

Alle Textbausteine entstehen unabhängig von ihrem Inhalt auf die gleiche Weise:

- Markieren Sie die gewünschten Zeichen.
- Öffnen Sie das Dialogfenster *Textbaustein* im Menü **Bearbeiten**.

Abb. 2
Dialogfenster
Textbaustein
definieren

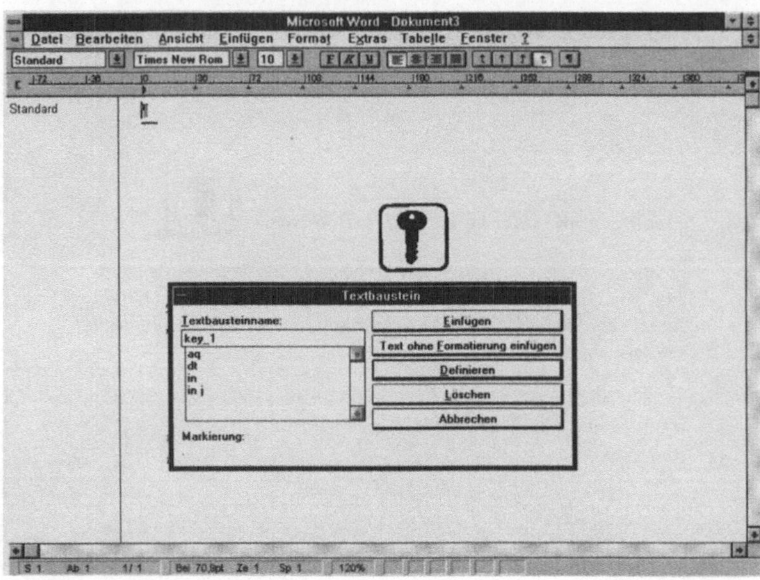

• Tragen Sie in dem Textfeld *Textbausteinname* ein, unter welcher Bezeichnung Winword die markierten Zeichen in der Textbausteindatei ablegen soll.
• Klicken Sie auf dem Schaltfeld **Definieren**.

Abb. 3
Formeln auf
Knopfdruck: Fertige
Formeln oder Vorlagen
als Textbaustein

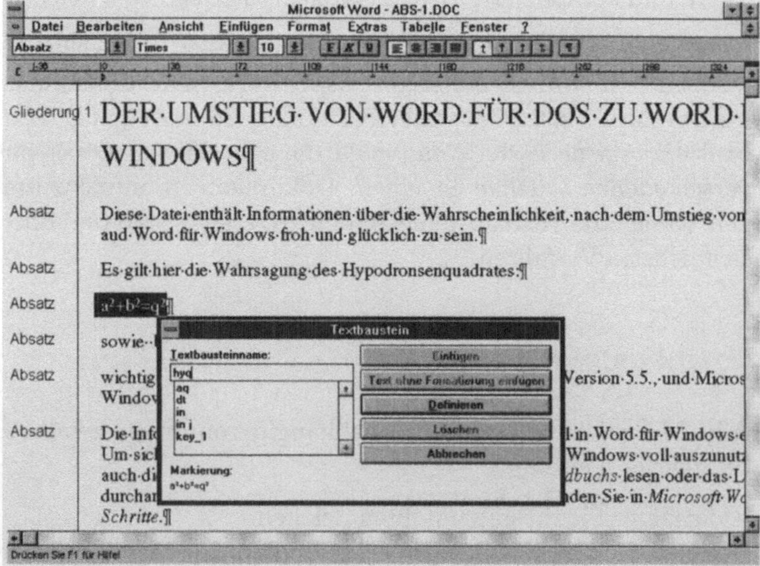

Das war's, jedenfalls beinahe.

Von jetzt an wird Winword die gezeigte Formel in den Text einfügen, wenn Sie die Tastenfolge »**hyg**« mit der <F3>-Taste abschließen. Viele Anwender bevorzugen sehr kurze Namen von zwei bis maximal vier Buchstaben Länge. Winword gestattet bis zu 31 Zeichen. Leerzeichen sind erlaubt, und Winword unterscheidet bei der Benennung von Textbausteinen nicht zwischen Groß- und Kleinschreibung.

Textbaustein einfügen

Winword stellt es Ihnen frei, Textbausteine über die Tastatur oder mit der Maus in Ihre Texte einzufügen.

- Tippen Sie den Namen des Textbausteins an der gewünschten Position ein. Vor dem Namen des Textbausteins **muß** ein Leerzeichen sein. *Direktaufruf über die Tastatur*
- Drücken Sie die Funktionstaste <F3>. Winword ersetzt den Namen des Textbausteins durch den Inhalt des Textbausteins.

Wer den Namen des Textbausteins nicht kennt, muß selber tippen oder die Maus rollen lassen: *Auswahl mit der Maus*

- Positionieren Sie die Schreibmarke an der gewünschten Einfügestelle im Text.
- Öffnen Sie das Dialogfenster *Textbausteine* im Menü **Bearbeiten**.
- Öffnen Sie das Menü **Textbausteine** und wählen Sie den gewünschten Textbaustein aus. Winword informiert Sie im unteren Bereich des Dialogfensters über den Anfang des ausgewählten Textbausteins.
- Klicken Sie auf **Einfügen**, um den ausgewählten Textbaustein in den Text einzufügen.

Verfügbarkeit

Ein paar winzige Kleinigkeiten werden Ihnen helfen, Textbausteine noch besser und zielgerichteter zu nutzen.

Die erste Kleinigkeit ist der Ort, an dem die Textbausteine gespeichert werden.

Sofern Sie mit einer anderen Dokumentvorlage arbeiten als NORMAL.DOT erkundigt sich Winword, wo der Textbaustein gespeichert werden soll. Nach dem **OK** erscheint das Dialogfenster *Textbaustein*.

Hier bestimmen Sie, ob der Textbaustein für alle Dokumente zur Verfügung stehen soll **als globaler Textbaustein** oder nur für Dokumente, die auf der derzeitigen Dokumentvorlage basieren: dann müssen Sie auf das Schaltfeld **Mit der Dokumentvorlage** klicken.

Nur wenn Sie Winword ausdrücklich anweisen, die Textbausteine künftig in allen Dokumenten bereitzuhalten, geschieht das auch.

Andernfalls verbindet Winword den Textbaustein mit der jeweiligen Dokumentvorlage. Wenn Winword nach dem Benennen des Textbausteines nicht nach der gewünschten Verfügbarkeit fragt, obwohl Sie nicht mit der Dokumenten-Vorlage NORMAL.DOT arbeiten, überprüfen Sie bitte die entsprechende Einstellung im Dialogfenster *Dokumentvorlagen*.

- Öffnen Sie das Dialogfenster *Dokumentvorlage* im Menü Datei.
- Klicken Sie auf das Schaltfeld Global, wenn alle Makros ohne Rücksprache für alle Dokumente verfügbar sein sollen.
- Klicken Sie auf das Schaltfeld Mit der Dokumentvorlage, wenn alle Textbausteine für Dokumente, die auf anderen Dokumentvorlagen basieren, unzugänglich sein soll. Die Voreinstellung für dieses Dialogfenster lautet Bei jeder Erstellung fragen.

Abb. 4
Textbausteine werden mit der Dokumentvorlage verbunden.

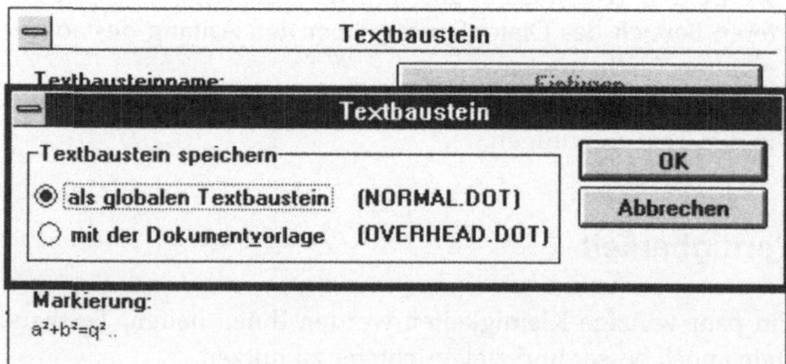

Nur wenn dieses Feld aktiviert ist, erscheint nach der Benennung des Textbausteins das besagte Dialogfenster.

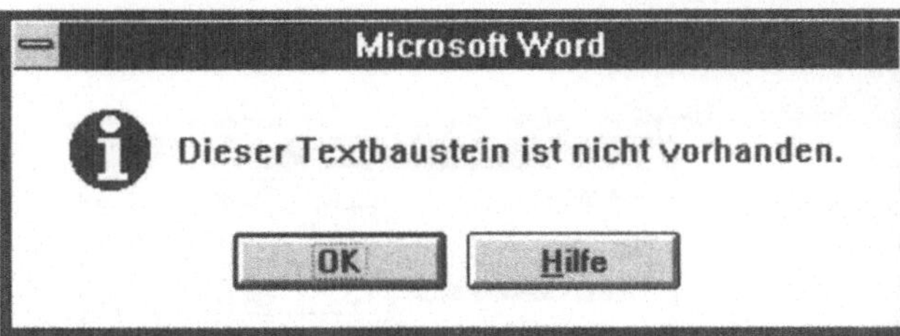

Abb. 5
Fehler: Textbaustein
nicht gefunden

In der Praxis findet Winword den Textbaustein nicht, wenn das jeweilige Dokument auf einer anderen Dokumentvorlage beruht. Dann kann es Ihnen passieren, daß nach <F3> die lakonische Mitteilung kommt: Dieser Textbaustein ist nicht vorhanden!

• Öffnen Sie das Dialogfenster *Dokumentvorlage* im Menü **Datei**.
• Klicken Sie auf das Schaltfeld **Global** und schließen das Dialogfenster mit **OK**.

Nur mit dieser Einstellung ist sichergestellt, daß Sie die Textbausteine in allen Dokumenten nutzen können.

Wenn es sich nicht gerade um so sensible Textbausteine wie gescannte Unterschriften handelt, ist es zweckmäßig, den Textbaustein für alle Arbeiten mit Winword bereitzuhalten. Das Programm ist schon unübersichtlich genug, so daß Sie so viele Fehlerquellen wie möglich ausschalten sollten.

Textbausteine unformatiert einfügen

Der zweite Hinweis betrifft die Art und Weise, wie der Textbaustein in den Text eingefügt wird.

Im Normalfall geben Sie den Namen des Textbausteins in den Text ein und drücken die Taste <F3>. Daraufhin erscheint der Textbaustein mit genau der Formatierung, mit der Sie ihn abgespeichert haben.

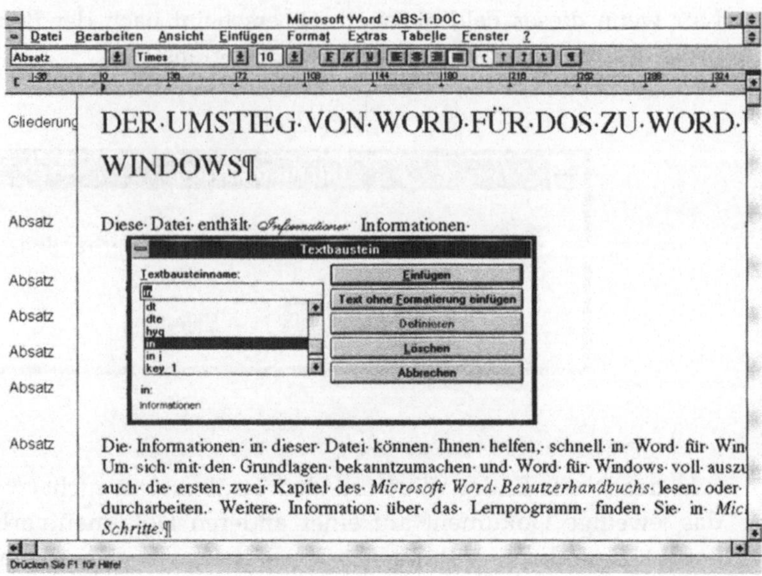

Soll der eingefügte Text hingegen die Formatierung des umgebenden Textes annehmen, dürfen Sie nicht die Taste <F3> verwenden.

- Setzen Sie die Schreibmarke an die Stelle, an der der Textbaustein erscheinen soll.
- Öffnen Sie das Dialogfenster **Textbaustein** im Menü **Bearbeiten**.
- Markieren Sie auf der Auswahlliste der Textbausteine den gewünschten Namen.
- Klicken Sie auf das Schaltfeld **Text ohne Formatierung einfügen**.

Und genau das passiert dann.

Textbausteine bearbeiten

Dazu zählen in erster Linie das

- Löschen,
- Verändern und
- Drucken der Textbausteine.

Das Löschen eines Textbausteins entfernt den Kurzruf und den *Löschen*
entsprechenden Eintrag. Für das Löschen hält Winword das
entsprechend benannte Schaltfeld im Dialogfenster *Textbaustein*
im Menü **Bearbeiten** bereit. Es wird immer der Textbaustein
gelöscht, der im Textfeld **Textbausteinname** sichtbar ist.

Dieser Vorgang entspricht dem Definieren eines neuen Text- *Textbaustein*
bausteins. Aber Sie tippen keinen neuen Namen ein, sondern *verändern*
bringen den Namen eines vorhandenen Textbausteins in das
entsprechende Textfeld.

Textbausteine drucken

Wenn Sie irgendwann die Übersicht über den Inhalt Ihrer Text-
baustein-Datei verloren haben, bietet Winword die Möglichkeit,
alle Textbausteinnamen mit ihren Inhalten auszudrucken.

- Öffnen Sie das Dialogfenster *Drucken* im Menü **Datei**.
- Öffnen Sie die Auswahlliste **Drucken** und bringen Sie die Op-
  tion **Textbaustein** in das Textfeld.
- Starten Sie den Druckvorgang mit **OK**.

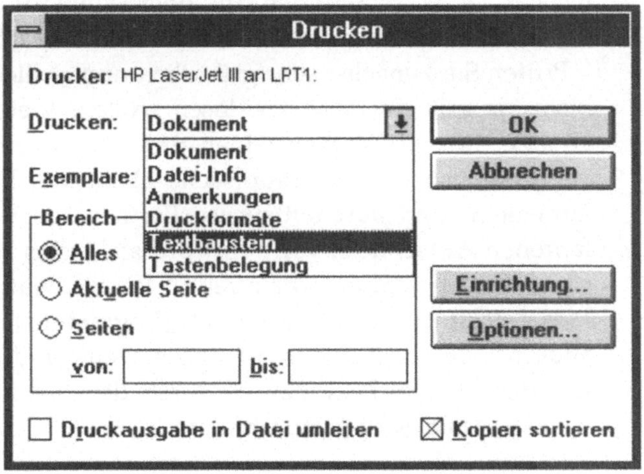

Abb. 7
Textbaustein
ausdrucken

Makros

Makro heißt so viel wie *groß, lang* und bezieht sich im Zusammenhang mit Winword nicht auf den Zeit- oder Speicherbedarf beim Arbeiten mit dem Programm, sondern auf ein Verfahren, die Eingabe häufig wiederkehrender Befehlsfolgen zu automatisieren.

So wie Textbausteine beliebige *Tastenfolgen* auf Tastendruck in das Dokument einfügen und *Druckformate* ein rundes Dutzend *Formatiereinstellungen* für Absätze zusammenfassen, fassen Sie mit Makros beliebige Befehle zusammen. Dabei spielt es keine Rolle, ob Sie die Einstellungen mit der Maus oder der Tastatur vornehmen. Mit Makros können Sie ein bißchen Programmierer spielen: grundsätzlich sind alle Winword-Befehle Makros.

Makro planen

Viele Anwender lesen den entsprechenden Passus im Handbuch erst, nachdem ihre Makros im Nirwana der mannigfachen Fensterwelt verschwunden sind oder Winword mit Meldungen wie »Befehl mißlungen« vom Scheitern eines Makros künden.

Muß es wirklich ein Makro sein?

Prüfen Sie zunächst sehr gründlich und ehrlich, welches Problem Sie mit einem Makro lösen wollen. Viele Einstellungen können Sie mit Textbausteinen und Druckformaten schneller verwirklichen. In der Hauptsache bleibt den Makros das dokumenten- und abschnittsweise Formatieren vorbehalten. Erfahrenen Anwendern von Winword steht über Makros der Zugang zu Programminterna offen. Tatsächlich läßt sich über Makros Ablauf und Erscheinung des Programms fast beliebig verändern. Die Möglichkeiten werden weniger durch Restriktionen der Makros begrenzt als durch den Ideenvorrat der Anwender, Makros zu programmieren.

Grundregeln

Makros sind wirklich ein sehr mächtiges Werkzeug, das Sie mit
sehr viel Überlegung und Vorsicht einsetzen sollten. Bitte beachten Sie beim Planen und Aufzeichnen von Makros folgende
Prinzipien:

Druckvorlagen sichern

Makros sind nicht nur ein sehr wirkungsvolles Instrument, sondern auch sehr leicht zu benutzen. Da kann es schon einmal
passieren, daß Sie Einstellungen ändern, die sich bei genauerem
Hinsehen als unzweckmäßig erweisen. In solchen Fällen ist es
sehr beruhigend, auf eine Sicherungskopie der Druckvorlagen
zurückgreifen zu können.

Wunsch und Wirklichkeit

Der Wunsch nach einem Makro entsteht immer dann, wenn Sie
eine bestimmte Einstellung oder einen bestimmten Formatierdurchgang mehrfach wiederholen und womöglich bei der Wie-
derholung noch dadurch Zeit verlieren, daß sich Tippfehler ein-
schleichen oder Winword lange Besinnungspausen einlegt, weil
es vielleicht gerade auf die Seitenansicht umschaltet.

So verlockend der Weg auch erscheinen mag, ad hoc einen
Makro zu erzeugen, so groß ist auch die Wahrscheinlichkeit,
daß der Makro nicht zufriedenstellend arbeitet.

Beginnen Sie nie mit einem Makro, wenn Sie sich nicht aufge-
schrieben haben, was er tun soll und mit welchen Einstellungen
Sie ihn erzeugen wollen.

Makros führen nach dem Aufrufen genau das aus, was Sie be- *Markieren nicht mit*
stimmt haben. Das schränkt die Einsatzmöglichkeit etwas ein, *der Maus*
Text mit der Maus zu markieren. Benutzen Sie dazu ebenso die
Tastatur wie zum Bewegen der Schreibmarke im Text.

Einzelne Zeichen markieren Sie, indem Sie die Schreibmarke
mit den Pfeiltasten durch das Dokument steuern und dabei die
<Shift>-Taste gedrückt halten.

Führen Sie einen Makro darum immer nur bis zum *Einstellen* *Kontrolle behalten*
von zeitintensiven Dialogfenstern, wie z.B. Drucken oder um-

fänglichen Datenverknüpfungen, aber behalten Sie sich das auslösende **OK** selbst vor.

Makros aufzeichnen

Wenn Sie sich an die vorstehenden Hinweise halten, ist das Programmieren von Makros nicht nur einfach, sondern führt auch zu positiven Ergebnissen.

Die Hauptarbeit bei der Makroerstellung – außer der Planung – übernimmt Winword für Sie. Das Programm stellt einen Makro-Rekorder zur Verfügung, der im Menü **Extras** eingeschaltet werden kann.

- Öffnen Sie das Dialogfenster *Makro aufzeichnen* im Menü **Extras**.
- Tragen Sie in das Textfeld **Beschreibung** in Stichworten ein, was Sie mit dem Makro bewirken wollen. Brechen Sie die Bearbeitung hier ab, wenn Sie sich nicht sicher sind, was der Makro tun soll und wie Sie es verwirklichen wollen!

Sofern Sie mit einer anderen Dokumentvorlage als NOR-MAL.DOT arbeiten, erkundigt sich Winword, wo der Makro gespeichert werden soll. Nach dem **OK** erscheint das Dialogfenster *Makro*. Hier bestimmen Sie, ob der Makro für alle Dokumente zur Verfügung stehen soll **als globaler Makro** oder nur für Dokumente, die auf der derzeitigen Dokumentvorlage basieren: Sie müssen dann auf das Schaltfeld **mit der Dokumentvorlage** klicken.

Abb. 8
Makro benennen und
beschreiben

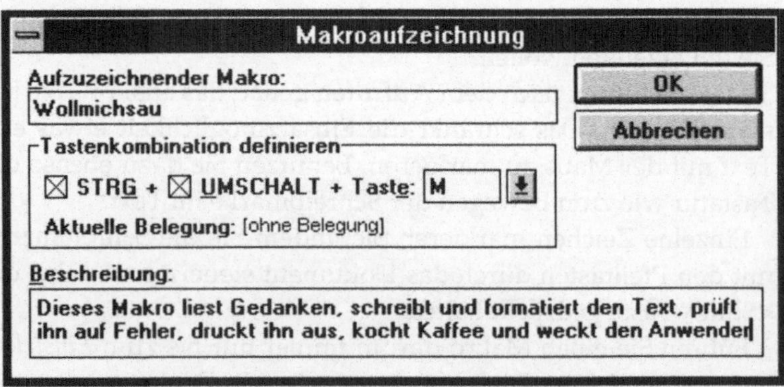

Nur wenn Sie Winword ausdrücklich anweisen, die Makros künftig in allen Dokumenten bereitzuhalten, geschieht das auch. Andernfalls verbindet Winword den Makro mit der jeweiligen Dokumentvorlage. Wenn Winword nach dem Benennen des Makros nicht nach der gewünschten Verfügbarbeit fragt, obwohl Sie nicht mit der Dokumentvorlage **NORMAL.DOT** arbeiten, überprüfen Sie bitte die entsprechende Einstellung im Dialogfenster *Dokumentvorlagen*.

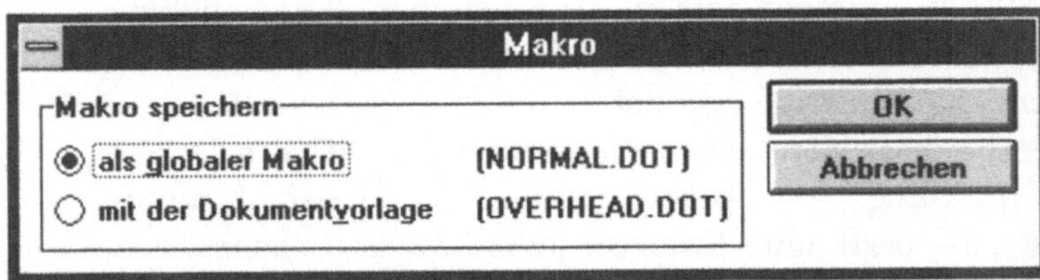

Abb. 9
Verfügbarkeit des
Makros bestimmen

- Öffnen Sie das Dialogfenster *Dokumentvorlage* im Menü **Datei**.
- Klicken Sie auf das Schaltfeld **Global**, wenn alle Makros ohne Rücksprache für alle Dokumente verfügbar sein sollen.
- Klicken Sie auf das Schaltfeld **Mit der Dokumentvorlage**, wenn alle Makros ohne Rückfrage für Dokumente, die auf anderen Dokumentvorlagen basieren, unzugänglich sein sollen. Die Voreinstellung für dieses Dialogfenster lautet **Bei jeder Erstellung fragen**. Zurück zum Makro-Rekorder:
- Tragen Sie in das Textfeld einen Namen für das Makro ein. Der Name darf bis zu 20 Zeichen lang sein und **keine** Leer- oder Sonderzeichen enthalten. Andernfalls bietet das Dialogfenster nur noch die Option **Abbrechen**.
- Bestimmen Sie das Tastatur-Kürzel, mit dem Sie bei Bedarf den Makro aus der Textverarbeitung starten können.
- Nehmen Sie alle Einstellungen vor, die für das geplante Ergebnis notwendig sind. Beachten Sie dabei die vorstehenden allgemeinen Hinweise zum Gebrauch der Maus.
- Wählen Sie den Befehl **Aufzeichnung beenden** im Menü **Makro**.
  Dieser Befehl ist nur verfügbar, wenn Sie zuvor mit der Aufzeichnung eines Makros begonnen haben.

Damit ist die Aufzeichnung des Makros abgeschlossen. Winword ist bereit, alle Befehle und Einstellungen, die Sie seit Beginn der Aufzeichnungen vorgenommen haben, auf Ihr Geheiß hin abzuarbeiten und die Ergebnisse in das jeweilige Dokument einzufügen.

Makros korrigieren

Selbst bei ganz einfachen Makros kann es passieren, daß Winword die zusammengefaßten Anweisungen nicht widerspruchslos hinnimmt, sondern den Makro-Ablauf unversehens mit einer Fehlermeldung beendet.

Einige dieser Fehlermeldungen beruhen auf Fehlern in der Systemumgebung. So haben Sie vielleicht den Befehl aufgezeichnet, eine bestimmte Datei zu laden, die zwischenzeitlich gelöscht wurde oder Winword zeigt die Gliederungsansicht, benötigt aber die Druckbildansicht. Andere beruhen auf Fehlern im Makro selbst. Ihre Fehlermeldungen werden in einem Fenster angezeigt, in dessen Titelzeile **WordBASIC** eine Fehlernummer ausgibt.

Im Rahmen dieses Buches soll nur sehr allgemein auf die Bearbeitung von Makros hingewiesen werden. Die Titelzeile der Fehlermeldung *WordBASIC* deutet schon darauf hin, daß mit den Makros die Tür zu einem weiten Betätigungsfeld aufgestoßen wird.

Microsoft hält für Anwender, die für dieses Gebiet eine Navigationshilfe benötigen, eine englischsprachige Dokumentation bereit. Dort finden Sie auch ausführliche Erläuterungen, mit welchen Befehlen und Abfragen sämtliche Randbedingungen abgefragt und gegebenenfalls eingestellt werden.

Ähnlich wie Programme müssen fehlerhafte Makros entwanzt werden. Der Weg, das Ziel über zielstrebiges Bearbeiten des Makros zu erreichen, ist bei komplexeren Vorhaben aussichtsreicher als der Versuch, die schon einmal verunglückte Aufzeichnung zu wiederholen.

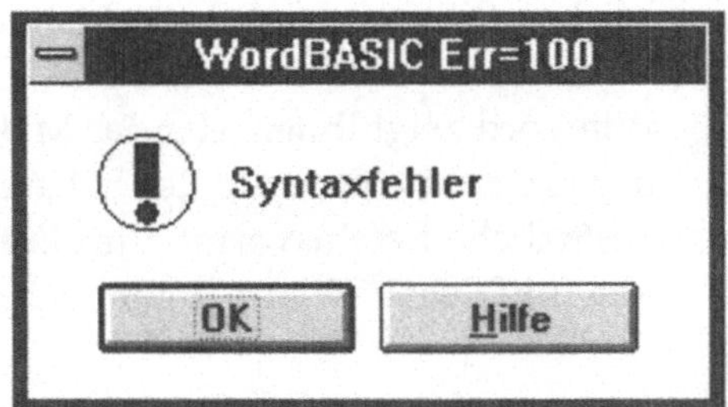

*Abb. 10
Aufforderung zum
Bearbeiten eines
Makros*

- Öffnen Sie im Menü **Extras** das Dialogfenster *Makro*.
- Klicken Sie auf dem Schaltfeld, das Ihnen den gewünschten Makronamen anzeigt.
  Winword unterscheidet zwischen den Makros, die global verfügbar sind und solchen, die mit der jeweiligen Vorlage verbunden sind. Das Schaltfeld **Befehle** listet alle Befehle auf, die *WordBasic* bereithält.

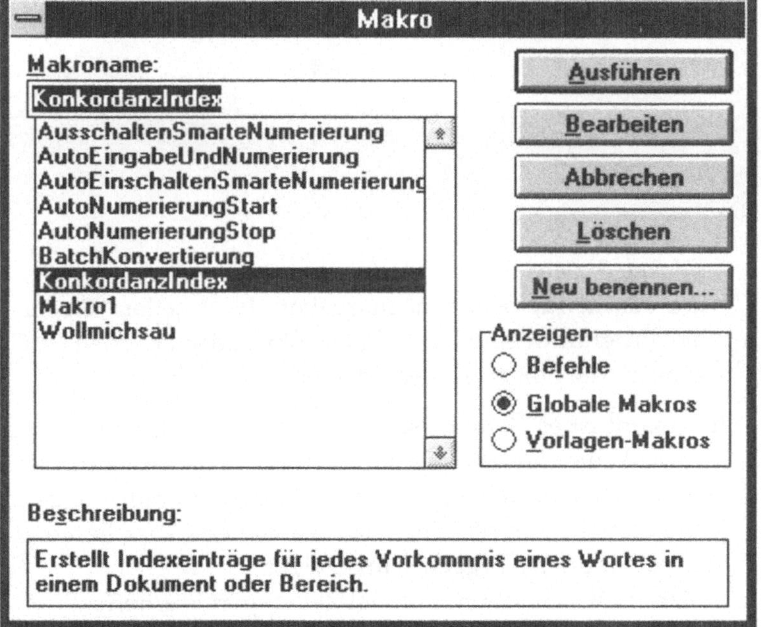

*Abb. 11
Makros bearbeiten*

• Klicken Sie auf das Schaltfeld **Bearbeiten**, um die Makroanweisungen sichtbar zu machen.

Winword zeigt Ihnen jetzt das Makro als Winword-Dokument in Textform. Unterhalb der bekannten Menüleiste ist jetzt der zusätzliche Befehlsvorrat zum Entstören der Makros in Form von fünf Schaltfeldern zugänglich.

Abb. 12

Makro im Klartext

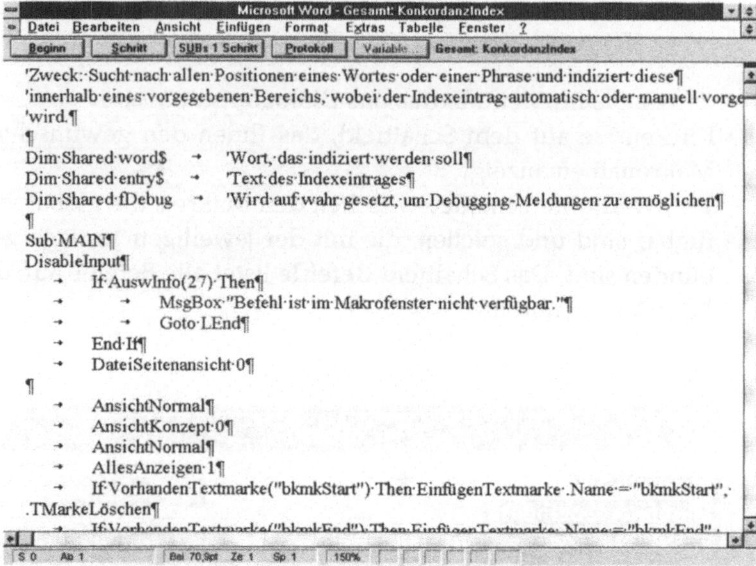

• Klicken Sie auf **Schritt**, um Winword zu veranlassen, das Makro Schritt für Schritt abzuarbeiten. Nach jedem Befehl legt das Programm eine kurze Pause ein und gibt Ihnen so Gelegenheit, die Folgen zu begutachten.

Insgesamt ist es ziemlich schwierig, Makros mit den gebotenen Möglichkeiten zuverlässig zu entstören. Das Verfahren ist vor allem auch sehr zeitraubend, weil das Programm unglaublich lange braucht, um die einzelnen Befehle erst kurz hervorzuheben und dann das Ergebnis anzuzeigen.

Man muß sich schon sehr viel Zeitersparnis erhoffen, um Zeit und Mühe in das Erstellen von Makros zu investieren. Lohnend wird der Aufwand in solchen Fällen, in denen ein Systembetreuer für mehrere Anwender Makros schreibt. Zusammen mit dem Dialogfenster-Editor, der zusammen mit Winword installiert wird, kann man – Zeit und Geduld vorausgesetzt – Winword um fehlende Funktionen bereichern oder die Erstellung von Dokumenten durch Abfrage von Details weitgehend automatisieren.

Leider prüft Winword beim Schließen des Makros weder Syntax noch Variablen. Ob der nachgebesserte Makro nun wirklich so abläuft, wie Sie sich das gedacht haben, zeigt sich darum erst, wenn Sie ihn erneut starten. *Kein Syntax-Check durch Winword*

Makros in Menüs und Tastatur-Codes

Natürlich können Sie den Makro dadurch anstoßen, daß Sie im Dialogfenster *Makro* den Befehl **Ausführen** wählen und aus dem dann unvermeidlichen Dialogfenster den jeweiligen Makro auswählen. Aber vielen Anwendern ist das zu unpraktisch. Sie bevorzugen eine andere Möglichkeit, den Makro zu starten:

Freunde der Maus bauen den Makro als Befehlsfeld in ein Menü ein. Der Weg dahin ist etwas verwinkelt. *Makro als Befehl*

- Im Menü **Extras** das Dialogfenster *Einstellungen* wählen.
- In diesem Dialogfenster die Kategorie **Menüs** auswählen.
- In diesem Dialogfenster finden Sie nicht nur Ihren Makro, sondern auch alle anderen Winword-Befehle, deren Erscheinungsweise Ihnen hier zur freien Disposition stehen.

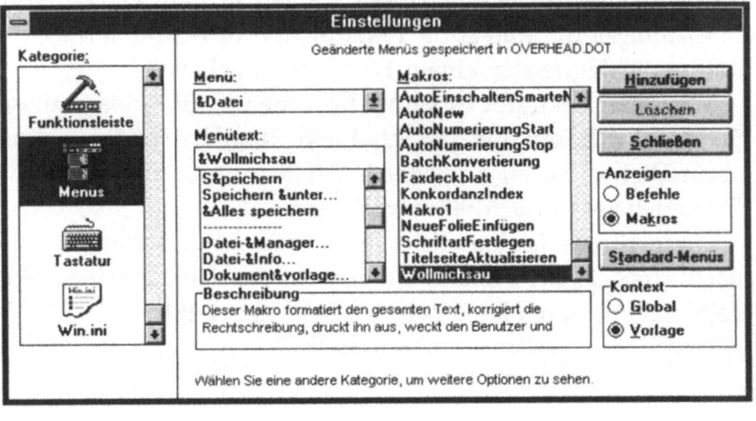

Abb. 13
Makros in Winword-Menüs einbetten

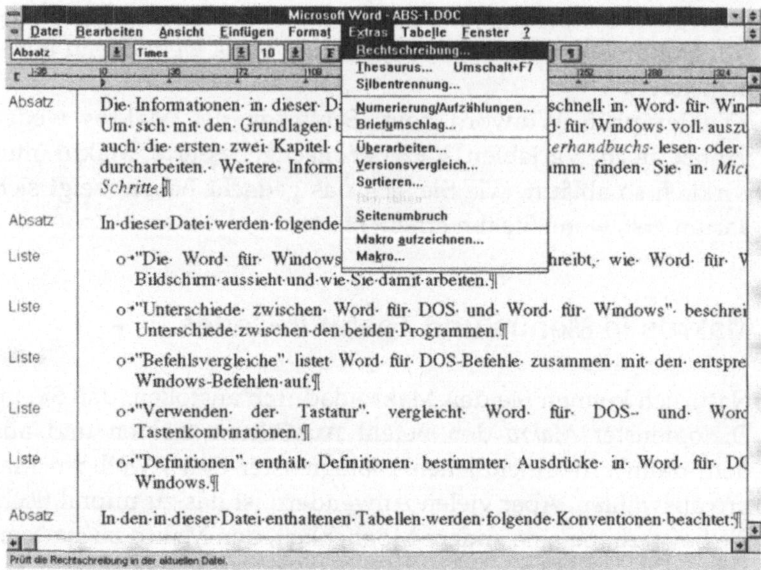

Ich kenne Systembetreuer, die dieses Dialogfenster gelöscht haben, weil sie es leid waren, für überraschte Winword-Benutzer die wenn schon nicht bewährte, so doch bekannte Winword-Oberfläche zu restaurieren, nachdem andere Benutzer aus Versehen oder Vorsatz Menüs und Tastatur-Codes verändert hatten.

Makros als Tastatur-Code

Freunde des schnellen Textes wählen in dem Dialogfenster *Einstellungen* die Kategorie **Tastatur** und ordnen den Makro in diesem Dialogfenster einem Tastatur-Kürzel zu.

In diesem Feld gibt es kein **Abbrechen**. Statt dessen müssen Sie durch Klicken auf das Schaltfeld **Standard-Tasten** den ursprünglichen Zustand wieder herstellen. Dann können Sie das Dialogfenster mit **Schließen** verlassen.

Wenn dieses Dialogfenster bei Ihnen fehlt, ahnen Sie vielleicht, daß da Ihr Systembetreuer Winword im Interesse einer zeitlich konstanten Benutzeroberfläche gestutzt hat.

Kapitel 7

Texte überarbeiten

Außer den bisher vorgestellten Funktionen zur Texterfassung und Absatzgestaltung stellt Winword natürlich noch sehr viel mehr Dienstleistungen zur Verfügung.

Ziel

In diesem Kapitel lernen Sie neben einigen Standardfunktionen auch solche kennen, die immer dann benötigt werden, wenn es gilt, einen vorhandenen Text zu überarbeiten:

• Suchen und Ersetzen von Zeichenfolgen,
• Bewegen der Schreibmarke im Text
• Rechtschreibprüfung und
• Einsatz des Thesaurus.

Suchen

Dabei handelt es sich um eine Standardfunktion aller Textverarbeitungsprogramme. Winword macht da keine Ausnahme, sondern unterstützt diese Funktion sehr wirkungsvoll und bedienerfreundlich. Sowohl das Suchen als auch das Ersetzen kann vielfältig beeinflußt werden, ohne daß die Bedienbarkeit darunter leidet. Die jeweiligen Schalter und Einstellungen sind sehr übersichtlich in Dialogfenstern untergebracht.

Neben der freundlichen Erscheinungsform der Eingabe bietet das Programm noch mehr Optionen, Textstellen zu finden, als nur bestimmte Zeichen. Außer der bloßen Existenz von Zeichen unterscheidet Winword auch deren Auszeichnung. Auf diese

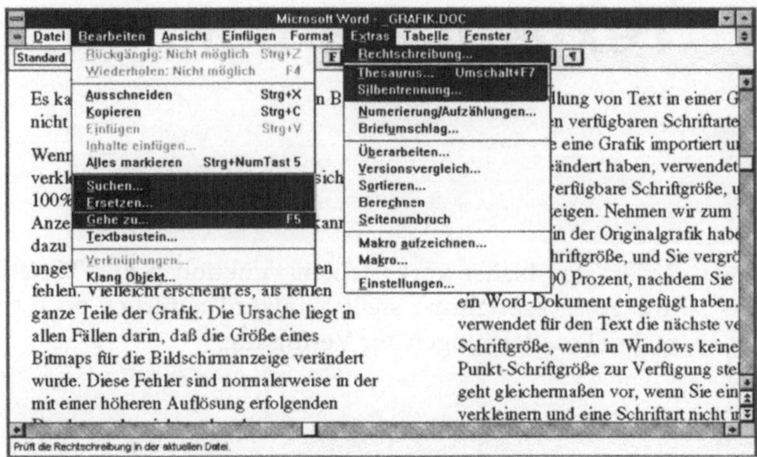

Weise lassen sich sehr schnell Zeichen mit einer bestimmten Auszeichnung finden.

Text suchen

<Alt>-b-s

Bei diesem Vorgang geben Sie eine bestimmte Zeichenfolge vor und veranlassen das Programm, die Schreibmarke vor die entsprechende Stelle im Text zu bewegen. Außerdem ist es möglich, nach Formatierungen und Textauszeichnungen zu suchen.

Kolumnen und Fußnoten

Winword findet auch Zeichenfolgen, die sich in Kolumnen befinden. Allerdings muß sich die Schreibmarke zu Beginn des Suchvorganges in dem entsprechenden Fenster befinden. Das erfordert zuweilen einen Wechsel der Ansichten und ein wiederholtes Auslösen des Suchvorganges. Es ist nicht möglich, alle Textbereiche in einem Durchgang zu durchsuchen.

Mit Suchen schnell im Text bewegen

Die Suchen-Funktion hat sich auch als schnelles Lesezeichen bewährt, um beim Umschalten der Ansichten (Feldfunktion und zurück) die Schreibmarke schnell wieder an den Ort zu bewegen, an der die Umschaltung vorgenommen wurde.

Sie brauchen dazu nur eine Zeichenfolge einzutippen, die ansonsten im Text nicht vorkommt (xxx), damit Winword die Stelle wiederfindet.

- Öffnen Sie das Dialogfenster *Suchen* im Menü **Bearbeiten**. Es bietet zum einen die Möglichkeit, die meisten Suchvorhaben schnell zu parametrieren. Zum anderen öffnen mehrere Schaltfelder am unteren Rand des Dialogfensters den Zugang zu weiteren Dialogfenstern, mit denen Sie die Suche auf Sonderfälle eingrenzen oder auf Absatzeigenschaften und Druckformate ausdehnen können.
- Tragen Sie in das Textfeld **Suchen nach** die gewünschte Zeichenfolge ein. Die Tabelle im Anschluß an diesen Abschnitt informiert Sie über die Möglichkeiten, Zeichen zu finden, die Sie mit der Tastatur nicht erzeugen oder im Normalfall unsichtbar sind.
- Bestimmen Sie, ob Winword bei der Suche Groß- und Kleinschreibung beachten soll. Die Voreinstellung von Winword ignoriert Klein- und Großschreibung bei der Suche. In der Mehrzahl der Fälle ist das auch praktischer. Wenn Sie das entsprechende Schaltfeld aktivieren, unterscheidet Winword bei der Suche zum Beispiel *Haus* von *haus*.
- Bestimmen Sie, ob Winword bei der Suche die Zeichenfolge nur als Wort oder auch als Wortteil finden soll. Wenn Sie das entsprechende Schaltfeld aktivieren, findet Winword die Zeichenfolge *ein* nur als Wort, nicht aber in *Bein* oder *kein*.

Schalter überprüfen, wenn Winword Text nicht findet

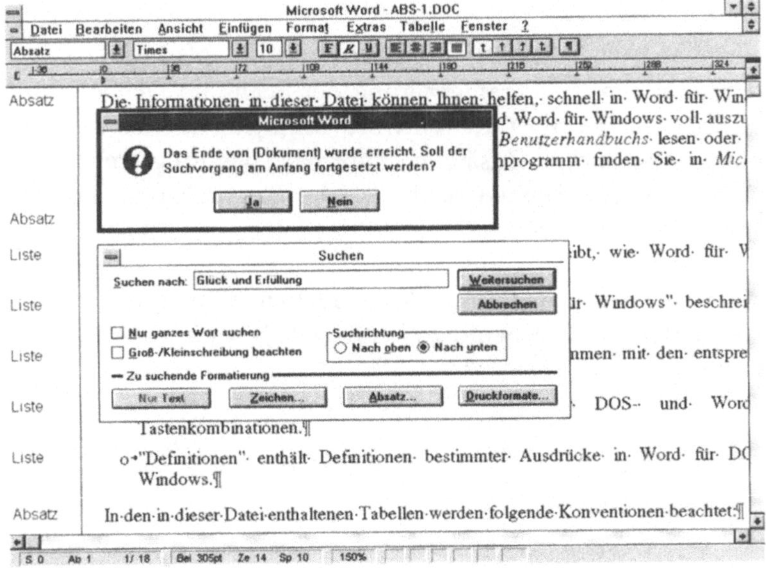

Abb. 2
Wenn Winword bei der Suche das Textende erreicht, setzt es auf Wunsch die Suche am Anfang fort, bis es am Ausgangspunkt der Suche angekommen ist.

- Bestimmen Sie, ob Winword nach oben oder unten suchen soll. Winword beginnt seine Suche immer bei der Schreibmarke in der vorgegebenen Richtung.
- Bestimmen Sie weitere Einzelheiten der zu suchenden Zeichen, indem Sie das Schaltfeld **Zeichen** anklicken. Dieses Schaltfeld öffnet das Dialogfenster *Zeichen suchen*. Hier erwartet Winword genaue Vorgaben, welche Zeichen in welcher Formatierung und Umgebung gesucht werden sollen.

Abb. 3
In dieser Abbildung sind alle Dialogfenster zum Eingrenzen der Suche in der Reihenfolge ihres Auftretens dargestellt.

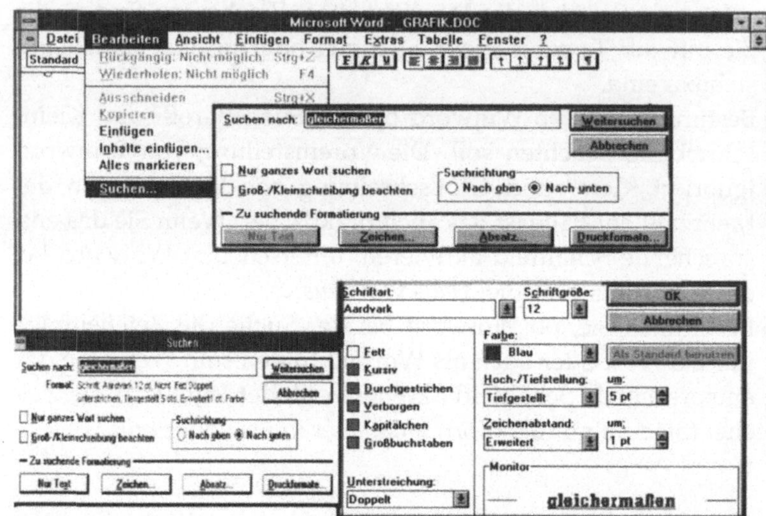

Mit dem Schaltfeld
Absatz *können Sie die Suche auf Zeichen eingrenzen, die in Absätzen bestimmter Zeilenausrichtung zu finden sind.*
Der Befehl ***Nur Text*** *löscht alle Parameter.*

- Beenden Sie die Parametrierung der Suche im Dialogfenster *Zeichen suchen* mit **OK**. Winword zeigt jetzt wieder das Dialogfenster *Suchen*. Zusätzlich informiert das Programm unter dem Textfeld **Suchen nach**, welche Eigenschaften die Zeichenkette erfüllen muß, um bei der folgenden Suche erkannt zu werden.
- Starten Sie die Suche mit **Weitersuchen**. Winword wird das Auftreten der Zeichenfolge hervorgehoben auf dem Monitor anzeigen.

Suche wiederholen

Winword merkt sich alle Einstellungen der Suchvorgaben. Es
ist sehr einfach, von einer Fundstelle zur nächsten zu gelangen.
Mit der Tastenkombination <Shift>+<F4> wiederholt Winword
den Suchvorgang mit den zuletzt gültigen Einstellungen. Das
gilt gleichermaßen für das Suchen von Zeichen, Absätzen und
Druckformaten.

Absätze suchen

Winword ist eines der wenigen Programme, daß nicht nur Zeichen sucht, sondern auch Layouteigenschaften wie die Ausrichtung der Zeilen.

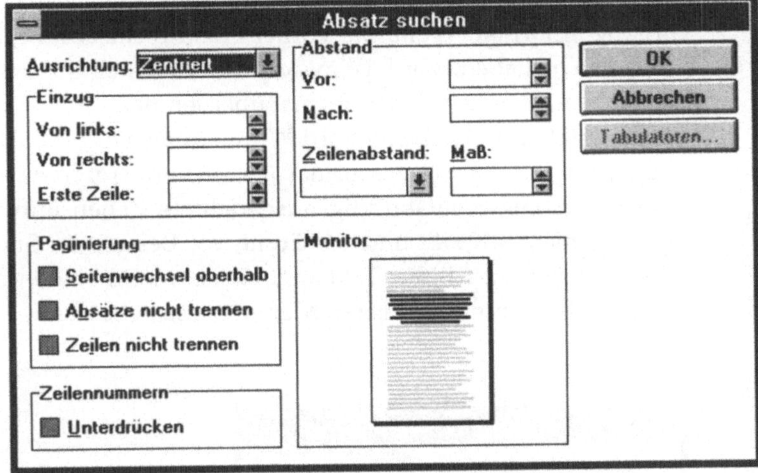

Abb. 4
Auch Absatz-
eigenschaften
findet Winword.

Wenn es also erforderlich ist, Absätze zu finden, die irrtümlich rechtsbündig ausgerichtet oder mit einer Zeilennumerie-
rung ausgestattet wurden, verfahren Sie wie bei der Suche nach
Zeichenfolgen.

- Lassen Sie das Textfeld **Suchen nach** leer. Gegebenenfalls müssen Sie den Inhalt des Feldes löschen, weil Winword beim Öffnen des Dialogfensters *Suchen* immer die letzte Einstellung anzeigt.
- Klicken Sie auf **Absatz** und markieren Sie in dem Dialogfenster *Absatz suchen* die gewünschten Suchvorgaben.
- Starten Sie die Suche mit **OK** und **Weitersuchen**.

Druckformate suchen

Auch die Möglichkeit, Druckformate zu suchen, gehört zu den eindeutigen Vorteilen, die Winword Ihnen bei der Verwaltung Ihres Layouts bietet. In dem Dialogfenster *Druckformate suchen* listet Winword Ihnen alle Druckformate auf, die es derzeit in der Dokumentenvorlage findet.

Beachten Sie bitte, daß Winword *immer* die letzten Suchvorgaben speichert und als Voreinstellung in den nächsten Suchvorgang einbringt. Wenn Sie vorher einen rechtsbündigen Absatz gesucht haben, wird Winword diese Einstellung auch für die Suche nach einem Druckformat übernehmen.

Im vorstehenden Beispiel wird Winword also nur die Absätze finden, die mit dem Druckformat **Anmerkungsreferenz** ausgestattet sind *und* rechtsbündig ausgerichtete Zeilen aufweisen. Wer hier nicht aufpaßt und versäumt, vor Beginn der Suchvorgaben das Schaltfeld **Nur Text** anzuklicken, wird bald erfahren, was man sich unter der Leeren Menge vorzustellen hat.

Abb. 5
In diesem Dialogfenster können Sie Winword veranlassen, nach bestimmten Druckformaten zu suchen.

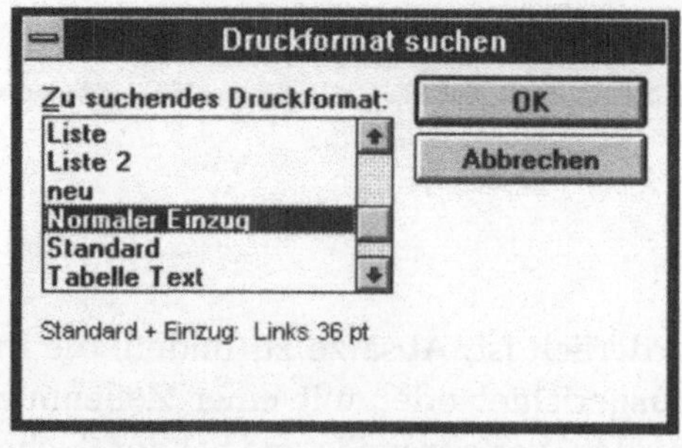

Sonderzeichen suchen

Die folgenden Tabellen listen auf, welche Zeichen Sie im Textfeld **Text suchen** eingeben müssen, um Winword anzuweisen,
nach bestimmten Sonder- und Steuerzeichen zu suchen. Die
Angaben zur Groß- und Kleinschreibung sind verbindlich.
Winword akzeptiert hier nur Kleinbuchstaben.

Gesucht wird	mit diesem Eintrag:	Beispiel	*Text und Steuerzeichen*
ein beliebiges Zeichen	?	?ein findet: **Bein, Wein kein, sein**	
bedingter Trennstrich	^-	Si^-gnal findet die Trenn- fuge in dem Wort Signal	
geschützter Trennstrich	^_	Software^_Entwickler findet Software-Entwickler	
l^?	^?	^ findet Leerzeichen vor Fragezeichen	
^	^^		
Leerräume	^l		
Spaltenumbruch	^14		
Grafik	^1		
Fußnotenzeichen	^2		
Anmerkungen	^5		
Feld	^19		
geschütztes Leerzeichen	^g		
Tabulatoren	^t	^t^t findet doppelte Tabulatorschaltungen	
Absatzschaltungen	^a	^a^a findet leere Absätze	
Zeilenschaltung	^n	funktioniert nur, wenn ein Leerzeichen vor der Zeilen- schaltung ist	
Abschnittsmarken	^b		
ANSI-Zeichen	^0nnn	^0238 findet î	
ASCII-Zeichen	^nnn	^140 findet î	

Freunde der schnellen Taste können viele Auszeichnungen auch suchen, ohne das Dialogfenster *Zeichen suchen* zu bemühen.

Auszeichnungen	fett	<Strg> + f
	kursiv	<Strg> + k
	Kapitälchen	<Strg> + q
	Versalien	<Strg> + n
	Unterstreichungen	<Strg> + u
	doppelte Unterstreichungen	<Strg> + d
	Wortunterstreichungen	<Strg> + w
	verborgener Text	<Strg> + o
	tiefgestellter Text	<Strg> + t
	hochgestellter Text	<Strg> + h
	Grundtext suchen	<Strg> + <Leertaste>
Größen und Schriftarten	Schriftart	<Strg> + a (schaltet bei Wiederholung weiter)
	Schriftgröße	<Strg> + p (schaltet bei Wiederholung weiter)
Korrekturmarken	neuer Text	<Strg> + G,
	gelöschter Text	<Strg> + M
Absatzformatierungen	zentriert	<Strg> + e
	rechtsbündig	<Strg> + r
	linksbündig	<Strg> + l
	Blocksatz	<Strg> + b
	Absätze ohne Leerraum zum vorhergehenden Absatz	<Strg> + 0 (Null)
	Absätze mit einer Leerzeile Abstand zum vorhergehenden Absatz	<Strg + 9
	einfacher Zeilenabstand	<Strg> + 1
	doppelter Zeilenabstand	<Strg> + 2
	eineinhalbfacher Zeilenabstand	<Strg> + 5
	Zeilenabstand ignorieren	<Strg> + x

Suche eingrenzen

Winword sucht nur in markierten Textstellen. Wenn gar kein Text markiert ist, sucht das Programm im gesamten Text.

Ersetzen

Bei diesem Vorgang sucht Winword eine bestimmte Zeichenfolge und ersetzt sie durch eine zweite. Das ist zweckmäßig, um komplizierte und tippfehlerträchtige Wörter beim Schreiben durch einen Stellvertreter zu ersetzen. Nach Abschluß der Arbeit ersetzt Winword den Stellvertreter durch das komplette Wort.

<Alt>-b-e

Die maximale Zeichenlänge für den Ersatztext beträgt 256 Zeichen. Längere Texte sind auch möglich. Aber Sie müssen sie vorher in die Zwischenablage kopieren. Das Dialogfenster *Ersetzen* unterscheidet sich von dem Dialogfenster *Suchen* durch ein weiteres Textfeld **Ersetzen durch** und weitere Schaltfelder **Ersetzen** und **Alle ersetzen**. Das Schaltfeld **Ersetzen** ist erst dann wirksam, wenn Sie durch das Anklicken des Schaltfeldes **Weitersuchen** das Wechseln gestartet haben. **Alle ersetzen** veranlaßt Winword, alle Änderungen ohne Rückfrage vorzunehmen.

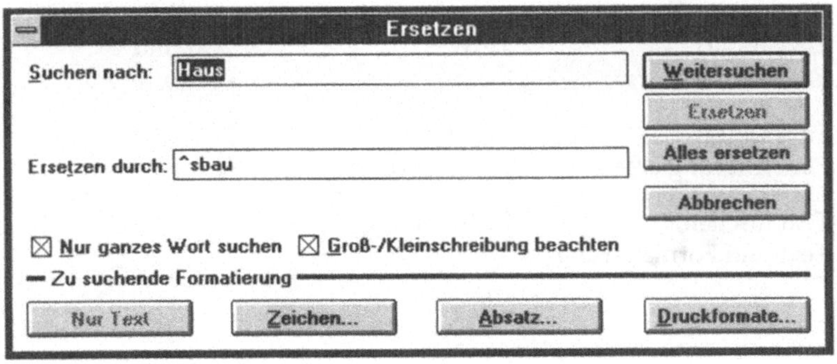

Ersetzen durch Inhalt der Zwischenablage

Abb. 6
Mit dieser Einstellung wird ein gefundenes »Haus« nicht durch »bau« ersetzt, sondern zu »Hausbau« ergänzt.

Kein Wechsel der
Druckformate

Außer den Sonderzeichen, die in der vorstehenden Tabelle für zulässige Einträge beim Suchen aufgelistet sind, können Sie in diesem Dialogfenster zwei weitere Zeichen verwenden. Druckformate können Sie auf diese Weise nicht wechseln.

^z   im Feld **Ersetzen durch**: Winword ersetzt die gesuchte Zeichenfolge durch den Inhalt der Zwischenablage.Auf diese Weise können Sie an bestimmten Stellen auch Grafiken in das Dokument einfügen.

^s   im Feld **Ersetzen durch**: Fügt hinter jede gefundene Zeichenfolge die Zeichen des Feldes **Suchen** ein.

Text und Format ersetzen

Die folgende Tabelle listet auf, welche Einstellungen Sie vornehmen müssen, um beim Suchen und Ersetzen gezielt Formatierung und Inhalt der Zeichen zu beeinflussen.

Ziel	Eintrag im Textfeld **Suchen nach**	Eintrag im Textfeld **Ersetzen durch**
Formatierung erhalten, Text ändern	Text und Formatierung	Text
Text erhalten, Formatierung ergänzen	Text	Formatierung
Text erhalten, Formatierung ersetzen	Text und Formatierung	Formatierung
Text ändern, Formatierung ergänzen	Text	Text und Formatierung
Text ändern, Formatierung ersetzen	Text und Formatierung	Text und Formatierung
Text löschen, Text und Formatierung	[kein Eintrag]	

Nach dem Starten ersetzt Winword Text oder Format selbsttätig oder nach Rückfrage. Der Vorgang des selbsttätigen Ersetzens kann jederzeit durch <Esc> unterbrochen werden.

Bewegen der Schreibmarke

Außer den Pfeiltasten und den Standardtasten zum bildschirmweisen Bewegen der Schreibmarke, kennt Winword weitere Befehle, mit deren Hilfe Sie die Schreibmarke sehr schnell im Text verschieben können.

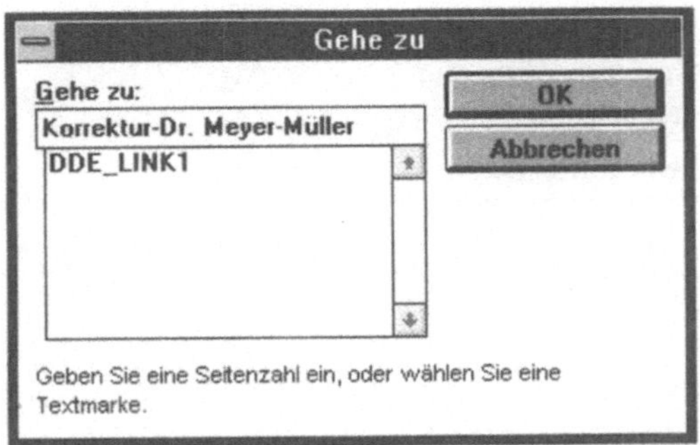

Abb. 7
Sprungmarken im Text

Gehe zu

Nach diesem Befehl fragt Winword am unteren Rand **Gehe zu:**. *<F5>*
Wenn Sie jetzt eine Zahl eingeben, wertet das Programm das als Seitenzahl und versucht entsprechend, die Schreibmarke an den Beginn der so bezeichneten Seite zu setzen.

Wenn Sie das Dialogfenster *Gehe zu* über den gleichnamigen Befehl im Menü **Bearbeiten** öffnen, finden Sie eine Liste aller Lesezeichen und solcher Sprungmarken, die Winword erzeugt hat. Zu den letzteren gehören die Orte, an denen ein Objekt eingefügt wurde, eine Grafik oder vergleichbares. Ansonsten finden Sie auch alle Lesezeichen. Durch schlichtes Anklicken des gewünschten Zieles bewegen Sie die Schreibmarke dorthin.

Felder, Fußnoten und Grafiken

Mit dem Befehl **Gehe zu** bleiben einige Textelemente unerreichbar, die im täglichen Umgang mit Winword von einiger Wichtigkeit sind und darum sehr oft das Ziel für Bewegungen der

Schreibmarke sind. Dazu gehören die *Felder*, *Fußnoten* und *Grafiken*.

Diese und einige weitere Steuerzeichen können über den Befehl **Suchen** direkt angewählt werden. In der folgenden Tabelle sind darum nochmals die jeweils benötigten Einträge im Textfeld **Suchen nach** aufgelistet.

Felder	^19
Fußnoten	^2
Grafik	^1
Spaltenumbruch	^14
Seitenumbruch	^b

Rechtschreibprüfung

In der englischen Version ist eine sehr wirkungsvolle Grammatikprüfung verfügbar.

Winword wird mit einem ausführlichen Wörterbuch ausgeliefert, das nach Aussage von *Microsoft* eine Millionen Wörter enthält. Diese Informationsfülle setzt das Programm ein, um Ihren Text auf Rechtschreibfehler zu überprüfen. Leider ist die deutsche Version von Winword gegenüber der englischen Fassung in einem Punkt abgespeckt worden. Die Grammatikprüfung fehlt. Da diese Routine wirkungsvoller ist als die deutsche Rechtschreibprüfung, kann es zweckmäßig sein, statt der deutschen die englische Version einzusetzen.

Als Fehler wertet Winword

- Wörter, die es im mitgelieferten Wörterbuch nicht findet,
- Wörter, die wider Erwarten mit einem kleinen Anfangsbuchstaben geschrieben wurden,
- Wörter mit unerwarteter Großschreibung (z.B. PageMaker) und
- Wortwiederholungen.

Möglichkeiten und Grenzen

Machen Sie sich bitte keine großen Hoffnungen, daß Ihre Texte künftig fehlerfrei sind, nur weil Sie die Rechtschreibprüfung von Winword einsetzen. Weder erkennt das Programm zusammengesetzte Hauptwörter in ausreichendem Maße, noch Kleinschreibungen nach Punkten. Selbstverständlich entgehen dem Programm auch Wörter, die zwar richtig geschrieben aber im aktuellen Zusammenhang sinnlos sind: *Fritz rauft sich ein Maus* wird die Rechtschreibprüfung von Winword anstandslos passieren, weil *rauft* ebenso korrekt geschrieben ist wie *Maus* und der Sinnzusammenhang nicht geprüft wird.

Alles in allem ist das Prüfen längerer Texte eine ziemliche Geduldsprobe, weil Winword erstaunlich viele Wörter erst mit Ihrer Mithilfe lernen muß und anschließend noch weiterer Zuwendung bedarf, um die richtigen Wörter an den falschen Stellen zu entdecken.

Ich habe nur einen sinnvollen Anwendungsfall für die Rechtschreibprüfung gefunden: er ergibt sich, wenn Sie größere Textmengen mit einem Scanner erfassen und über eine spezielle Software in ein Format umwandeln lassen, das Winword lesen kann.

Dabei handelt es sich um **OCR**-Software: **O**ptical **C**haracter **R**ecognition. Diese Programme ermitteln aus Bildpunkten den passenden Buchstaben und wandeln so Bildpunkte in Zeichenfolgen um.

Eingescannte Texte mit Winword überprüfen

Bei diesem Vorgang gibt es erfahrungsgemäß eine ganze Reihe von Lesefehlern, die dann mit der Rechtschreibroutine von Winword recht sicher erkannt werden. Wenden Sie aber bitte auch dieses Verfahren nur an, wenn es sich um eine Textvorlage handelt, die einigermaßen fehlerfrei ist. Ansonsten können Sie viel Platz auf der Festplatte sparen, wenn Sie die Wörterbücher löschen und Ihre/n Kollegen/in bitten, sich den Text einmal kritisch durchzulesen. Auf diese Weise bleibt auch der rechnergestützten Texterstellung ein soziales Begleitmoment erhalten.

Wörterbücher

Das Rechtschreibprogramm von Winword stützt sich auf die Datei **SP_GE.LEX.DAT**, die während der Installation ungefragt im Verzeichnis \Winword eingerichtet wird. Dort sind die Wörter gespeichert, die Winword kennt. Sie sind dort komprimiert vorhanden. Dieses Ablageverfahren spart einerseits Speicherplatz. Andererseits kostet es Zeit, weil die Wörter zum Vergleich entschlüsselt werden müssen.

Das Ausnahmelexikon heißt in der Version 2.0 »BENUTZER.DIC«.

Außer dieser Datei wird mindestens eine weitere Datei angelegt: **BENUTZER.DIC**. Sie enthält anfangs keine Daten, sondern ist darauf angewiesen, daß Sie dort Wörter eintragen, die Winword nicht kennt, aber kennen sollte. Es handelt sich um das Ausnahmelexikon. In der vorhergehenden Version hieß diese Datei **STDUSER.DIC**, so daß Winword Ihre bislang zusammengetragenen Ausnahmen nicht finden kann, sondern so ahnungslos ist wie am ersten Tag.

*Es gelten immer die Regeln, die im Dialogfenster **Absatz, Wörterbuch** vorgegeben werden.*

Neben dieser Ausnahmedatei gestattet Winword auch das Anlegen weitere Ausnahmelexika. Auf diese Weise kann jeder Anwender sein privates oder ein aufgabenbezogenes Ausnahmelexikon führen. Im Lieferumfang von Winword befindet sich außer dem deutschen Wörterbuch auch ein englisches. Wörterbücher für andere Sprachen sind bei Microsoft erhältlich. Auf jeden Absatz wendet Winword im Bedarfsfall andere Rechtschreib- und Trennregeln an. Die jeweilige Einstellung kann für jeden Absatz separat im Menü **Format** vorgenommen oder als Bestandteil eines Druckformates global geregelt werden.

Rechtschreibprüfung starten

<F7>

Mit <F7> veranlassen Sie Winword, das Wort zu prüfen, vor oder in dem sich die Schreibmarke befindet.

Nach dem Aufruf über das Menü **Extras** startet die Rechtschreibprüfung. Der Vorgang endet beim ersten Wort, das eine der Winword-Fehlerkategorien erfüllt. Winword öffnet das Dialogfenster *Rechtschreibprüfung*. Das Textfeld **Nicht im Wörterbuch** enthält das gefundene Wort, auf das die namensgebende Bezeichnung des Textfeldes zutrifft.

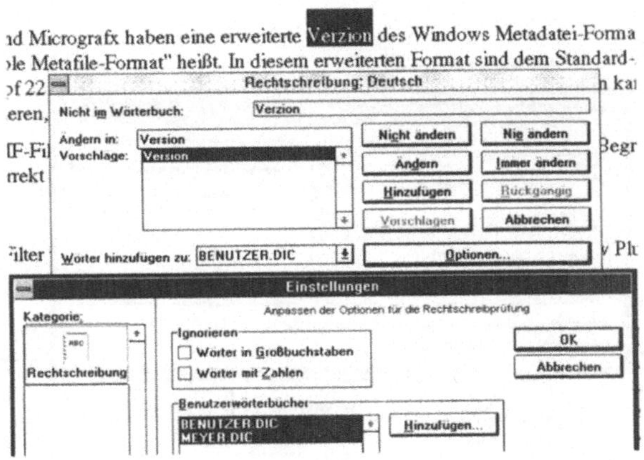

*Abb. 8
Rechtschreibprüfung
einsetzen*

Voreinstellungen

Klicken Sie auf das Schaltfeld **Optionen**. Daraufhin öffnet sich
ein Dialogfenster, in dem Winword bestimmte Voreinstellungen für die Rechtschreibprüfung erwartet. Dieses Dialogfenster
ist auch über den Befehl **Einstellungen** im Menü **Extras** zugänglich.

Hier wählen Sie das gewünschte Standardwörterbuch aus *Neue Benutzer-*
und bestätigen das Benutzerwörterbuch. Durch das Anklicken *wörterbücher*
des Schaltfeldes **Hinzufügen** öffnet Winword ein Dialogfenster,
in das Sie den Namen für ein neues Ausnahmelexikon eingeben
können.

Außerdem können Sie Winword hier veranlassen, Wörter mit *Abkürzungen*
Zahlen und in ausschließlicher Großschreibung von der Prü- *ausblenden*
fung auszunehmen. Das beschleunigt den Vorgang erheblich.
Winword wird daraufhin nämlich alle Wörter von der Prüfung
ausnehmen, die in Großbuchstaben geschrieben sind: Zeichenfolgen wie *HVV*, *BRD* und *FIFA* bremsen den Tatendrang der
Rechtschreibprüfung nicht mehr. Kein Grund, das Teewasser
auszuschalten: es dauert auch so noch lange genug.

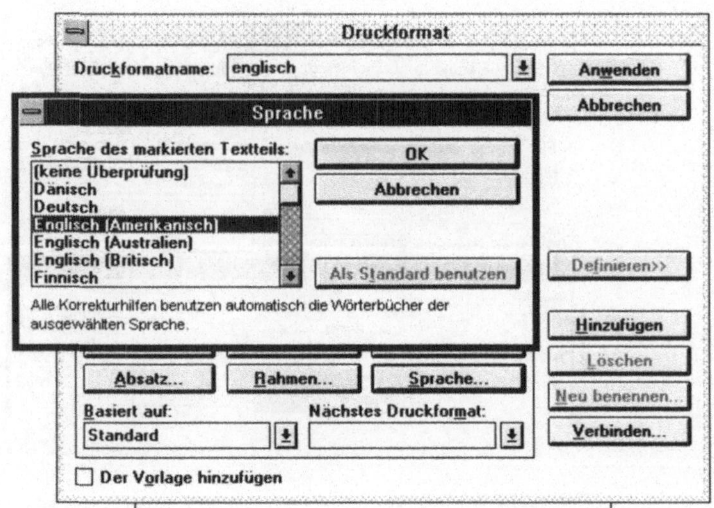

Abb. 9
Voreinstellungen für die Rechtschreibprüfung im Druckformat

Korrekturen nur auf Wunsch

Aktivieren Sie das Auswahlfeld **Korrekturvorschläge**. Mit dieser Einstellung veranlassen Sie Winword, aus der mißbilligten Schreibweise hochzurechnen, welches Wort es denn wohl hätte sein sollen.

Abb. 10
Absätze mit dem Druckformat englisch prüft Winword nach dem voreingestellten Wörterbuch.

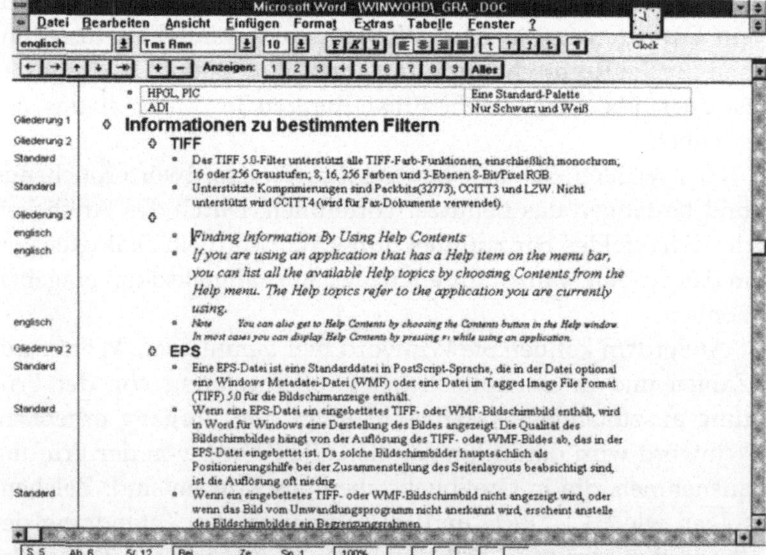

Fehlerbehandlung

Nachdem Winword von einer fehlerverdächtigen Zeichenfolge gestoppt wurde, haben Sie die Wahl über das weitere Vorgehen. Entscheiden Sie, ob Winword das unbekannte Wort

- jetzt ignorieren (**Nicht ändern**),
- in diesem Text immer ignorieren (**Nie ändern**) oder
- dem Benutzerwörterbuch **Hinzufügen** soll.

Bei entsprechender Voreinstellung bietet Winword zuweilen eine Reihe von Verbesserungsvorschlägen an. Mit dem Anklikken des Schaltfeldes **Ändern** wird das Wort in Ihrem Text durch das hervorgehobene Wort aus der Vorschlagsliste ersetzt.

Für den auch denkbaren Fall, daß Winword auf einen richtigen Fehler gestoßen ist und keine passenden Vorschläge hat, können Sie das richtige Wort in das Textfeld **Ändern in** eintragen und mit **Ändern** in den Text einfügen.

Wortschatz

Der Winword-Wortschatz (Thesaurus) ist für die Textverarbeitung ebenso wichtig wie die Rechtschreibprüfung: ich habe die Datei **TH_GE.LEX**, in der Winword die benötigten Daten für den Thesaurus gespeichert hat, gelöscht und 700 KB Festplattenkapazität freigeschaufelt. Das entspricht immerhin dem Platzbedarf von ca. 10 Schriftdateien für TrueType-Fonts.

Aber bitte, für den Fall daß Sie den Synonym-Duden gerade nicht zur Hand haben und dennoch Ihren Bericht durch peppige Wortspielereien aufwerten möchen, im folgenden eine Kurzbeschreibung der Thesaurus-Funktion von Winword:

Wortschatz öffnen

Positionieren Sie die Schreibmarke vor oder in einem Wort, zu   *<Shift>+<F7>*
dem Sie eine Alternative suchen.

Wenn Sie Glück haben, kennt Winword das markierte Wort und listet mögliche Bedeutungen mit passenden Synonymen auf.

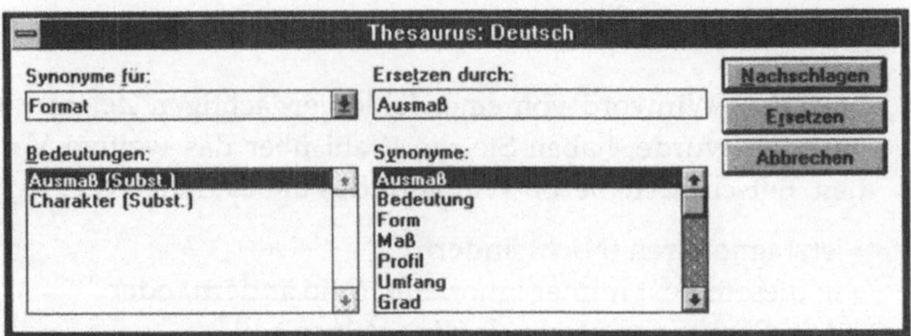

- Wählen Sie ein passendes Synonym aus.
- Drücken Sie die <↵>-Taste, um sich mögliche Bedeutungen des ausgewählten Ersatzwortes anzeigen zu lassen.
- Klicken Sie auf **Ersetzen**, um das Synonym in Ihren Text einzufügen.
- Prüfen Sie, ob die Artikel und der Satzbau jetzt noch passen.

Wenn Ihnen kein Wort aus dem Thesaurus von Winword gefällt, können Sie mit dem Klicken auf **Abbrechen** das Dialogfenster ohne Textänderungen schließen.

Kapitel 8

Felder

Felder gehören zu den eigentümlichsten Elementen von Winword. Hinter diesem Begriff verbergen sich besondere Steuerzeichen, die für gewöhnlich einen Befehl enthalten: die sogenannte *Feldfunktion*. Dabei unterscheidet Winword Befehle höchst unterschiedlicher Komplexität.

Der Umgang mit Feldern ist nicht ohne Tücke. Aber ohne Felder würde Winword vieles von der Funktionalität einbüßen, mit der das Programm eine große Zahl von Informationen erzeugt, die ansonsten zeitaufwendig von Hand in den Text eingetragen werden müßten.

Überblick

Kennzeichnend für Feldfunktionen ist ihre Dynamik. Anders als andere Anweisungen, die Sie im Laufe der Texterfassung an Winword übermitteln, ist das Ergebnis der Feldfunktion durchaus nicht konstant.

bDie Anweisung etwa, die aktuelle Länge des Dokuments zu ermitteln und in den Text einzufügen, zeigt je nach Umfang des Textes andere Ergebnisse. Ähnlich offensichtlich rufen Felder veränderliche Ergebnisse hervor, wenn durch sie Datum, Uhrzeit oder der Name des jeweils bearbeiteten Dokumentes in den Textfluß eingefügt werden. Ob Sie allerdings die Feldfunktion oder deren Ergebnis sehen, und wie aktuell dieses ist, hängt von einigen Einstellungen in verschiedenen Menüs ab.

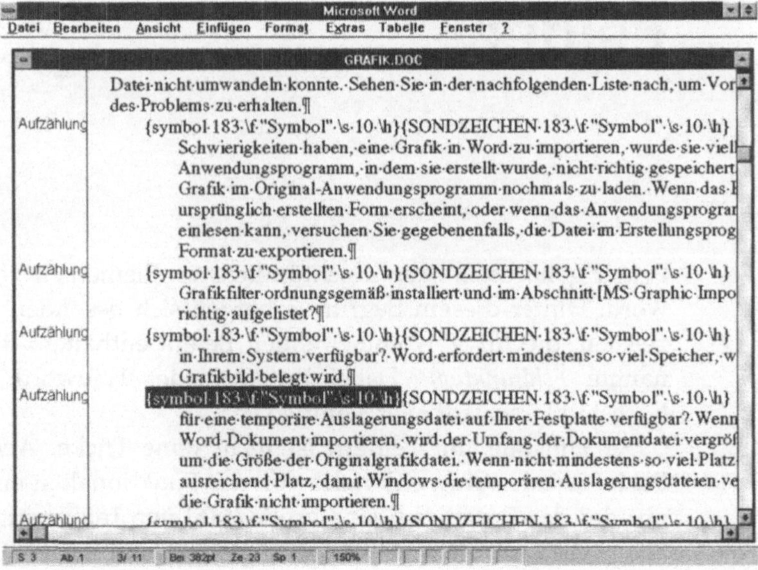

Der markierte Text in der vorstehenden Abbildung zeigt den *Inhalt* eines Feldes. Auf der folgenden Abbildung erkennt man das *Ergebnis* eines Feldes. Die erste Darstellung stellt sich ein, wenn Winword die Feldfunktionen anzeigt. Die »Ergebnisansicht« hat keinen eigenen Befehl oder Namen, sie stellt sich einfach dadurch ein, daß die Ansicht **Feldfunktionen** nicht wirksam ist. Den jeweils wirksamen Anzeigemodus kennzeichnet Winword durch ein Häkchen vor dem Befehl **Feldfunktionen**.

Ansicht und Aktualisierung beeinflussen die Feldergebnisse.

Vergewissern Sie sich vor allen Befehlen, für deren Ergebnis die Textverteilung auf den Seiten eine Rolle spielt, ob Winword die Feldfunktionen anzeigt – dann ist ein Häkchen vor dem Befehl – oder deren Ergebnisse. Denn was Sie auf dem Monitor nicht sehen, ist auch für Winword »unsichtbar«.

Die Seitenzahlen in Verzeichnissen erweisen sich so zuweilen als ziemlich willkürlich, und statt eines ansprechenden Textes erzeugt Ihr Drucker nur Makulatur.

Felder begegnen Ihnen beim Arbeiten mit Winword auf den unterschiedlichsten Ebenen. Je mehr Sie über Felder wissen, desto weniger Probleme haben Sie beim Einsatz dieses Elementes und desto größer ist der Nutzen, den Sie für die Organisation und Gestaltung Ihrer Texte ziehen können.

Im folgenden finden Sie das nötige Hintergrundwissen, mit dem es Ihnen leichter fallen wird, Felder erfolgreich zu nutzen.

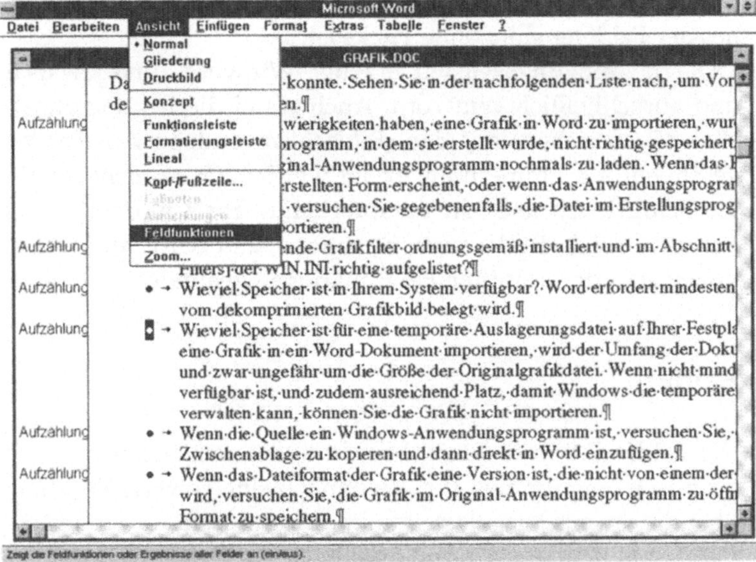

Abb. 2
Feld mit Ergebnis

Elemente eines Feldes

Die Elemente eines Feldes sind nur in der Ansicht **Feldfunktionen EIN** sichtbar. Felder, die auf eine andere Datei verweisen
oder mit denen Sie Einträge für Stichwort- und Inhaltsverzeichnisse einfügen (**VE**, **XE** und **RD**) formatiert Winword
grundsätzlich unsichtbar, so daß Sie im Menü **Extras** das
Dialogfenster *Einstellungen* öffnen müssen.

Dort stellt Winword in der Kategorie **Anzeige** das Schaltfeld
Verborgener Text zur Verfügung. Nach dem Aktivieren dieses
Kästchens zeigt Winword alle Zeichen an, die üblicherweise
unsichtbar bleiben und auch nicht oder zumindest nicht an der
Stelle gedruckt werden, an der sie sich im Text befinden.

»VE«
»XE«
»RD«

Begrenzungen und Funktion

Verborgene Felder

Ein vollständiges Feld besteht aus Begrenzungszeichen, zwischen denen sich die Feldfunktion befindet. Die Feldfunktion
muß in vielen Fällen durch das Hinzufügen weiterer Steuerzeichen parametriert werden. Das hört sich kompliziert an, und

das ist kompliziert, weil fast nichts selbstverständlich und keines der Feldelemente ohne Tücke ist.

Feldbegrenzung nie mit der Tastatur

Die Begrenzungszeichen erzeugt Winword, und zwar nur und ausschließlich Winword. Auch wenn die Begrenzungszeichen (Feldzeichen) auf dem Bildschirm und im Ausdruck als geschweifte Klammern angezeigt werden, ist es nicht möglich, die Feldzeichen über die entsprechende Taste in den Text einzufügen. Auch der Versuch ist strafbar und wird mit Fehlfunktionen statt der erhofften Feldfunktionen geahndet.

Feldart

Die Feldfunktion (Feldart) besteht aus einem Befehlswort, das kryptisch verstümmelt für gewöhnlich eine gewisse Vorahnung über die jeweils ausgelöste Funktion vermittelt.

Dabei handelt es sich um »richtige« Buchstaben, die Sie auch per Tastatur in das Feld eintragen können. Die Direkteingabe der Feldfunktion ist nur ein Weg von vielen, den entsprechenden Befehl in den Text einzugeben.

Wenn er bei Ihrer Arbeit zum Regelfall wird, wissen Sie, daß Sie ein Winword-Profi sind.

Felder erzeugen

Das schwierigste am Umgang mit Feldern beginnt schon mit den unterschiedlichen Vorgehensweisen zum Einfügen in den Text. Die jeweils ausgelöste Funktion ist manchmal als Befehl in einem Dialogfenster verfügbar, so daß Sie das Einfügen eines Feldes gar nicht bemerken.

Dazu gehören zum Beispiel das Einfügen der aktuellen Seitenzahl oder eine Absatznumerierung. Viele andere, und das sind leider die meisten und zudem die interessantesten, müssen Sie selbst als Feld in den Text einfügen und parametrieren.

Dafür müssen Sie wissen,

- welche Feldfunktionen es überhaupt gibt,
- welche Feineinstellungen das Programm jeweils dafür bereithält und
- wie man Felder zielgerichtet bearbeitet.

Feldbegrenzung einfügen

Die allgemeinste Art, ein Feld zu erzeugen, besteht darin, die

- Schreibmarke an der gewünschten Stelle im Text abzusetzen und
- mit der Tastenfolge <Shift>+<F9> die Begrenzungen zu erzeugen.

Dieses Verfahren funktioniert immer, sogar wenn die Ansicht **Feldfunktionen** nicht eingeschaltet ist. Winword stellt Ihnen mit dieser Tastenkombination eine Art Blankofeld zur Verfügung, in das Sie die gewünschte Feldfunktion eintragen. Wenn Sie im Umgang mit Winword einigermaßen geübt sind, ist das fast immer der schnellste Weg.

Leerfelder

Winword fügt außer Blankofeldern auch solche Felder ein, die eine ganz bestimmte Funktion erfüllen. Diese Felder finden ihren Weg über unterschiedliche Menüs und Dialogfenster in den Text oder das Dokument. Ausnahmslos alle sind im Menü **Einfügen** und dort im Dialogfenster *Felder* zugänglich. Einige sind zwar auch im Menü **Einfügen** angesiedelt, stehen dort aber als separater Befehl zur Verfügung.

Felder mit bestimmter Funktion

Dann gibt es noch ... Aber ich will Sie nicht mit undurchsichtigen Verfahren langweilen, nach denen Microsoft die Felder in den Text einfügt.

Denn Felder sind kein Selbstzweck, sondern ein umtriebiges Werkzeug für vielfältige Aufgaben beim Verwalten und Organisieren Ihrer Texte. Und um genau die geht es.

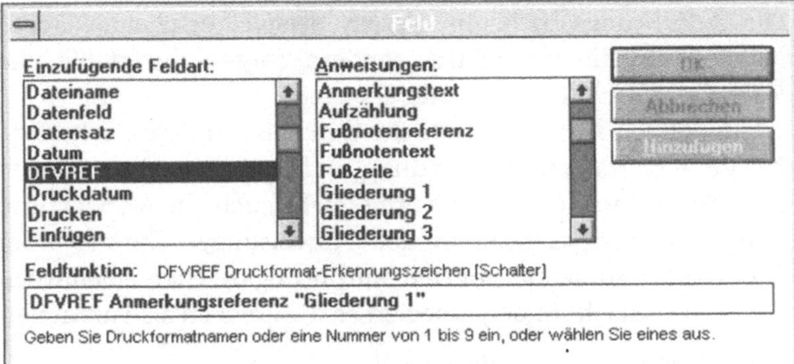

Abb. 3
Dialogfenster
Feld einfügen

Felder bearbeiten

Wenn die Begrenzungszeichen der Felder erst einmal im Text
sind, ist das Bearbeiten der Feldinhalte kein Problem mehr. Die
Zeichen im Feld werden genauso behandelt wie die übrigen
»normalen« Zeichen des Textes. Das gilt übrigens auch für den
Überschreibmodus, in dem nur die Feldbegrenzung dem über-
schreibenden Löschen Einhalt gebietet.

Anweisungen

Bleibt die Frage, was es denn in Feldern überhaupt zu bearbeiten gibt. Mit dem Einfügen der Feldfunktion ist es oft nicht getan. Der Suchpfad einer eingefügten Datei muß angegeben
werden, das Ergebnis erscheint unformatiert im Text, oder
Winword benötigt den Namen eines Datenfeldes. Alle diese Parameter und Schalter (Anweisungen) werden durch Leerzeichen und Backslashs (\) getrennt hinter die Feldfunktion aber
innerhalb der Feldbegrenzung eingetragen.

Anweisungen dürfen ohne weiteres nicht mehr als ein Wort
umfassen und keine Anführungsstriche enthalten. Besteht die
Anweisung aus mehr als einem Wort, werden die Wörter durch
Anführungsstriche zusammengehalten:

{ve "Heute hier, morgen da"}

Die Anführungsstriche in diesem Beispiel erscheinen später
nicht im Inhaltsverzeichnis, sondern sorgen nur dafür, daß
Winword dort alle vier Wörter einsetzt.

Anführungen in
Anweisungen

Nun zählen Anführungsstriche durchaus zu den Zeichen, die
gelegentlich im Text Verwendung finden. Winword berücksichtigt diesen Sachverhalt und ermöglicht auch die Verwendung
von Anführungszeichen in den Anweisungen. Immer wenn
Winword unmittelbar vor den Anführungszeichen einen Rückstrich (Backslash) findet, ignoriert es die Zeichen als Parameter:

»VE«

{ve "Der \"Putsch\" im Puschenkino"}.

Im Inhaltsverzeichnis erscheint dann der Eintrag *Der "Putsch"*
im Puschenkino.

Schalter

Auch hier sind Sie zuweilen aufgefordert, die entsprechenden Schalter direkt über die Tastatur einzugeben, weil die entsprechenden Listenvorgaben im Dialogfenster *Feld* im Menü **Einfügen** sehr unvollständig sind.

Winword unterscheidet zwischen allgemeinen Schaltern, die auf alle Felder angewendet werden können und feldspezifischen Schaltern, die nur von der einen Funktion wunschgemäß ausgewertet werden, die mit der jeweiligen Feldfunktion ausgelöst wird.

Im Unterschied zu den allgemeinen Schaltern werden die spezifischen Schalter im Handbuch kaum erläutert. Die entsprechende Aufklärung liefert nur die On-Line-Hilfe oder dieses Buch.

Allgemeine und spezielle Schalter

Feldergebnisse formatieren

Die folgende Tabelle listet einige der allgemeinen Schalter auf, die das Aussehen der Feldergebnisse wesentlich beeinflussen. Jedem Schalter ist in der Tabelle eine Zeile zugeordnet. Bis zu 10 Schalter können innerhalb eines Feldes zusammengefaßt werden. Wenn das noch nicht genügt, dürfen Sie die Feldfunktion mit weiteren zehn feldspezifischen Schaltern formatieren. Dabei darf die Länge eines Feldes die einer Zeile überschreiten. Aber bitte vergessen Sie nicht, vor dem Aktualisieren die Ansicht **Feldfunktionen** auszuschalten!

Schalter	Wirkung	Beispiel	Ergebnis
*Großschrift	Wandelt Feldergebnis in Versalien um	{ref mischung * Großschrift}	CHLORAMEISENSÄURE-TRICHLORMETHYLESTER
*Kleinschrift	Wandelt Feldergebnis in Gemeine um	{ref mischung * kleinschrift}	chlorameisensäure-trichlormethylester
*Initial	Der erste Buchstabe des Feldes erscheint als Großbuchstabe	{ref erst_werk * Initial}	Unser kleines sonnenscheinchen
*Alleininitial	Alle Wörter erscheinen mit Großbuchstaben	{ref erst_werk * alleininitial}	Unser Kleines Sonnenscheinchen
*arabisch	Alle Zahlen erscheinen in arabischen Ziffern	{Seite * arabisch}	154
*ordungszahl	Zahlen erscheinen in arabischen Ordnungs zahlen	{ref opus * ordnungszahl}	9.
*römisch	Alle Zahlen erscheinen in kleinen römischen Ziffern	{Seite * römisch}	cliv
*Römisch	Alle Zahlen erscheinen in großen römischen Ziffern	{Seite * römisch}	CLIV
*Grundtext	Alle Zahlen < eine Million werden als Zahlwörter in den Text eingefügt (Größere Zahlen führen zu einer Fehlermeldung)	{Seite Grundtext}	Einhundert-vierundfünzig
*ordtext	Zahlen < eine Million erscheinen in Ordnungs-zahlwörtern (Größere Zahlenführen zu einer Fehlermeldung)	{ref opus \ * ordnungszahl}	Neunte.
*he	Alle Zahlen < 8000 (hex) werden in hexadezimaler Form wiedergegeben (Größere Zahlenführen zu einer Fehlermeldung)	{ref irq_1 \ * hex}	f [=15 (dez)]
*währungs-text	Alle Zahlen < eine Million werden als Zahlwörter in den Text eingefügt (Größe-re Zahlen führen zu einer Fehlermeldung). Bruchteile erscheinen als Bruch mit arabischen Ziffern	{Seite \ * währungstext}	Einhundertvierundfünfzig und 34/100 $
*Zeichen-format	Alle Zeichen des Feld-ergebnisses werden so ausgezeichnet wie das erste Zeichen der Feld-funktion (sehr wichtig beim Seriendruck!)	{Anrede}	Lieber Herr Dingenskirchen

Zahlen formatieren

In der vorstehenden Tabelle finden Sie bereits einige Möglichkeiten, um auch solche Feldergebnisse zu formatieren, die aus Zahlen bestehen. Nun gehören auch Zahlen durchaus zu den üblichen Ergebnissen von Feldfunktionen. Und je mehr Sie mit Winword vertraut werden, um so häufiger wird es vorkommen, daß Sie Zahlenwerte per Feldfunktion in den Text einfügen, deren Formatierung weitergehende Forderungen erfüllen müssen.

Als erstes fehlt natürlich die Tausenderseparation, außerdem möchten Sie vielleicht die Zahl der Nachkommastellen oder die Darstellung negativer Zahlen beeinflussen. Winword hält für diesen Zweck einige passende Schalter bereit.

Diese Schalter sind nur in der On-Line-Hilfe und dort leider mißverständlich bis falsch erklärt. Wenn Sie also mit Winword Zahlenergebnisse in Feldern formatieren möchten, sollten Sie den folgenden Abschnitt in Ruhe durchlesen.

Schalterelemente

Der Schalter wird durch ein Nummernkreuz »#« eingeleitet. Nach dem Schalter haben außerdem die Null »0« und das »x« eine besondere Funktion. Ähnliches gilt für die Satzzeichen Punkt ».«
Andere Zeichen wie Währungen und Einheiten gibt Winword so wieder wie sie im Feld erscheinen.

Numerisches Bild

Mit der Formatierung der Nullen schaffen Sie eine Schablone (numerisches Bild), nach der Winword alle Ergebnisse formatiert. Das gilt für die

• Zahl der Nachkommastellen
• Vorgabe der Tausenderseparatoren
• Formatierung der Ziffern (kursiv, fett usw.).

Sie zeigen Winword, wie Sie's gern hätten. Das folgende Bei-spiel illustriert den Zusammenhang zwischen dem numeri-schen Bild und der Formatierung: Aus

{=123478,4567 \# 0.000,00}

wird *123.478,46*

Tausenderseparation

Die einzelnen Schalter haben folgende Funktionen.

Der Punkt nach der ersten Null teilt Winword mit: Trenne die Tausender ab.

Winword verwendet dabei die Vorgaben, die es in der WIN.INI-Datei vorfindet. Es ist nicht möglich, die entspre-chende Einstellung für einzelne Felder durch Einsetzen anderer Zeichen zu überschreiben.

Wenn Sie weniger als vier Nullen vor dem Komma oder keine Trennzeichen für das numerische Bild verwenden, wird Winword auch keine Trennzeichen einsetzen.

Zusammen mit den Trennzeichen bestimmen Sie auch die Mindestzahl der Vorkommastellen. Hat das Ergebnis weniger Stellen vor dem Komma als das numerische Bild, erzeugt Win-word die fehlenden Stellen und füllt sie mit Nullen auf, wobei natürlich die nicht vorhandenen Tausenderstellen sauber von Punkten getrennt werden.

Sie müssen, sofern Sie die lesefreundliche Tausendertrennung auf die Feldergebnis anwenden wollen, jeweils überschlägig schätzen, ob das Ergebnis vierstellig werden kann. Wenn nicht, reicht im numerischen Bild eine einzige Null vor dem Komma.

Nachkommastellen

Die zwei Nullen nach dem Komma bedeuten: schreibe die Zahl mit zwei Nachkommastellen

Hat das jeweilige Feldergebnis weniger Nachkommastellen als Ihre Vorgabe, ersetzt Winword die fehlenden Stellen durch Nullen, hat es mehr Ziffern schneidet Winword die »überzähli-gen« Ziffern ab. Dabei wird die letzte Nachkommastelle gege-benenfalls aufgerundet.

Auszeichnungen

Weil Winword in dem Beispiel die Nullen kursiv ausgezeichnet vorfindet, weiß das Programm: verwende für das Ergebnis kursive Zeichen.

Winword wendet auf das Ergebnis genau die Formatierung an, die Sie in dem numerischen Feld bestimmen. Ebenso sind Unterstreichungen und Hoch- oder Tiefstellungen denkbar.

Zahlenlänge

Das zweite Zeichen mit einer besonderen Funktion ist das »x«. Anders als die Null stehen die »x« nicht für eine Mindestzahl von Zahlen, sondern für das Maximum.

Auch hier wieder ein Beispiel: Die Feldvorgaben

{=123478,4567 \# x,x}

wertet Winword so aus: 8,4.

»X« bestimmt maximale Stellenzahl

Überzählige Stellen vor und nach dem Komma werden ersatzlos gestrichen, die letzte Nachkommastelle wird immerhin noch gerundet.

Weist das Ergebnis weniger Ziffern auf als Winword im numerischen Bild findet, werden statt dessen Leerzeichen erzeugt.

Diese Schaltereigenschaft können Sie sich zunutze machen. Es ist also nicht so, daß dieser Schalter völlig unnütz wäre. Und zwar ist es damit möglich, Zahlen-Leerstellen zwischen das numerische Ergebnis und einer hinzugefügten Einheit zu setzen. Leerstellen, die für Ziffern stehen, sind etwas schmäler als die Leerzeichen zwischen Wörtern.

Leerzeichen zwischen den Einheiten

Statt »DM1.123,34« erscheint bei zweckmäßigem Einsatz »DM 1.123,34« im Text. Und so sieht die Feldfunktion aus:

{=1123,34 \# DMxx0.000.00}.

Um die geringere Breite des Ziffern-Leerzeichens auszugleichen, wurden zwei davon zwischen dem Währungspräfix und dem numerischen Ergebnis eingefügt

Vorzeichen steuern

Numerische Feldergebnisse können positiv, negativ oder Null
werden. Wenn Sie außer dem numerischen Bild nichts weiter
unternehmen, versieht Winword nur die negativen Zahlen mit
einem gesonderten Vorzeichen. Positive Zahlen erhalten standardmäßig kein Vorzeichen.

Sollen auch positive Zahlen mit dem ihnen zustehenden Vorzeichen ausgestattet werden, wie das zum Beispiel bei Angaben
zu Temperaturen oder Aufsatz und Vorhalt üblich ist, müssen
Sie vor das numerische Bild ein »+« setzen.

Die Feldfunktion {Aufsatz \# +#,000˚}

hat bei einem positiven Wert von 3,788 für den »Aufsatz« folgendes Ergebnis:

+3,788˚.

Wenn statt des »+« eine »0« im numerischen Bild erschiene,
würde das Feldergebnis mit 03,788˚ ausgegeben.

Schalterbereiche   Die bisherige Auflistung der numerischen Felder verwendete
ein »Bild für alle Fälle«. Wenn das nicht alle Erfordernisse Ihrer
Anwendung abdeckt, können Sie drei Bilder verwenden. Jedes
numerische Bild bekommt einen eigenen Bereich. Die Bereiche
werden von einem Semikolon »;« begrenzt.

Der erste Bereich formatiert immer die positive Zahl, der
zweite Bereich die negative, und der letzte Bereich bestimmt
immer die Erscheinungsweise der Null. Wenn Winword nur
zwei Bereiche erkennt, wird die Null so formatiert wie die positiven Zahlen.

Wozu kann man diese Schalter einsetzen?

Negative Zahlen z.B sollen manchmal in Klammern oder mit
Sternchen versehen werden: Statt - 1.000,00 DM erscheint
(1.000,00 DM) oder *1.000,00 DM*. Bei entsprechender Drucker-
ausstattung, druckt Winword negative Zahlen auch standesge-
mäß in Rot.

Die entsprechende Einstellung für die Feldfunktion lautet:

{=Umsatz \# 0.000,00xxDM;*0.000,00xxDM*;!!0!!}.

Dann weist Winword so auf den mißlichen Umstand hin, daß
der Umsatz auf Null gesunken ist: !!0!!

Felder aktualisieren

Neben der zuweilen zweifelhaften Darbietung von Text und Feldfunktionen auf dem Monitor, zählt die Gültigkeit der Feldergebnisse zu den großen Rätseln von Winword. Dieses Thema ist zur Freude der papierverarbeitenden Industrie nicht eben benutzerfreundlich gelöst.

Vom Augenschein zum Fehldruck

Wenn Sie nämlich von der Ansicht der Feldfunktionen zur Ansicht der Feldergebnisse umschalten, bedeutet das keinesfalls, daß alles seine Richtigkeit hat. Zwar zeigen die Felder etwas an, und manchmal hat das jeweilige Ergebnis auch das Prä einer gewissen Plausibilität. Aber werten Sie diese Anzeige als vorläufig und unverbindlich.

Ein gewisses Maß an Endgültigkeit stellt sich ein, wenn Sie das Feld markieren und dann die <F9>-Taste drücken. Damit weisen Sie Winword an, in das Feld den Wert einzusetzen, der den Gegebenheiten entspricht. Die aktuellen Gegebenheiten sind die, die Sie sehen. Das bedeutet im Klartext: Das Aktualisieren von Feldern führt zu unterschiedlichen Ergebnissen, wenn Sie die entsprechende Anweisung in der Ansicht **Feldfunktionen** oder **Feldergebnisse** geben!

Felder in Kolumnen werden nur durch das Auslösen eines Druckvorganges aktualisiert.

Schalten Sie die Ergebnisanzeige für die Feldfunktionen ein.

- Klicken Sie auf dem Befehl **Alles markieren** im Menü **Bearbeiten**.
- Drücken Sie <F9>, um die markierten Felder zu aktualisieren. Lösen Sie einen Druckvorgang aus, um die Felder in Kopf- und Fußzeilen sowie allen anderen Textteilen zu aktualisieren, die von dem Befehl **Alles markieren** nicht beeinflußt werden. Der Drucker muß dafür nicht eingeschaltet sein. Winword aktualisiert die Felder beim Vorbereiten des Dokumentes für den Druck.
- Vergewissern Sie sich, daß im Dialogfenster *Einstellungen* im Kontrollfenster für das Drucken die Option **Felder aktualisieren** eingeschaltet ist.
- Seien Sie froh, wenn alles gut abläuft.

Ausnahmen

Felder, deren Ergebnisse zur Absatznumerierung, Berechnung, Bewegen im Text oder zum Starten von Makros verwendet werden (AUTONR, AUTONRDEZ, FORMEL, GEHEZU, MAKRO und DRUCK), werden von dem Befehl **Feld aktualisieren** nicht aktualisiert.

Felder sperren und freigeben

Wenn wirklich einmal alles glatt gegangen ist, und Winword für die Seite 327 tatsächlich die korrekte Seitenzahl ermittelt hat, können Sie diesen Glücksfall konservieren: » ... verweil doch, du bist so schön«.

Dazu markieren Sie wiederum das entsprechende Feld und geben die Tastenkombination <Strg>+<F11> ein. Ein Mausäquivalent gibt es nicht, aber das Fehlen der elften Funktionstaste können Sie durch die Funktionstaste <F1> ersetzen, wenn Sie gleichzeitig die <Alt>-Taste drücken: <Alt>+<Strg>+<F1>.

Aktualisieren mit
Schalter verhindern

Winword stellt auch einen Schalter bereit, mit dem es möglich ist, die Feldfunktionen **Einfügen** und **Ref** ohne vorheriges Markieren zu sperren: »\!« und einen weiteren Schalter, mit dem zwar die Feldfunktion aktualisiert wird, aber die Formatierung erhalten bleibt: »* formatverbinden«.

Formatierung sichern

Mit diesem Befehl erreichen Sie, das künftige Versuche der Feldaktualisierung an diesem Feld spurlos vorübergehen. Allerdings bleibt das Feld ein Feld und kann im Bedarfsfall mit der Tastenkombination <Shift>+<Strg>+<F11> entsichert werden.

Auch hier gehen die Besitzer der XT- oder Laptop-Tastaturen nicht leer aus: wem die elfte Funktionstaste fehlt, gibt das Feld mit einer kniffligen Fingerübung frei, indem er folgende Tasten gleichzeitig drückt:

<Alt>+<Shift>+<Strg>+<F11>.

Feldfunktion in Text umwandeln

Statt ein Feld zu sperren, können Sie es auch ganz als Feld entfernen. Mit der Tastenkombination <Shift>+<Strg>+<F7> wird aus dem Ergebnis der Feldfunktion ganz normaler Text, und zusammen mit den Begrenzungszeichen verschwindet das Feld aus dem Text. Diesen Vorgang können Sie nur unmittelbar nach dem auslösenden Vorgang rückgängig machen. Danach ist er unumkehrbar: das Feld ist weg.

Soviel zum Umgang mit Feldern. Nachdem Sie nun die wichtigsten Regeln für den Feld-Einsatz kennengelernt haben, erfahren Sie im folgenden endlich, welchen Nutzen Ihnen die Feldfunktionen bringen.

Kapitel 9

Text erschließen

In diesem Kapitel geht es darum, wie Sie die Informationen Ihres Textes oder Dokumentes Ihren Leserinnen und Lesern und – durchaus nicht gering zu achten – für Sie selbst schnell erschließen und zugänglich machen.

Ziel

In diesem Kapitel stelle ich Ihnen das Leistungsspektrum folgender Funktionen vor:

- Querverweise,
- Fuß- und Endnoten,
- Anmerkungen,
- Kopf- und Fußzeilen,
- Indexeinträge und
- Verzeichnisse aller Art.

Die Steueranweisungen für diese Funktionen können Sie wahlweise schon bei der Texterfassung als auch später beim Überarbeiten und Anpassen des Textes einfügen. Die entsprechenden Anweisungen behalten ihre Funktion auch nach dem Einfügen in andere Dokumente.

Textmarken und Lesezeichen

Unter Textmarken und Lesezeichen versteht man Steuerzeichen, die unsichtbar in den Text eingefügt werden und für allerlei Vorgänge nützlich sind. Textmarken sind sowohl auf dem Monitor als auch auf dem Ausdruck nicht und unter keinen Umständen zu sehen. Es handelt sich also nicht um eine Feld-

Textmarken bleiben immer unsichtbar.

funktion. Die Unsichtbarkeit schützt die Textmarken weder vor dem unbedachten Verschieben, Kopieren noch gar vor dem Löschen.

Namenskonventionen

Beim Umgang mit Textmarken ist also ein gewisses Maß an Sorgfalt und Selbstdisziplin angesagt. Außerdem müssen Sie bestimmte Spielregeln einhalten. So benötigen die Marken einen Namen, mit dem es später möglich ist, die Textmarken gezielt anzusprechen.

Der Name

- muß mit einem Buchstaben beginnen,
- darf bis zu 20 Zeichen lang sein,
- aber keine Leerzeichen enthalten.

Ferner darf in einem Dokument die Zahl der Textmarken den Wert von 450 nicht überschreiten. Dafür sind Sie in dem, wofür die Textmarke stehen soll, verhältnismäßig frei. Im einfachsten Fall steht die Textmarke für sich selbst und übernimmt die Funktion einer Navigationshilfe und Ansprechposition.

Textmarken als Argumente in SEQ-Feldern

Es steht Ihnen auch frei, einen Absatz, eine beliebige Zeichenfolge oder auch eine Tabelle, Formel oder Abbildung zu markieren und die Textmarke als Kurzruf für das markierte Element zu verwenden. Die folgende Abbildung zeigt, wie man einem markierten Text eine Textmarke zuweist. Textmarken

Abb. 1

Textmarke zuweisen

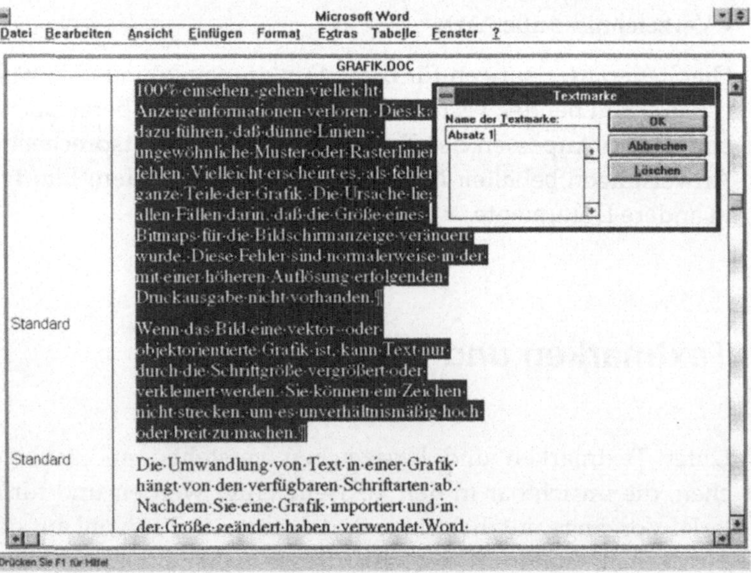

136

werden von vielen Feldern als Argumente oder Parameter akzeptiert. Im Zusammenhang mit der Folge-Funktion der SEQ-Felder ergeben sich da sehr schnelle Querverweise.

Eine Hauptanwendung ist, neben der Funktion als Sprungadresse für schnelles und gezieltes Bewegen der Schreibmarke im Text, die Funktion als Informationsträger für Querverweise. Dabei wird die Textmarke immer an die Stelle in den Text eingefügt, auf die verwiesen werden soll.

Querverweise

Es ist bei vielschichtigen und komplexen Texten nicht immer möglich, dem Leser alle Informationen vor Augen zu halten, die in einem gegebenen Zusammenhang wichtig sind. Immer dann benötigen Sie Querverweise. Formulierungen wie »Siehe Tabelle 34« oder »Das betrifft auch die Darstellung auf Seite 584« sind dafür ebenso typisch wie das mühsame und fehlerintensive Nachziehen der Verweise im Falle von Textänderungen.

Querverweise lassen sich mit Winword sehr viel komfortabler und vor allem ohne das Risiko einsetzen, bei einer Textverschiebung schlußendlich doch auf die falsche Seite zu verweisen. Das Verfahren erfordert zwei Schritte und ermöglicht Verweise auf Seitenzahlen, Ereigniszähler (das sind zum Beispiel Zähler für Tabellen, Bilder, Fotos usw.) und Überschriften.

Übersicht

Es hat sich als zweckmäßig erwiesen, zunächst einmal sicherzustellen, daß das Element, auf das verwiesen wird, auch wirklich vorhanden ist: Worauf kann verwiesen werden?

- Textmarken benötigen Sie, um auf bestimmte Seiten zu verweisen,
- Zähler setzen Sie ein, wenn im Text auf einzelne Abbildungen, Tabellen oder Listen verwiesen werden muß, und
- Druckformate sind geeignet, um Verweise auf Kapitelüberschriften oder Bildunterschriften in den Text zu kopieren.

Textmarken, Zähler und Druckformate

Nützlich ist es in manchen Fällen auch, wenn am Ort des Querverweises statt des Verweises auf ein Textelement (Tabelle, Wort, Formel) das Textelement selbst eingefügt wird. Auch diese Forderung können Sie mit Winword und der Querverweis-Funktion erfüllen.

Die folgende Übersicht faßt die Verweisarten und das jeweils notwendige Verfahren zusammen.

Verweisart	Verfahren
Siehe »Seite 123«	Verweis auf Textmarke
Beliebige Textelemente	Verweis auf Textmarken
Siehe »Abbildung 23«	Verweis auf Zähler
Siehe »Abschnitt Babylonische Netzwerkarchitektur«	Verweis auf Druckformat

Verweis auf Seitenzahlen

Das folgende Beispiel zeigt den Einsatz von Textmarken als Verweisadresse.

Nehmen wir an, Sie wollen im Zuge einer umfangreichen Abhandlung über das Phänomen der selektiven Schwerkraft (Textstelle 2) auf die Abgrenzung dieses Themas von dem der partiellen Gravitation (Textstelle 1) verweisen. Dann verfahren Sie im Hinblick auf die Textmarke wie folgt:

- Fügen Sie mit <Alt>-e-t oder <Alt>+<Strg>+<F5> an der Textstelle 1 eine Textmarke (zum Beispiel *Part_vs_sel*) ein.
- Notieren Sie sich auf einer Liste den Namen, den Einfügeort und die Funktion der Textmarke. Zwar zeigt Winword bei der Namensvergabe für die Textmarken die Namen aller bereits vorhandenen Textmarken an, aber das gilt natürlich nur für die Textmarken, die sich im aktuellen Dokument befinden. Sobald Sie beabsichtigen, Querverweise auch in Dokumenten einzusetzen, die aus mehreren Textdateien zusammengesetzt sind, sind Probleme vorprogrammiert, wenn Sie nicht sehr sorgfältig darauf geachtet haben, jede Textmarke mit einem separaten Namen zu versehen.

- Setzen Sie die Schreibmarke an die Textstelle 2.
- Fügen Sie die Wörter ein, mit denen Sie den Querverweis einleiten möchten: Zum Beispiel »Siehe Seite_«.Der Unterstrich soll Sie daran erinnern, daß Sie unbedingt ein Leerzeichen nach dem Querverweis einfügen müssen.
- Fügen Sie hinter das Leerzeichen den Querverweis auf die Textstelle 1 ein:
- Öffnen Sie das Dialogfenster *Feld* im Menü **Einfügen**.
- Wählen Sie in der Liste **Feldart** die Bezeichnung **Seitenreferenz**.
  In dem Textfeld **Feldfunktion** erscheint der Text der Feldfunktion: **SEITENREF**.
- Schalten Sie die Ansicht **Feldfunktionen** im Menü **Ansicht** aus, um das Ergebnis des Arbeitsschrittes zu kontrollieren.

Wenn Ihr Text über Felder verfügt, deren Feldfunktionen die Ausdehnung des Textes bedeutend beeinflussen, kann es sein, daß Sie nach dem Ausschalten der Feldfunktionen einen ganz anderen Teil des Textes auf dem Monitor sehen. Das Ärgernis läßt sich aus der Welt schaffen, indem Sie an der Stelle des Querverweises eine Textmarke einfügen, mit deren Hilfe Sie jederzeit schnell wieder an den Ort des Geschehens gelangen können.

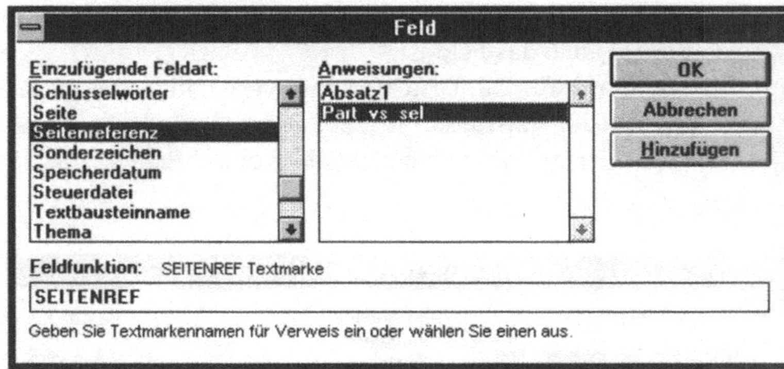

Abb. 2
Querverweis auf
Seitenzahl

Verweis auf Textelemente

Sofern Sie beim Eingeben der Textmarke ein Textelement markiert haben, fügt Winword dieses Textelement auf Wunsch als Querverweis in den Text ein. Das Verfahren gleicht dem des Seitenverweises. Nur wählen Sie im Dialogfenster *Feld* statt der Feldfunktion **Seitenreferenz** die Anweisung **Referenz**. Sie führt dazu, daß die Feldfunktion **REF** in das Feld eingefügt wird. Nach dem Aktualisieren erscheint anstelle des Feldes das Textelement, das markiert war, als Sie die Textmarke gesetzt hatten.

Verweis auf Überschriften

Ein sehr wirkungsvolles Instrument zum Erzeugen von Querverweisen ist die Möglichkeit, mit der Feldfunktion **DFVREF** Texte, denen ein bestimmtes Druckformat zugeordnet ist, in den Text zu kopieren. Im Prinzip funktioniert diese Feldfunktion wie die Feldfunktion **REF**. Allerdings muß nicht jede Überschrift markiert und mit einer Textmarke versehen werden, um den Text nach Wunsch zu kopieren.

Statt dessen reicht die Anweisung, alle Texte mit einem bestimmten Druckformat an die Stelle des Feldes einzufügen. Wenn es mehrere Absätze mit diesem Druckformat gibt, kopiert Winword immer den ersten Absatz auf der Seite in das Feld, auf der auch das Feld ist.

Lebende Kolumnen Oft werden dafür die Druckformate verwendet, die im Rahmen der Gliederungsfunktion erzeugt werden. Typisches Anwendungsbeispiel dafür sind lebende Kolumnentitel. Das sind

Abb. 3
Querverweis auf
Kapitelüberschrift

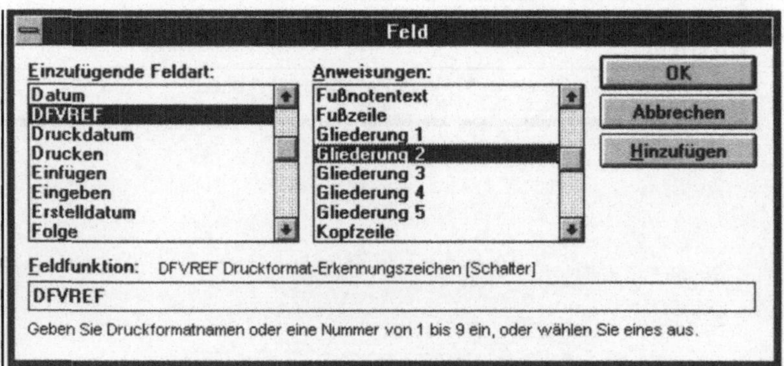

Kopf- oder Fußzeilen, in denen der Titel des jeweiligen Kapitels oder Abschnittes erscheint. Notizen über definierte Druckformate sind nicht nötig, weil Winword beim Querverweis eine Liste mit allen vorhandenen Druckformaten anzeigt.

Verweis auf Fußnoten

Auch für den Fall, daß Sie auf Fußnoten hinweisen möchten, bietet Winword eine geeignete Funktion, die folgende Einfügungen erlaubt.

»Beachten Sie den Hinweis in Fußnote 3«

Die Unterstreichung für die Zahl 3 deutet darauf hin, daß diese Zahl von Winword nach Bedarf aktualisiert wird. Sie funktioniert sowohl innerhalb von Fußnoten als auch im Haupttext. Einzelheiten zum Thema Fußnoten finden Sie in dem folgenden Abschnitt.

Und so wird's gemacht:

- Markieren Sie das Fußnotenzeichen, auf das Sie verweisen wollen.
- Ordnen Sie dieses Fußnotenzeichen einer Textmarke zu: zum Beispiel *Abendstern*.
- Notieren Sie sich den Namen dieser Textmarke.
- Setzen Sie die Schreibmarke an der Stelle ab, an der Sie auf die Fußnote *Abendstern* verweisen wollen.

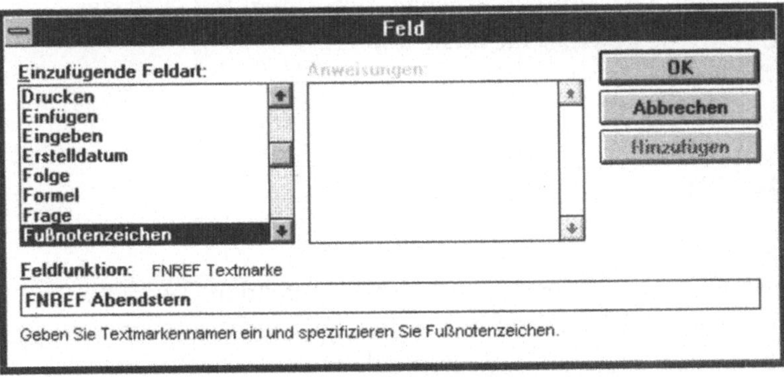

Abb. 4
Verweis auf Fußnote

- Fügen Sie dort das Feld **Fußnotenzeichen** ein und setzen als Parameter den Namen der Textmarke ein: *Abendstern*.
- Schließen Sie das Fenster mit **OK**.

Winword fügt nach dem allfälligen Aktualisieren die laufende Nummer der Fußnote ein, die mit der Textmarke *Abendstern* versehen wurde.

Querverweis auf Folgen

Im Zusammenwirken mit Textmarken und den Folge-Feldern der Fedfunktion **SEQ** lassen sich sehr schnell und elegant numerische Querverweise auf zahlenmäßig erfaßte Textelemente erzeugen:

Die Auswertung ist in der Abbildung <u>12</u>-<u>34</u> grafisch dargestellt.

Die unterstrichenen Werte stehen für Feldergebnisse. Das Feld hat folgendes Aussehen:

...in der Abbildung {seq bilder Labor_1} grafisch dargestellt.

Mit *Labor_1* ist eine Textmarke bezeichnet. Dieser Textmarke ist das Feld zugeordnet. In diesem Feld befindet sich jeweils ein Zähler für Bilder und Kapitel. Zum Zeitpunkt der Aktualisierung war das bezeichnete Bild das 34. im Kapitel 12. Der »Zähler« hat folgendes Aussehen:

{seq kapitel}-{seq bilder)

und ist als Ganzes der Textmarke *Labor_1* zugewiesen. Das erste Feld zählt die Kapitel, das zweite die Anzahl der Bilder in diesem Kapitel. Das aktuelle Ergebnis wird über den Weg der Textmarke an die gewünschte Stelle kopiert.

Fußnoten

Fußnoten sind Randbemerkungen zum laufenden Text, die wichtig genug sind, erwähnt zu werden, aber nicht so elementar, daß sie den Lesefluß aufhalten sollen. Typische Vertreter dieser Art von Information sind Literaturhinweise.

Übersicht

Anstelle der jeweiligen Information erscheint im Text ein bestimmtes Zeichen. Die Information selber am Schluß der Seite, des Kapitels oder des Buches.

Winword numeriert die Fußnoten selbsttätig. Das funktioniert sogar, ohne daß Sie Felder aktualisieren müssen. Wann immer Sie eine Fußnote hinzufügen, löschen oder durch Kopier- und Verschiebevorgänge an eine andere Textstelle bringen, sorgt das Programm dafür, daß die Nummern aktualisiert werden.

Voreinstellungen für Fußnoten

Sofern Sie nichts anderes vorgeben, setzt Winword den Fußnotentext an das Ende der Seite, auf der das Programm das Fußnotenzeichen findet und trennt ihn vom übrigen Text durch eine Linie ab.

Den Fußnotentext selber schreiben Sie in ein spezielles Fenster. Es dient gleichsam als Hülle, mit dem es Winword möglich ist, die Fußnote nach Ihren Vorgaben an bestimmte Positionen des Textes oder des Dokumentes zu verschieben.

Dieses Fenster nimmt alle Fußnoten auf und dient auch dazu, den Fußnotentext auf dem Monitor sichtbar zu machen, wenn

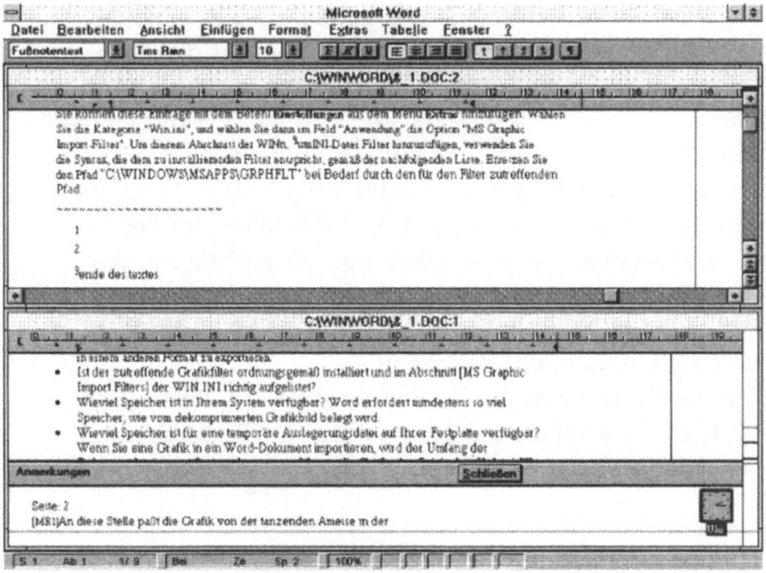

Abb. 5
Fußnoten sperren
Anmerkungsfenster.
Beides ist nur
erkennbar, wenn zwei
Fenster für den Text
geöffnet werden.

Sie eine Ansicht gewählt haben, in der Winword die Fußnoten nicht anzeigt. Nur in der Ansicht **Druckbild** zeigt Winword die Fußnoten an.

Das Fenster mit den Fußnoten öffnet sich nur, wenn die Ansicht **Anmerkungen** ausgeschaltet ist. Mehr als ein zusätzliches Fenster zum Text verwaltet Winword nun mal nicht. Als Ausweg bietet sich an, daß Sie für den aktuellen Text ein eigenes Fenster öffnen und darin dann das Fußnotenfenster öffnen.

Fußnoten einfügen

- Und so kommen die Fußnoten in den Text: positionieren Sie die Schreibmarke an der Stelle im Text, wo der Hinweis auf den Fußnotentext erscheinen soll.
- Öffnen Sie das Dialogfenster *Fußnote* im Menü **Einfügen**.
- Drücken Sie die <↵>-Taste, wenn Sie die Voreinstellung übernehmen möchten. Wählen Sie andernfalls ein Fußnotenzeichen Ihrer Wahl, und tippen Sie es in das entsprechende Textfeld. Winword fügt eine kleine, hochgestellte Zahl an die Stelle der Schreibmarke und öffnet den Fußnotenbereich.
- Geben Sie den Fußnotentext ein. Die Schreibmarke muß sich hinter der Fußnotennummer befinden. Keinesfalls dürfen Sie Text eingeben, wenn sich die Schreibmarke am Zeilenbeginn darunter befindet. Sonst ordnet Winword den Text der nächsten Fußnote zu, oder stoppt Ihren Tatendrang mit einer Fehlermeldung.
- Fügen Sie unmittelbar hinter der Fußnotennummer einen Tabulator ein. Andernfalls haben Sie keine Chance, den Abstand zwischen Fußnotenzahl und dem Text der Fußnote zu beeinflussen. Verwenden Sie ansonsten die Möglichkeiten der Druckformat-Einstellungen, um das Erscheinungsbild der Fußnoten zu gestalten. Den Fußnoten ordnet Winword selbsttätig das Druckformat *Fußnotentext* zu.
- Beenden Sie die Texteingabe im Fußnotenbereich, indem Sie das Schaltfeld **Schließen** anklicken oder die Schreibmarke einfach wieder im Textfeld absetzen.

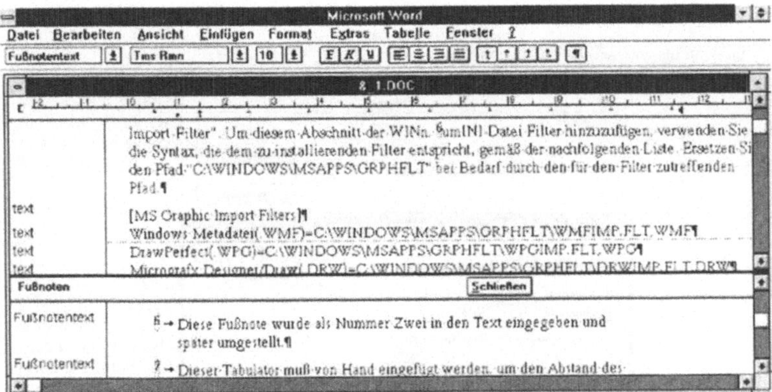

Abb. 6
Der Fußnotentext
erhielt einen negativen
Erstzeileneinzug, um
die Fußnote optisch
vom Text zu trennen.

Druckformate der Fußnoten

Winword verwaltet die Fußnoten mit zwei Druckformaten. Das Druckformat *Fußnotentext* habe ich Ihnen schon vorgestellt: damit wird der Fußnotentext verwaltet. Außerdem gibt es aber ein weiteres Druckformat, das in der Druckformatspalte nicht ausgewiesen wird. Es heißt *Fußnotenreferenz* und formatiert zum einen die Zahl, mit der im Haupttext auf die Fußnote hingewiesen wird, und zum anderen die entsprechende Zahl zu Beginn des Textes. Es ist zwar geeignet, um Schriftart, -schnitt und -größe zu bestimmen. Aber es gibt keine Möglichkeit, den Abstand zum folgenden Text zu bestimmen.

So kommen Sie um den Gebrauch des Tabulators zu Beginn der Fußnote nicht herum. Mit einem Makro können Sie sich die Arbeit etwas vereinfachen.

Endnoten

Ob aus den Eingaben Fuß- oder Endnoten werden, legen Sie in dem Dialogfenster *Optionen für Fußnoten* fest. Es ist im Dialogfenster *Fußnote* zugänglich, das Sie mit dem gleichnamigen Befehl im Menü **Einfügen** öffnen. Natürlich kann man nicht End- und Fußnoten gleichzeitig verwenden. Weniger natürlich ist, daß Winword Sie oder den/die Kollegen/in, der/die Ihre Arbeit an einem Dokument fortsetzt, nicht darauf aufmerksam macht, wenn eine Voreinstellung überschrieben wird. Ehe man sich versieht, rafft Winword unvermittelt alle bestehenden

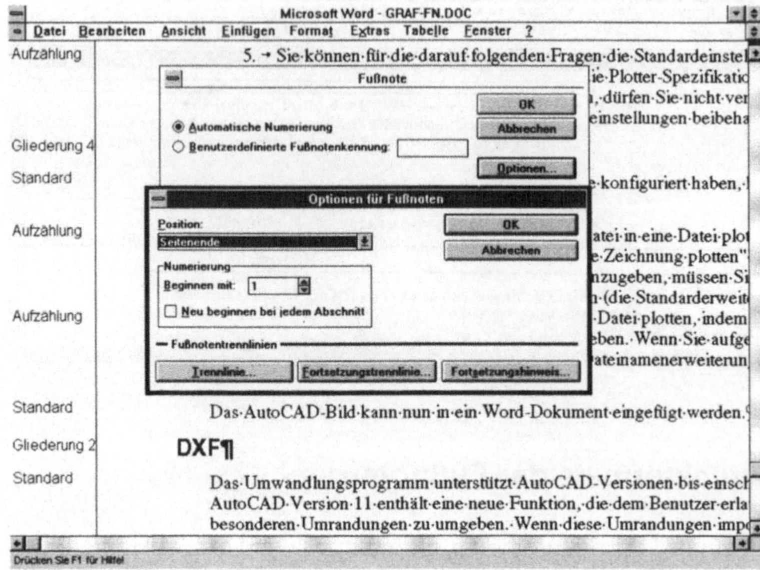

Fußnoten am Textende zusammen, wenn beim Einfügen einer neuen Fußnote diese Option ausgewählt wird.

Bei dieser Gelegenheit wird natürlich die gesamte Textverteilung durcheinandergewürfelt. Dieses Malheur können Sie heilen, wenn Sie sich daran erinnern, welche Einstellung Sie überschrieben haben. Mit der Rücknahme des Befehls **Fußnote einfügen** bleibt die veränderte Fußnotenverteilung bestehen.

Fußnoten positionieren und numerieren

Mit den Voreinstellungen zu diesem Thema kann man leben, zumindest im Bürobetrieb. Wenn Sie hingegen eine Dissertation oder einen Forschungsbericht verfassen, dazu die Textmenge auf verschiedene Teildokumente aufteilen und die Fußnote *nicht* am Ende einer Seite drucken möchten, beginnt für Sie die Qual der Wahl oder die der tätigen Mitarbeit. Sofern die Teildokumente langfristig als eigenständige Datei zugänglich bleiben, kann man sich das Zusammenfassen der Fuß- zu Endnoten so gut wie schenken: das separate Zwischensammeln der Endnoten am Schluß eines Teildokumentes führt zu aberwitzigen Hochrechnungen über die effektive Paginierung der folgenden Kapitel.

Endnoten über mehrere Dokumente

Am geringsten ist der Aufwand, wenn Sie folgendes Kochrezept befolgen:

- Vermeiden Sie Endnoten. Fußnoten ersparen Ihrem Leser das nervtötende Blättern und Ihnen eine Fehlerquelle.
- Organisieren Sie Ihre Dokumente so, daß jedes Kapitel mit einem neuen Abschnitt beginnt. Sie können dann mit der Einstellung **Numerierung neu beginnen bei jedem Abschnitt** im Dialogfenster *Fußnotenoptionen* immerhin die Numerierung der Fußnoten in den Griff bekommen. Damit ist automatisch vorgegeben, daß Sie die Fußnoten am Ende eines Abschnittes zusammenfassen müssen. Winword bietet die entsprechende Einstellung. Ihre Gestaltungsmöglichkeiten hinsichtlich einer Layoutgestaltung auf der Basis von Abschnittswechseln sind damit aber verspielt.

  Abschnitt zum Neustart der Zählung bezieht sich auf die gewählte Position. Auch Seiten oder Dokumente gelten hier als Abschnitte.

- Führen Sie die einzelnen Dokumente über den Befehl **Datei einfügen** zusammen. Winword kann nämlich die Zählungen für Seiten, Zeilen und Fußnoten nur für genau ein Dokument alleine organisieren. Beim Zusammenführen zweier unabhängiger Dokumente bleibt es Ihnen überlassen, festzustellen, mit welcher Laufnummer die erste Fußnote im 22. Kapitel ausgestattet sein muß. Ich erinnere in diesem Zusammenhang an die Möglichkeiten die einzelnen Kapitel per DDE oder OLE miteinander zu verbinden. Nicht eben ein Königsweg – aber Winword ist, was Automatismen angeht, zuweilen eher bieder bis bürgerlich.

Fußnote editieren

Fußnoten gehören zu unverzichtbaren Bestandteilen vieler Texte: Geschäftsberichte, Dissertationen oder Forschungsberichte. Mit der Zahl der Fußnoten wächst auch die Notwendigkeit, ab und an den Fußnotentext zu bearbeiten.

Der Umgang mit Fußnoten birgt einige Risiken. Winword erwartet das Einhalten gewisser Regeln und Vorbehalte. Einige der sonstigen Vorgehensweisen der Textverarbeitung sind im Bereich der Fußnoten nicht erlaubt. So dürfen Sie dort weder weitere Fußnoten erzeugen, noch neue Bereiche.

Winword findet
Fußnoten beim Suchen
und Ersetzen mit
»^2«.
Vorsicht beim
Kopieren von
Fußnoten!

Leider bietet Winword keinen Mechanismus, der zuverlässig verhindert, daß über das Einfügen von Texten eben doch Fußnoten und andere störende Elemente in den Fußnotentext hineingeraten. Das müssen Sie schon selber organisieren.

Es hängt auch von Ihrer Aufmerksamkeit ab, ob Winword bei Textumstellungen die jeweiligen Fußnoten richtig numeriert. Kopiervorgänge, von denen Fußnoten betroffen sind, erzeugen zwar am Einfügeort eine neue Fußnote – nämlich die exakte Kopie der kopierten Fußnote. Aber die Laufnummer bleibt die gleiche. Winword numeriert nur solche Fußnoten selbständig, die über den Befehl **Fußnote einfügen** oder **Text einfügen**. Das Einfügen darf nur nach dem Befehl **Text ausschneiden** vorgenommen werden.

Besondere Vorsicht müssen Sie walten lassen, wenn sie den Fußnotentext nach dem Einfügen bearbeiten. Die Fußnotennummer zu Beginn der Fußnote ist *kein* Feld in dem Sinne, daß man den Inhalt aktualisieren könnte. Wenn Sie die Zahl oder das Zeichen löschen, wird Winword zwar den Fußnotentext bei Textverschiebungen willig mitziehen und auch die Fußnote im Haupttext richtig numerieren. Allerdings wird diese Aktualisierung keinen Einfluß auf den Fußnotentext haben. Winword ersetzt keine gelöschten Zahlen und Zeichen vor Fußnotentexten. Sie dürfen diese Zahlen darum auch nicht löschen oder verändern.

Fußnoten über mehrere Seiten

Fortsetzung folgt

Das Programm wird auch mit den besonderen Problemen fertig, die dann entstehen, wenn der Fußnotentext so lang ist, daß es nicht möglich ist, ihn vollständig auf der Seite unterzubringen, auf der das Fußnotenzeichen auf ihn hinweist. In diesem Fall setzt Winword den Text auf der folgenden Seite fort.

Wenn Winword auf die Fortsetzung gesondert hinweisen soll, müssen Sie das dem Programm durch einen besonderen Eintrag vorgeben.

Linien und Zeichen

Zwischen der Fußnote und dem Haupttext druckt Winword eine fünf Zentimeter lange Linie. Vor dem Text, mit dem Winword eine Fußnote auf der folgenden Seite fortsetzt, setzt Winword eine Linie, die über die ganze Breite des Satzspiegels reicht.

148

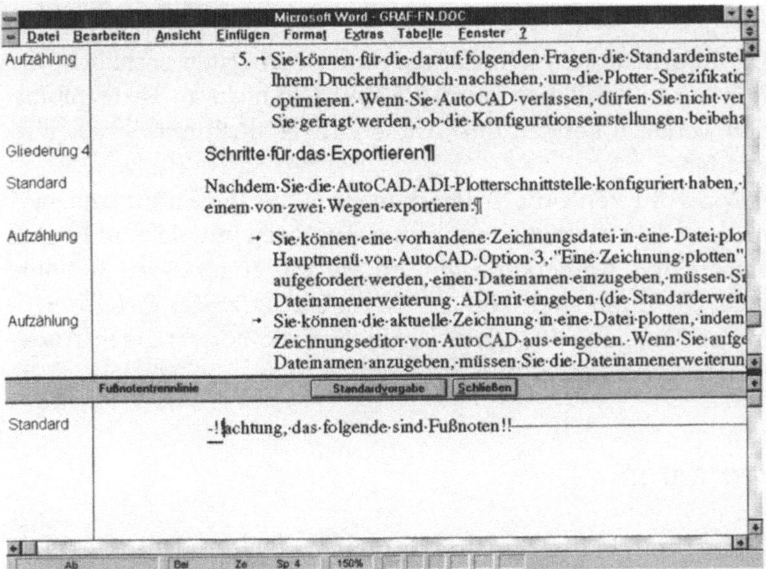

Abb. 8
Im Dialogfenster zum
Ändern der Linien
zeigt Winword unten
die Voreinstellung.
Darüber können Sie
Zeichen Ihrer Wahl zu
einer neuen Trennlinie
zusammenführen.

Die Voreinstellungen für die Länge, Art und den Abstand der Trennlinien können Sie ebenso vielfältig ändern wie das Zeichen, mit dem auf die Fußnote im Haupttext hingewiesen wird.

Mit dem Klicken auf dem Schaltfeld **Schließen** werden Ihre Einstellungen für alle Fußnoten des aktuellen Dokumentes gültig. Das Schaltfeld **Standardvorgabe** aktiviert wieder die Voreinstellungen von Winword.

Anmerkungen

Anmerkungen enthalten Informationen, die im Normalfall nicht gedruckt werden. Sie dienen einzig und alleine als Hilfsmittel bei der Texterstellung. Es sind gleichsam kleine Notizzettel, die Sie oder ein/e Kollege/in in den Text einfügen. Winword sammelt diese Notizzettel und stellt Sie Ihnen in einem gesonderten Fenster zur Verfügung.

Übersicht

Die Informationen können alle Arten von Daten enthalten, die Winword verarbeiten kann. Sie sind also nicht an Texte gebunden, sondern können Ihre Anmerkungen auch mit Grafiken illustrieren.

Initialen ändern

Winword zählt die Anmerkungen ohne Ihr Zutun und fügt die jeweilige Nummer zusammen mit Ihren Initialen am Beginn einer jeden Anmerkung ein. Sofern die angezeigten Initialen nicht die Ihren sind, können Sie im Dialogfenster *Einstellungen* in der Kategorie *Benutzerinformationen* die notwendigen Änderungen vornehmen.

Verfahren

Das Verfahren ähnelt dem der Fußnoten. Nach dem Anklicken des Befehls **Anmerkung** im Menü **Einfügen** öffnet Winword ein Fenster, in dem alle Anmerkungen zusammengefaßt werden. Dort geben Sie den Text ein, der Ihnen notwendig erscheint.

Abb. 9
Auch Grafiken sind im Anmerkungsfenster erlaubt.

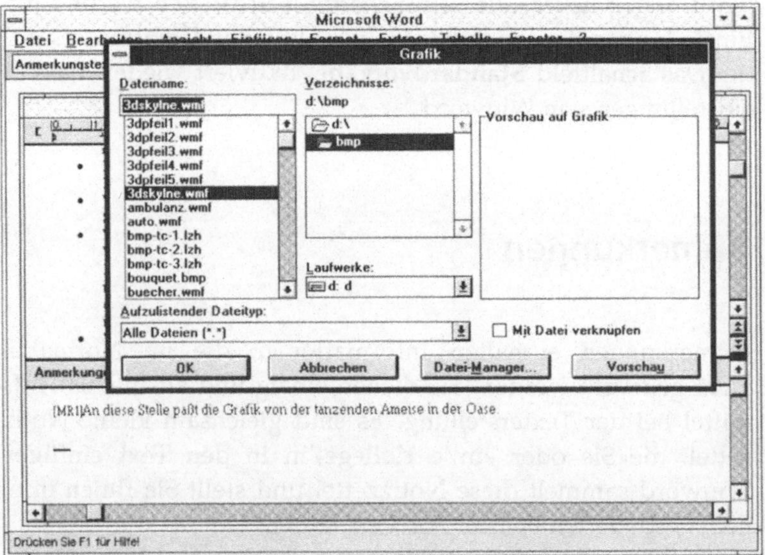

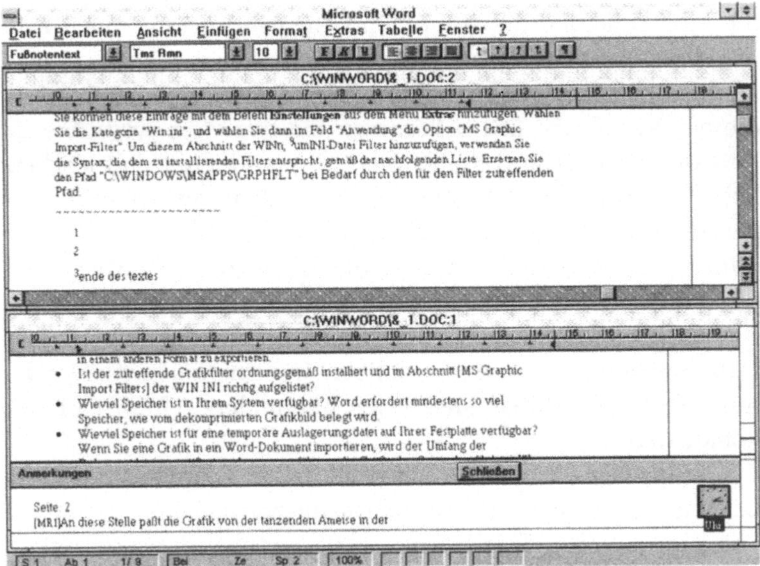

Die Fenstergröße kann entgegen der Handbuchaussage nicht verändert werden, so daß es etwas mühsam ist, längere Anmerkungen oder gar Grafiken einzufügen. Höchst angenehm ist es hingegen, daß beim Textdurchlauf jeweils die Anmerkungen im Fenster erscheinen, die zu dem sichtbaren Text gehören.

Mit Anmerkungen arbeiten

Im Normalfall sind die Anmerkungen nicht zu erkennen. Um sie zu finden,

- setzen Sie die Schreibmarke an den Beginn des Textes,
- drücken die Funktionstaste <F5> und fügen ein »a« ein.
- Drücken Sie <↵> und beobachten den Gang der Dinge:

Anmerkungen finden

Bewegt sich die Schreibmarke zu einer anderen Stelle im Text, gibt es dort eine Anmerkung, die Sie nach dem Öffnen des entsprechenden Fensters einsehen und nutzen können.

Verharrt die Schreibmarke nach einigen Turbulenzen auf dem Monitor an der Ausgangsposition, gibt es in dem Text keine Anmerkungen. So einfach ist das ...

Für die Informationen in den Anmerkungen gelten im wesentlichen die gleichen Regeln wie sonst auch. So können Sie

Anmerkungen in Text einfügen

151

mit Ausschneiden und Einfügen beliebige Informationen zwischen den Bereichen austauschen.

Nur die letzte Absatzschaltung der Anmerkung entzieht sich diesem Verfahren. Die bekommen Sie nur weg, wenn Sie im Text den Hinweis auf die Anmerkung markieren und löschen. Diese Verweise zeigt Winword immer dann an, wenn Sie die Ansicht **Anmerkungen** einschalten.

Anmerkungen drucken

Immer dann, wenn mehrere Leute an einem Text arbeiten erweist sich das Instrument der Anmerkungen als sehr nützlich. Allerdings ist das abschließende Einarbeiten der Korrekturen recht mühsam, weil die jeweiligen Informationen nicht oder nur teilweise sichtbar sind oder mit anderen Informationen konkurrieren.

Als Ausweg aus diesem Dilemma bietet Winword die Möglichkeit, alle Anmerkungen als Liste auszudrucken.

- Öffnen Sie das Dialogfenster *Drucken.*
- Öffnen Sie die Auswahlliste **Drucken.**
- Klicken Sie auf **Anmerkungen**, und
- lösen Sie den Druckvorgang mit **OK** aus.

Winword trägt alle Anmerkungen des Textes zusammen und druckt sie unter Angabe der Initialen und der Seitenzahl aus, auf der die Anmerkung zu finden ist.

Abb. 11
Dialogfenster
»Anmerkungen
drucken«

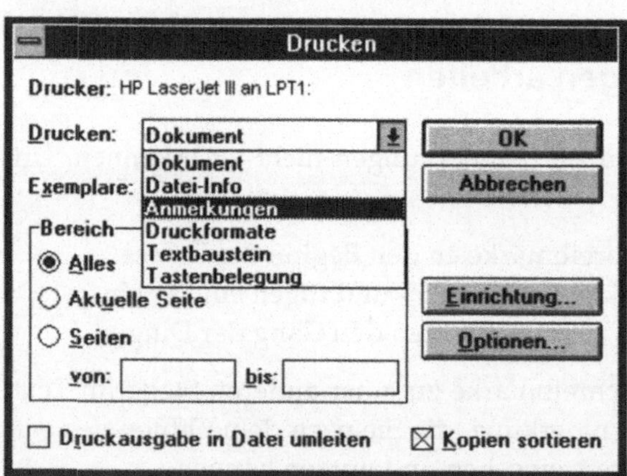

Kopf- und Fußzeilen

Kopfzeilen sind – wie auch Fußzeilen – Bereiche, in denen beim Ausdruck Text erscheint, der von Winword erzeugt wird. Dieser Text umfaßt bestimmte Informationen, die auf jeder Seite wiederholt werden. Dabei kann es sich um Seitenzahlen, das Datum, den Namen des Autors oder Dokumentes, Grafiken oder beliebige andere Zeichen handeln, die in Winword zulässig sind.

Im folgenden informiere ich Sie über die notwendigen Schritte, um Kopf- und Fußzeilen (Kolumnen) in den Text einzufügen und zu formatieren. Die Verfahrensweisen sind für Kopf- und Fußzeilen prinzipiell gleich, so daß ich mich auf die Beschreibung der Kopfzeilen beschränken kann.

Kopfzeilen anzeigen

Kopfzeilen sind nicht immer auf dem Monitor erkennbar. Sie müssen dazu im Menü **Ansicht** den Befehl **Druckbild** aktivieren.

Er ist dann mit einem Häkchen gekennzeichnet. Wenn Sie den Text über den Monitor rollen lassen, zeigt Ihnen Winword die Kopf- und Fußzeilen so an, wie sie später auch ausgedruckt werden. Dafür erkennen Sie viele andere Dinge nicht mehr, die für Ihre Arbeit möglicherweise wichtiger sind.

Das muß für die praktische Arbeit mit Winword kein wirklicher Nachteil sein: Kopf- und Fußzeilen gehören zu den Textelementen, die in der Regel einmal bestimmt und dann sich selbst und der Verwaltung durch Winword überlassen werden. *Kopfzeilen in der Ansicht: Druckbild*

Winword zeigt bei Bedarf die Kopf- und Fußzeilen in einem separaten Fenster an. Es ist in jeder Ansicht, außer der Druckbildansicht verfügbar. Allerdings sperrt das Öffnen des Fensters die Eingabemöglichkeiten für Anmerkungen und Fußnoten. *Kopf- und Fußzeilen in Fenstern*

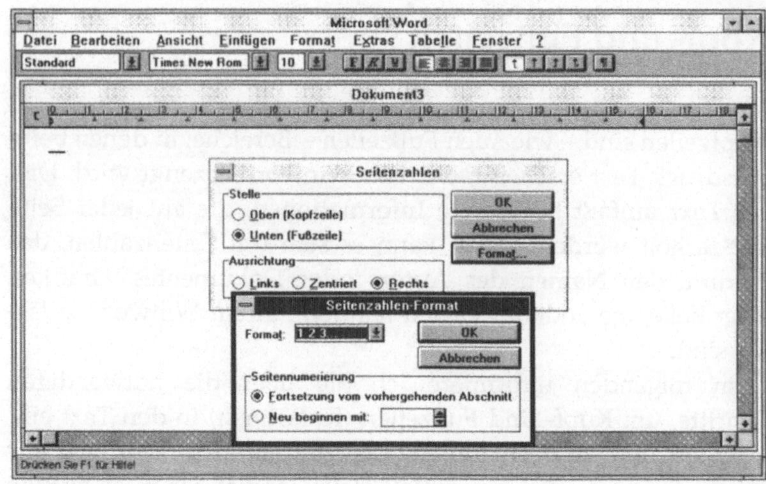

Abb. 12
Seitenzahlen erzeugen
eine Kopf- oder
Fußzeile.

Kopfzeilen einfügen

Die einfachste Kopfzeile erzeugt Winword ohne viel Einstellarbeiten.

- Öffnen Sie das Dialogfenster *Seitenzahlen* im Menü **Einfügen**.
- Bestimmen Sie, ob Winword die Seitenzahl oben in eine Kopfzeile oder unten in eine Fußzeile setzen soll.
- Bestimmen Sie die Ausrichtung der Seitenzahl in der Zeile: links, rechts, zentriert.
- Schließen Sie das Dialogfenster mit **OK**. Winword fügt die Kopfzeile in den Text ein und setzt auch das notwendige Feld {SEITE} an die vorbestimmte Position.

Voreinstellung bei
Seitenzahlen: keine
Kolumnen auf der
ersten Seite

Das kann man zwar bei ausgeschalteter Druckansicht nicht sofort erkennen, ist aber wahr.

Kopfzeilen editieren

Auch diese einfache Kopfzeile bedarf der Bearbeitung. Dazu bewegen sie die Schreibmarke auf eine Seite, die mit einer Kopfzeile versehen ist und schalten dann entweder die Ansicht **Druckbild** ein oder öffnen im Menü **Ansicht** das Fenster *Kopf- und Fußzeilen*. So ist es bestimmt zweckmäßig, vor die jeweilige Seitenzahl beziehungsweise das Feld {SEITE} das Wort *Seite* zu setzen.

Kopfzeilen formatieren

Auch hier bietet die Software eine Reihe von Wegen an. Dies ist der einfachste:

- Schalten Sie die Druckansicht ein.
- Positionieren Sie die Schreibmarke in der Kopfzeile.
- Öffnen Sie das Dialogfenster Druckformate im Menü **Format**.
- Bestimmen Sie das Druckformat für die Kopfzeile nach Bedarf. Sie können mit der Kopfzeile alles machen, was Sie mit jeglichem Text im Dokument auch machen können:
- auszeichnen,
- löschen,
- mit Tastatureingaben ergänzen,
- Grafiken importieren und
- Felder einfügen.

Nur eins können Sie mit der »einfachen« Kopfzeile nicht machen: das Anzeigen der Seitenzahl verhindern. Denn mit der Vorgabe, die Seitenzahl zu drucken, waren Sie bis hierher gekommen.

Dann und wann brauchen Sie vielleicht auch Kopf- und Fußzeilen, in denen die Seitenzahl nicht benötigt wird.

Blankozeilen

Um leere Fuß- und Kopfzeilen zu erzeugen, bedarf es in jedem Fall, also auch in Ansicht **Druckbild**, eines Dialogfensters im Menü **Ansicht**. Solange Sie bei den Kolumnen weder linke noch rechte Seiten verschieden behandeln und auch die Paginierung für den gesamten Text einheitlich gestalten wollen, ist die Ansicht **Druckbild** für das Einfügen von Kopf- und Fußzeilen gut geeignet.

Welche Ansicht für welche Kolumnen?

In allen anderen Fällen:

- sowohl Fuß- als auch Kopfzeilen,
- unterschiedliche Kolumnen für linke und rechte Seite und
- unterschiedliche Zählweisen

ist es zweckmäßig, die Ansicht **Normal** zu wählen. Nur dann stellt nach dem Befehl **Kopf-/Fußzeilen** im Menü **Ansicht** Winword eine Auswahlliste zur Verfügung, die Sie Stück um Stück öffnen können.

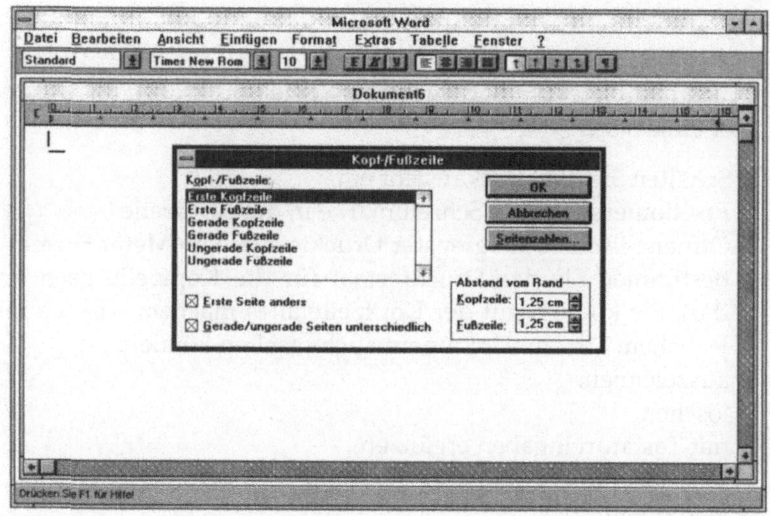

* Öffnen Sie dort das Dialogfenster *Kopf-/Fußzeile*.
* Stellen Sie ein, ob Sie für die erste Seite eine abweichende Kopfzeilenregelung vornehmen wollen: Schaltfeld **Erste Seite anders**. Eine Titelseite mit Kopfzeile und Seitenzahl ist oft unerwünscht. Wenn Sie das Schaltfeld aktivieren, wird auf der ersten Seite keine Kopfzeile gedruckt.
* Stellen Sie ein, ob linke und rechte Seiten gleiche oder verschiedene Kopfzeilen bekommen sollen: Schaltfeld **Gerade/ ungerade Seiten unterschiedlich**.
* Klicken Sie auf dem Schaltfeld **Seitenzahlen**.
* Stellen Sie die Numerierungsart der Seiten ein. In wissenschaftlichen Werken, werden Vorworte und Verzeichnisse mit einer abweichenden Paginierung versehen. Wenn Sie also kleine römische Ziffern benötigen, ist hier der Ort, das einzustellen.
* Bestimmen Sie die Nummer der ersten Seite. Das ist dann wichtig, wenn die erste Seite des aktuellen Textes nicht die erste Seite in einem größeren Textvorhaben ist.

* Stellen Sie den Abstand der Kopf- und Fußzeilen zum Blattrand ein. Dieses Verfahren ist sehr viel besser zu handhaben als die Einstellungen über das Positionieren in der Seitenansicht.

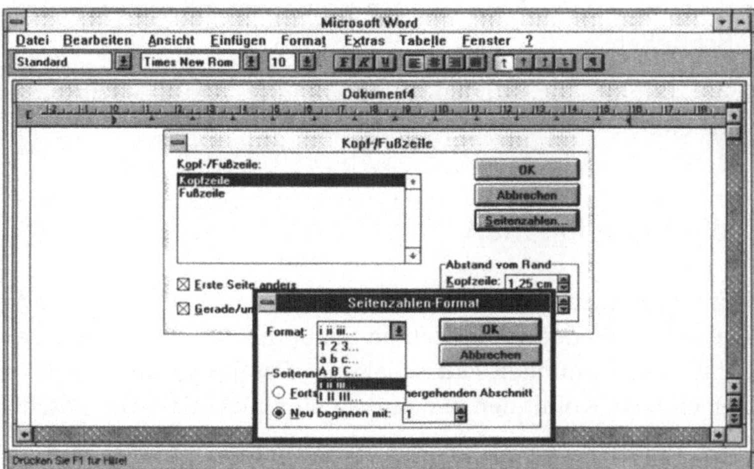

Abb. 14
Mit dieser Einstellung beginnt die Seitenzählung im aktuellen Abschnitt mit 1. Die jeweilige Zahl druckt Winword in kleinen römischen Buchstaben. Außerdem werden links und rechts unterschiedliche Kopfzeilen verwendet.

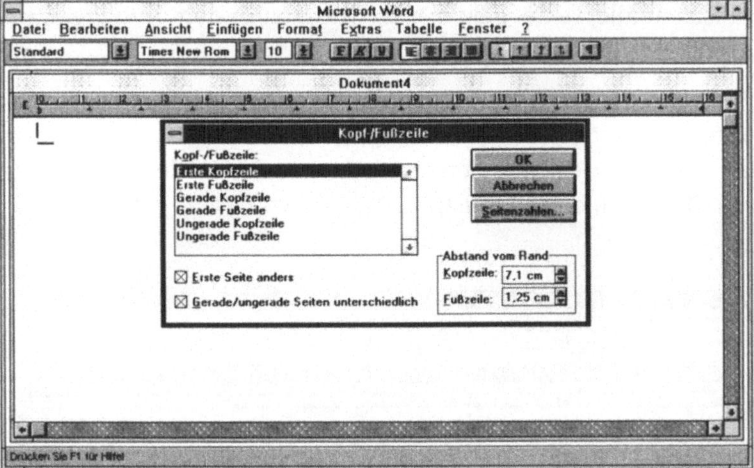

Abb. 15
In diesem Dialogfenster erwartet Winword Ihre Vorgaben für die verschiedenen Kopfzeilen.

- Bestimmen Sie, für welche Seiten und für welche Bereiche der folgende Eintrag gelten soll und schließen Sie das Dialogfenster mit **OK**. Dann zeigt Ihnen Winword ein Fenster, in das Sie den Kolumneninhalt (Text oder Grafik) einfügen können.
- Geben Sie den gewünschten Text ein.
- Prüfen Sie, ob Sie den Text der Kopfzeile auch in den folgenden Abschnitten des Dokumentes benötigen. Klicken Sie in diesem Fall auf das Schaltfeld **Verbinden**. Es ist erst dann aktiv, wenn sich bereits mehrere Abschnitte in dem Text befinden.

157

• Beenden Sie die Arbeit an den Kolumnen mit dem Schaltfeld **Schließen**.

Ein <↵> fügt hier lediglich einen weiteren Absatz in die Kopfzeile ein.

Kolumnen löschen

Winword kennt keinen Befehl zum Löschen von Kopf- oder Fußzeilen. Weder auf einzelnen Seiten noch im gesamten Text kann man Kolumnen »ausschalten«. Das Programm macht es sich einfach: Kolumnen ohne Inhalt sind nicht da. Zum Löschen einer Kolumne

• öffnen Sie das Kolumnenfenster oder setzen die Schreibmarke in der Druckbildansicht im Kopf- oder Fußzeilenbereich ab und
• löschen alle Texte, Felder und Grafiken in dem jeweiligen Bereich.

Bei komplexen Texten mit vielen Abschnitten, die jeweils mit unterschiedlichen Kolumnen ausgestattet sind, ist es zweckmäßig, sich vor dem Löschen zu vergewissern, ob der richtige Abschnitt davon betroffen ist.

Abb. 16
In der Titelseite des Kolumnenfensters können Sie per Mausklick die Felder für Seitenzahl, Druckdatum und Druckzeit einfügen.

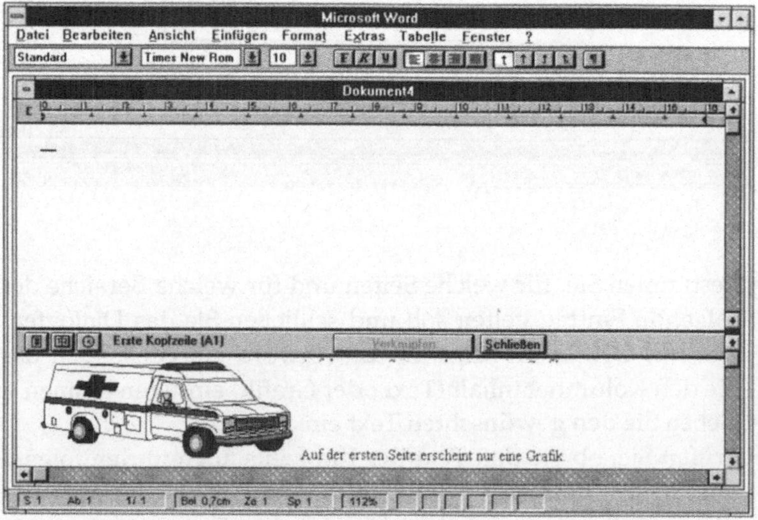

Kolumnen formatieren

Für jede Kolumne legt Winword ein Druckformat an. Allerdings für die linken und rechten jeweils das gleiche. So können Sie zwar auf die Kolumnen den gesamten Befehlsvorrat im Menü **Format** anwenden. Aber die Fuß- und Kopfzeilen der rechten und linken Seiten erhalten das gleiche Aussehen.

Kolumnen werden gerne durch Linien vom Text abgetrennt. Dieser Wunsch läßt sich auch mit Winword erfüllen. Eine Formatanweisung *Linie unten/oben* suchen Sie zwar vergeblich, jedoch sind Linien im Dialogfenster *Rahmen Absätze* versteckt.

Es ist möglich, aber nicht empfehlenswert, die Kolumnen direkt mit den Einstellmöglichkeiten im Menü **Format** zu bearbeiten. Aber nur über Befehl **Druckformat definieren** verändern Sie sicher alle Kolumnen.

Beim Erstellen der Kolumnen unterscheidet Winword noch zwischen links und rechts, bei den Druckformaten dann aber nicht mehr: links gleich rechts.

- Öffnen Sie das Dialogfenster *Rahmen Absätze*. Es ist im Dialogfenster *Druckformat* im Menü **Format** zugänglich und zeigt einen stilisierten Absatz, dessen vier Eckpunkte mit Dreiecken markiert sind.

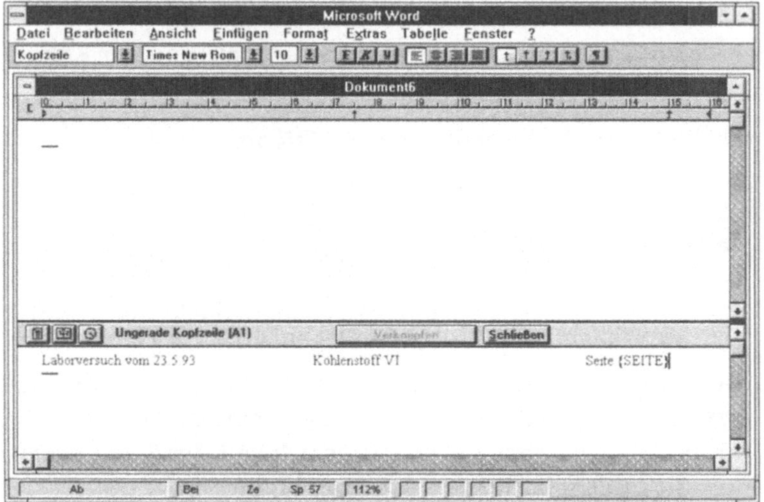

Abb. 17
Druckformate
unterscheiden nicht
zwischen links und
rechts.

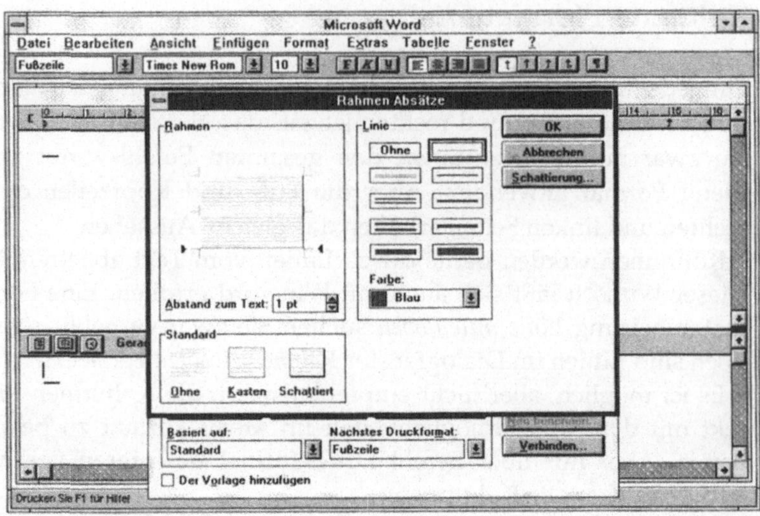

* Klicken Sie mit dem Mauszeiger auf der Seite des Absatzsinnbildes, die Sie mit einer Linie versehen wollen. Die Markierungen weisen diese Seite als markiert aus.
* Klicken Sie in dem Auswahlfeld **Linie** auf das Schaltfeld, dessen Liniensymbol der Linie am nächsten kommt, die Sie der Komumne zuordnen möchten. Winword zeigt im Feld **Rahmen** die Auswirkungen Ihrer Einstellungen an.
* Legen Sie den Abstand zwischen der Linie und der Kolumne in dem gleichnamigen Textfeld fest.

Schließen Sie die Einstellungen mit **OK** ab.

Lebende Kolumnen

Zur hohen Kunst des Buchdrucks gehören die lebenden Kolumnen. Darunter werden alle Teile einer Fuß- und Kopfzeile zusammengefaßt, die vom Inhalt der jeweiligen Seite abhängen. Seitenzahlen gehören nicht dazu: sie verändern sich zwar auch mit jeder Seite, haben aber mit dem Inhalt der Seite nichts zu tun. Sie zählen darum zu den »toten Kolumnen«.

Lebende Kolumnen enstehen, wenn Sie in die Kopf- oder Fußzeile die Feldfunktion **DFVREF** verwenden. Sie sorgt dafür, daß Winword prüft, ob es auf der Seite einen Absatz gibt, der ein bestimmtes Druckformat aufweist. Ist das der Fall, wird der

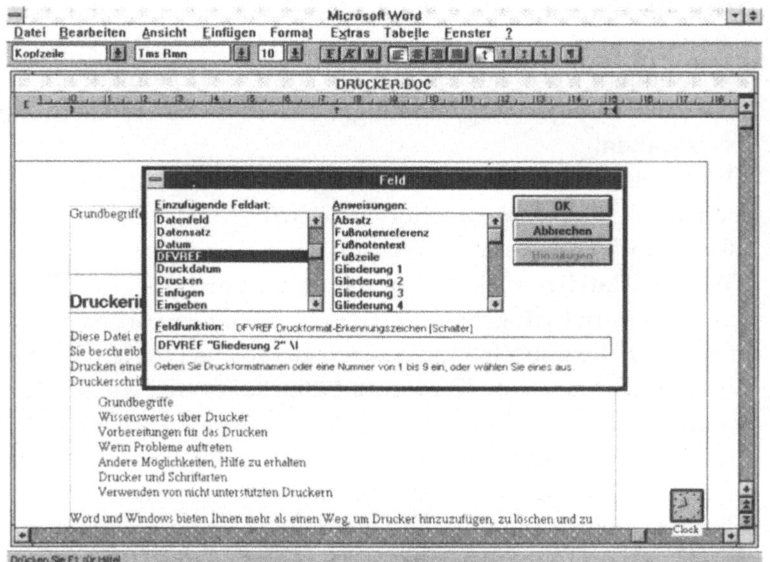

Abb. 19
Lebende Kolumnen mit
»DFVREF«
Der Schalter »\l«
kopiert den letzten
passenden Absatz in
die Kolumne.

gesamte Absatz in die Kolumne kopiert. Dort erscheint er, bis Winword einen neuen Absatz des gleichen Formates findet. Dann erscheint der neuere Absatz in der Kolumne.

Ein spezieller Schalter ermöglicht folgende Einträge, die in Nachschlagewerken und Verzeichnissen gerne angewendet wird:

Aal – Dorsch

Und so wird's gemacht:

- Setzen Sie die Schreibmarke in ein Kolumnenfenster oder in den Kolumnenbereich der Ansicht **Druckbild**.
- Öffnen Sie im Menü **Einfügen** das Dialogfenster *Felder*.
- Wählen Sie die Feldfunktion **DFVREF**. Winword listet in dem Feld **Anweisungen** die vorhandenen Druckformate auf.
- Klicken Sie auf das Druckformat, dessen Absätze Sie kopieren möchten.
- Klicken Sie auf das Schaltfeld **Hinzufügen**, um die Feldfunktion für den ersten Eintrag zu vervollständigen.
- Wiederholen Sie den Vorgang für ein zweites Format und fügen den Schalter »\l« hinzu.

Mit dem letzten Eintrag erreichen Sie, daß Winword den letzten Absatz in das Feld kopiert, der sich auf der Seite befindet.

Kolumnen importierter Dateien

Das Einfügen von Dateien in ein Winword-Dokument ist ein recht zuverlässiger Weg, umfangreiche Texte zu erstellen und zu verwalten.

Was passiert mit den Kolumnen der Teildokumente, wenn sie in einem Text zusammengefügt werden?

Ganz einfach: es kommt drauf an...

Einfache Import-kolumnen werden überschrieben.

Werden Dateien in ein Dokument importiert, das mit Kolumnen ausgestattet ist, gehen die Kolumnen der importierten Datei verloren. So pauschal gilt das nur für solche Dateien, die vor dem Einfügen nur eine Kopf- und Fußzeile für den ganzen Text hatten.

Wer zuletzt geladen wird, bestimmt.

Ganz anders sieht es aber aus, wenn das importierte Dokument in Abschnitte unterteilt war und den verschiedenen Abschnitten jeweils unterschiedliche Kolumnen zugeordnet waren. In diesem Fall, löschen die Kolumnen der importierten Datei die Kopf- und Fußzeilen des Hauptdokumentes, ohne sie allerdings zu überschreiben: der importierte Text behält zwar seine Abschnitte samt aller Formatierungen, er hat aber im Hauptdokument gar keine Kolumnen mehr.

Importierte Dateien mit Abschnitten erscheinen ohne Kolumnen.

Letzter Fall schließlich: das Hauptdokument hat keine Kolumnen. Dann bestimmen die Kolumnen der zuletzt importierten Datei die Kopf- und Fußzeilen des Hauptdokumentes.

Probleme und Lösungen

Dummerweise sind Kopf- und Fußnoten ein ungemein wichtiges Instrument zur Organisation und Übersichtlichkeit von Texten. Da wirft es den Anwender schon ziemlich weit zurück, wenn die lesefreundliche Ausstattung mit abschnittsgebundenen Kolumnen im Hauptdokument sang- und klanglos verloren geht.

Auf Abschnitte verzichten ...

Das Problem wird von den Abschnitten verursacht. Jeglicher Text, und hätte er auch gar keine Kolumnen, verhindert nach dem Import in das Haupdokument, daß auf den Seiten des importierten Dokumentes Kolumnen gleich welcher Quelle erscheinen. Also: wenn Sie Dokumente zum Zwecke des späteren Zusammenführens in einem Hauptdokument erstellen, verzichten Sie auf Abschnitte - oder einen pünktlichen Feierabend.

Das ist wirklich bitter. Aber andernfalls bleibt Ihnen nur das zweifelhafte Vergnügen, für die importierten Dateien die Kopf- und Fußzeilen von Hand nachzutragen.

Es gibt nur einen Weg, komplexe Dokumente größeren Umfanges in Teildokumenten zu verwalten. Er besteht darin, daß Sie selbst die Verwaltungsarbeiten übernehmen, die beim Zusammenführen der verschiedenen Teildokumente anfallen:

- Notieren Sie die Seitenzahl der letzten Seite des ersten Teildokumentes.
- Legen Sie eine Liste mit den entsprechenden Daten für Bild-, Fußnoten und Kapitelnummern an.   *... oder alles zu Fuß*
- Verändern Sie die Anfangswerte der jeweiligen Zähler in den beteiligten Teildokumenten so, daß die Zählung nahtlos vom vorhergehenden Teildokument fortgesetzt werden kann. Beachten Sie dabei besonders die Vakatseiten. Damit sind die leeren Seiten gemeint, die immer dann entstehen, wenn ein Kapitel mit einer rechten Seite endet, das nächste aber immer auf einer rechten Seite beginnt. Um diese Regel einzuhalten wird die Seite leergelassen, die auf den Kapitelschluß folgt. Diese Seite ist zwar leer, zählt aber mit,
- Verfahren Sie mit allen Teildokumenten in der beschriebenen Weise.
- Lösen Sie für alle Teildokumente die Winword-Verwaltungsroutinen (Verzeichnisse, Index) aus. Winword fügt für jedes Teildokument die entsprechenden Feldfunktionen hinzu.
- Erzeugen Sie ein neues Dokument, in dem Winword alle Verzeichniseinträge zusammentragen kann. Einzelheiten dazu finden Sie in den Ausführungen zur Feldfunktion **RD**.
- Kontrollieren Sie das Ergebnis dieser Mauschelei und hoffen, daß keine Änderungen im Anmarsch sind.

Stichwortverzeichnis

Stichwortverzeichnisse sind ein Service des Autors für seine Leser. Es listet wichtige Begriffe auf, die in dem Text behandelt werden und ordnet ihnen die Seitenzahl zu, auf der sie erscheinen.

Auch ein Stichwortverzeichnis zählt zu den arbeitsintensiven und fehlerträchtigen Tätigkeiten, die nach Abschluß der Texterfassung fällig werden.

Grundzüge

Winword bietet eine Funktion an, die dem Index den Schrecken ein bißchen nimmt. Sie teilt sich in zwei verschiedene Vorgänge. Zunächst fügen Sie die Einträge in den Text ein, die im Stichwortverzeichnis erscheinen sollen. Dann veranlassen Sie Winword, diese Einträge zu sammeln, zu sortieren und zu formatieren.

Für jeden Eintrag müssen Sie an der geeigneten Stelle im Dokument ein Feld einfügen, das den Indexeintrag beinhaltet. Am Schluß fügen Sie dann ein Indexfeld ein, in dem Winword alle gefundenen Indexeinträge zusammenträgt, alphabetisch sortiert und mit der passenden Seitenzahl versieht.

Das funktioniert nur dann, wenn Sie die Anzeige aller Feldfunktionen unterdrücken und aktualisieren.

Vorgehen

Indexeinträge

Voraussetzung für die Indexfunktion sind Indexeinträge. Diese zählen zu den verborgenen Texten und werden darum auch erst nach der entsprechenden Einstellung in dem Dialogfenster *Bildschirmansicht* sichtbar.

Einträge

Die Feldfunktion für den Indexeintrag ist doppelt vorhanden. Einmal ganz normal wie alle anderen Felder auch über das Dialogfenster *Feld* im Menü **Einfügen** und zum anderen im selben Menü als eigenes Dialogfenster *Indexeintrag einfügen*.

Indexeinträge auf zwei Wegen
Wichtige Verweise fett formatieren

Das letzte hat die Eigenschaft, daß markierter Text bereits als Eintrag im Textfeld des Dialogfensters erscheint. Die Formatierungsschalter sind bedienerfreundlich als Schaltfelder herausgeführt und wirken sich auf die später von Winword eingefügte Seitenzahl aus. Ob das ein Vorteil ist, hängt davon ab, wie konzentriert und stringent Sie selbst einmal gemachte Einstellungen und Vorgaben reproduzieren.

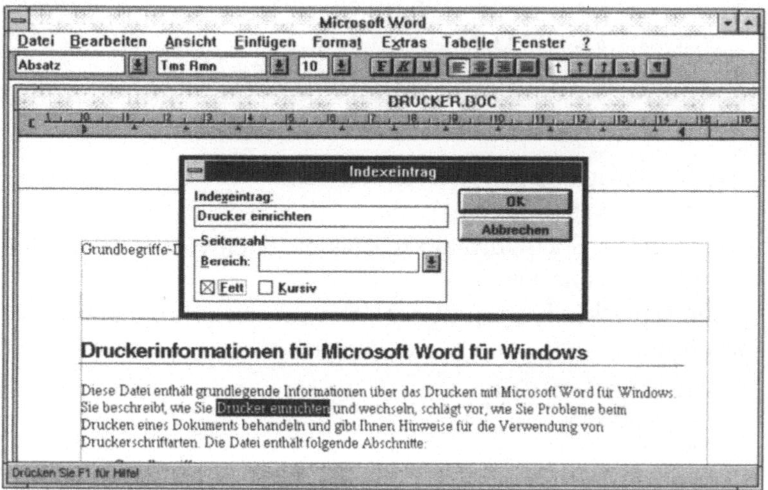

Abb. 20
Indexeintrag über
Markieren

Einträge, die auf diese Weise den Eingang in den Text finden, erscheinen später in der Regel so im Index:

Stichwort, 3

Dabei steht die 3 für die Seite, auf der Winword den Stichworteintrag gefunden hat.

Im Endergebnis erscheint, sofern Sie im Dialogfenster *Bildschirmanzeige* die Einstellung gewählt haben, mit der auch versteckte Zeichen angezeigt werden, im Text die Feldfunktion {**XE**}.

Es gibt eine Vielzahl von Fällen, in denen diese Art von Verzeichnis das Informationsbedürfnis der Leser nicht befriedigt. Dennoch empfiehlt sich dieses Verfahren, weil es recht komfortabel ein XE-Feld in den Text einfügt, das später für komplexere Auswertungen parametriert werden kann.

- Markieren Sie das Wort, das im Index erscheinen soll.
- Öffnen Sie das Dialogfenster *Indexeintrag* im Menü **Einfügen**. In dem Textfeld erscheint das markierte Wort. Ersatzweise tragen Sie die gewünschte Zeichenfolge an, die im Index erscheinen soll.
- Winword ist pingelig: Zeichenfolgen, die sich auch minimal unterscheiden, führen zu einem eigenen Eintrag im Index: Text, text und Texte veranlassen Winword zu drei Einträgen im Stichwortregister.

- Geben Sie die Erscheinungsweise der gefundenen Seitenzahl (fett oder kursiv) vor.
- Wiederholen Sie diese Schritte für alle Einträge.

Mehrstufige Stichworteinträge

Mehrstufige Stichworteinträge fassen Stichwörter nach Untergruppen zusammen.

Ein typischer Eintrag dieser Art erscheint so im Stichwortverzeichnis:

```
Akkumulator
-Amperestunden, 3
-Blei-,
-Energiegehalt, 35
-Kapazität, 9
--volumenabhägig, 14
--temperaturabhängig, 37
-Ladefaktor, 4
-Nickel-Cadmium, 26
-Wirkungsgrad, 22
```

Solche Einträge lassen sich am einfachsten in dem Dialogfenster *Feld-Indexeintrag* formulieren.

Doppelpunkte in Stichwörtern brauchen einen Rückstrich »\«.

Der gesamte Eintrag steht in Anführungsstrichen. Die einzelnen Ebenen des Eintrages werden durch Doppelpunkte getrennt. Die maximale Länge des Eintrages ist auf 64 Zeichen begrenzt. Das schränkt die Möglichkeit ein, bis zu sieben Stichwortebenen zu verwalten.

Abb. 21
Mehrstufiger Stichworteintrag mit Formatvorgabe: Seitenzahl fett

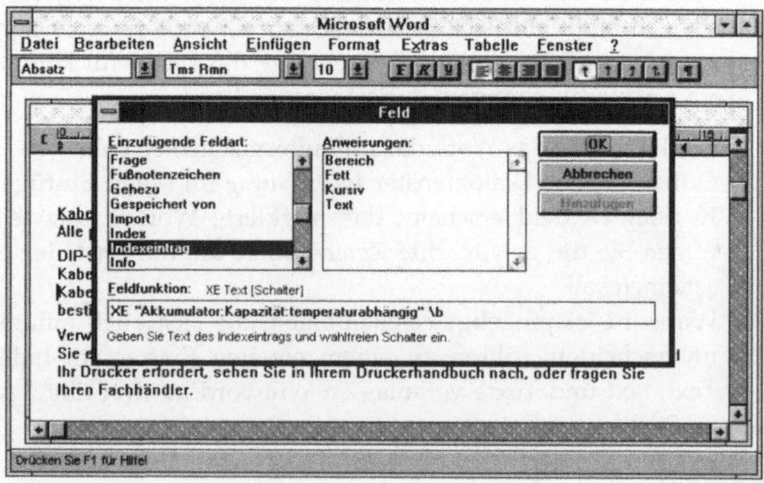

Textverweise

Diese Eintragart benötigen Sie, wenn in Ihrem Stichwortverzeichnis folgende Einträge benötigt werden:

Sammler
-siehe Akkumulator

Dazu benötigt Winword den Schalter »\t« im XE-Feld:

{XE "Sammler" \t "siehe Akkumulator"}

Index zusammentragen

Das Stichwortverzeichnis ist ein Feld wie der Indexeintrag auch. In ihm werden alle Einträge der XE-Felder zusammengetragen, sortiert und formatiert.

Entsprechend starten Sie das Zusammentragen des Stichwortverzeichnisses durch das Einfügen des Indexfeldes. Das Einfügen des Feldes an den Anfang führt zu unangenehmen Fehlern, wenn Sie dafür keinen eigenen Abschnitt mit separater Paginierung erzeugen. Die Indexfunktion von Winword berücksichtigt natürlich nicht die Länge des Index, so daß dessen Seitenzahlen unberücksichtigt bleiben. Also fügen Sie bitte das Indexfeld ganz zum Schluß oder in einem separaten Abschnitt in Ihr Dokument ein.

Indexfelder in separate Abschnitte

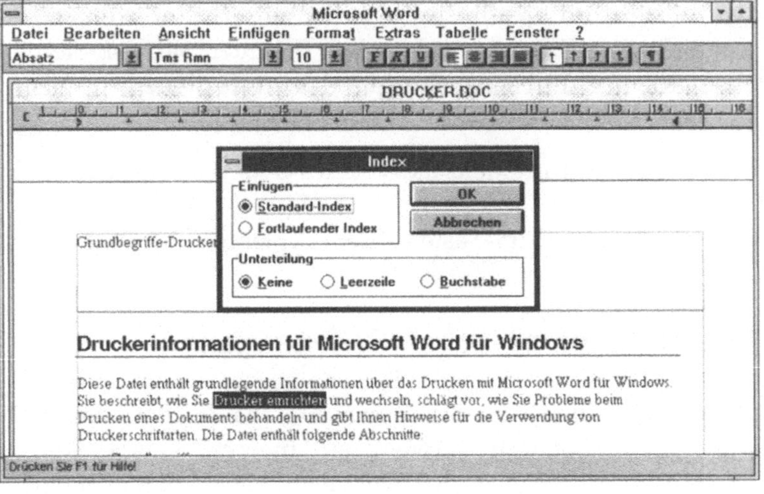

Abb. 22
Dialogfenster zum Erstellen des Stichwortverzeichnisses

- Öffnen Sie das Dialogfenster Index im Menü **Einfügen**.
- Wählen Sie den Standard-Index mit einer Buchstaben-Unterteilung.
  Dann werden die Einträge nicht nur nach ihren Anfangsbuchstaben getrennt, sondern dieser Buchstabe den Einträgen auch vorangestellt.

Mit diesen Vorgaben erstellt Winword ein sehr schlichtes, aber übersichtliches Stichwortregister – und das auch noch blitzschnell.

Mehr Möglichkeiten mit Schaltern   Auch die Feldfunktion zum Erstellen eines Stichwortverzeichnisses ist doppelt vorhanden. Die schlichte, schnelle Alltagslösung habe ich Ihnen vorstehend erläutert.

Für das Zusammentragen und Organisieren komplizierter Stichwortverzeichnisse kommen Sie nicht darum herum, das Indexfeld entsprechend Ihrer Anforderungen »von Hand« zu parametrieren.

Trennzeichen zwischen Seitenzahl und Eintrag

Sofern Sie nichts anderes festlegen, fügt Winword hinter dem Eintrag ein Komma ein, um die eingefügten Seitenzahlen vom Eintrag zu trennen.

Mit dem Schalter »\e« läßt sich das ändern: so bestimmen Sie, daß Winword Tabulatoren als Trennzeichen verwendet.

```
{INDEX \e " <Alt> + 9 "}
```

Tabs in Felder nur mit ANSI-Steuerzeichen   Leerzeichen und Tabulatoren werden nur erkannt, wenn sie in Anführungszeichen gesetzt werden. Beachten Sie, daß Sie den Tabulator nur durch die Eingabe des ANSI-Steuerzeichens in das Feld einfügen können:

- Numerisches Tastenfeld aktivieren (<NumLock>-Taste drücken).
- Bei gedrückter <Alt>-Taste auf dem Zahlenfeld die »9« drücken.

Trennzeichen zwischen Seitenangaben

Mit dem Schalter »\g« bestimmen Sie das Zeichen, das Winword verwendet, um Verweise auf mehrere Fundstellen zu verweisen. Das folgende Beispiel zeigt erstens, daß es möglich ist, mehrere Schalter auf ein Feld anzuwenden und zweitens, wie man Winword veranlaßt, die Seiten mit diesem Zeichen zu trennen »¦«:

{INDEX \e " <Alt> + 9 " \g " | "}

Die Anführungsstriche sind nötig, weil vor und hinter dem Zeichen ein Leerzeichen eingefügt werden soll.

Das Ergebnis sieht dann so aus:

Akkumulator   >3_|_5

Die Unterstreichungen sollen lediglich optisch darauf hinweisen, daß es sich hier um Leerräume handelt, die von der Indexfunktion Winwords erzeugt werden. Diese spitze Klammer steht für den Tablubator.

Seiten kapitelweise auswerten

Handbücher und andere Publikationen, deren einzelne Teile ein änderungsreiches Eigenleben führen, erhalten oft eine kapitel- oder abschnittsweise Seitennumerierung.

Doch, es geht: aber Winword macht es Ihnen nicht einfach. Parallel zu einer vielleicht eingesetzten automatischen Absatz- und Kapitelnumerierung müssen Sie einen separaten Zähler installieren, der unmittelbar von einem besonderen XE-Feld gefolgt wird. Es enthält außer der Feldfunktion **XE** noch die Bezeichnung des Zählers: zum Beispiel *Abschnitt*. Für die Namensvergabe und das korrekte Zuordnen von Zählern und zugehörigen XE-Felder sind Sie zuständig.

Kapitelzähler für Index installieren

Im INDEX-Feld weisen Sie mit dem Schalter »\s« darauf, daß Winword zusätzlich zu der jeweiligen Seitenzahl auch noch die Nummer einträgt, die von dem jeweiligen Zähler geliefert wird. Der Name hinter dem Schalter – keine Anführungsstriche – bezeichnet den Namen des Zählers.

Ein Handbuch soll baugruppenweise numeriert werden. Die Paginierung besteht aus zwei Zahlen. Die erste zählt die Abschnitte, die zweite zählt die Seiten innerhalb der Abschnitte.

Beispiel

Zu diesem Zweck wird ein Zähler für die Abschnitte definiert und für das Stichwortverzeichnis aufbereitet. Jede Baugruppe wird so eingeleitet:

{SEQ Baugruppe}. {XE Baugruppe}Turbo-Toaster

Mehr zu SEQ im folgenden Abschnitt

Im Text erscheint dann etwa folgender Eintrag:

<u>3</u>. Turbo-Toaster

Auch hier weist die Unterstreichung daraufhin, daß der Wert von Winword erzeugt wurde. Das XE-Feld wird von Winword versteckt formatiert.

Schalter
»\s« und »\d«
immer zusammen
SEQ erzeugt nur
arabische Ziffern

Zurück zum Stichwortverzeichnis. Dort sollen alle Stichwörter im Abschnitt *Turbo-Toaster* zusätzlich zu der jeweiligen Seitenzahl die laufende Nummer des Abschnittes erhalten.

Winword erwartet dafür den Schalter »\s«, dessen Wirkung von dem Schalter »\d« unterstützt wird. Mit dem Schalter »\d« legen Sie fest, mit welchem Zeichen Winword die Seitenzahl von der *Abschnitt*zahl trennt:

{INDEX \e " <Alt> + 9 " \g " | " \s Abschnitt \d " # "}

Der Eintrag im Stichwortverzeichnis kann jetzt so aussehen:

Akkumulator   >2 # 4 | 2 # 7 | 2 # 6

Inhalts- und andere Verzeichnisse

Auch wenn Inhaltsverzeichnisse in aller Regel den Schlußpunkt beim Erstellen eines Textes markieren, zählt das Erstellen eines Verzeichnisses nicht zur beliebtesten Tätigkeit der manuellen Textverarbeitung.

Mit Winword fängt die Sache an, ihren Schrecken zu verlieren; es gehört sogar zu den Vorgängen, die am wenigsten Überraschungen bieten. Auch das Zusammenstellen von Abbildungsübersichten, Tabellen- und Bildunterschriften erledigt Winword für Sie.

Inhaltsverzeichnis

Zweifellos gehört diese Verzeichnisart zu denen, die am häufigsten erstellt werden müssen. Sie läßt sich auch mit Winword am einfachsten erstellen, sofern Sie eifrigen Gebrauch von der Gliederungsfunktion machen.

Das einfachste Verfahren besteht nämlich darin, die Druckformate zu nutzen, die Winword im Zuge der Gliederungsfunktion bestimmten Absätzen zuweist. Winword sucht ganz einfach die Absätze aller oder bestimmter Gliederungsebenen und kopiert den so formatierten Text in ein spezielles Feld und ordnet diesem Eintrag die Seitenzahl zu, die es bei dem Text gefunden hat. Die einzelnen Ebenen erkennt das Programm an den Druckformaten.

Inhaltsverzeichnis mit der Gliederungsfunktion

- Gliedern Sie den Text mit der Gliederungsfunktion von Winword.
- Positionieren Sie die Schreibmarke dort, wo das Inhaltsverzeichnis stehen soll. Winword erzeugt das Inhaltsverzeichnis immer in dem Dokument, zu dem es gehört.
- Setzen Sie die Schreibmarke an den Schluß des Dokumentes oder in einen separaten Abschnitt mit eigener Paginierung. Andernfalls kommt es zu falschen Ergebnissen. Auch bei wiederholter Anwendung berücksichtigt die Feldfunktion **Inhaltsverzeichnis** nicht die Seiten, die es selbst einnimmt.
- Öffnen Sie das Dialogfenster *Inhaltsverzeichnis* im Menü **Einfügen**.

Einzelheiten zur Gliederung im Kapitel 4

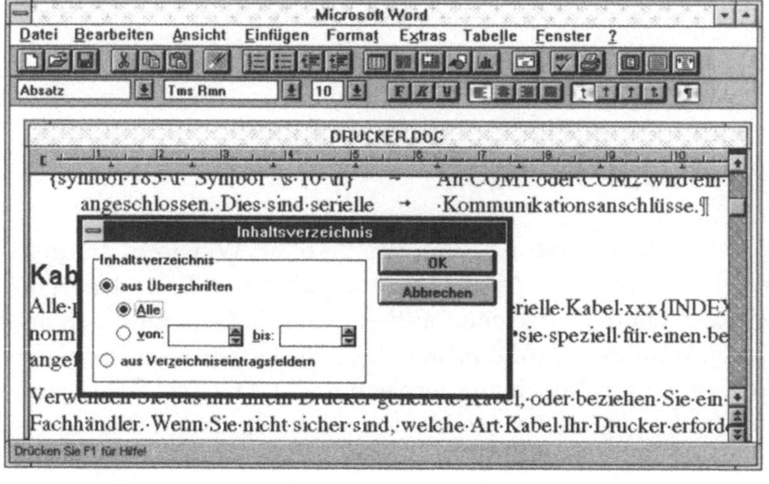

Abb. 23 Inhaltsverzeichnis aus Gliederungsebenen. Im Bedarfsfall kann man sich auf die Auswertung der ersten drei beschränken.

- Betätigen Sie die <↵>-Taste, um die Überschriften für das Erstellen des Inhaltsverzeichnisses zu nutzen.
- Schalten Sie die Funktion **Feldfunktionen** im Menü **Ansicht** AUS, um das Ergebnis der Funktion zu sehen.

INHALT
VERZEICHNIS

Alternativ zu diesem Verfahren können Sie auch die Feldfunktionen **INHALT** und **VERZEICHNIS** nutzen, um das entsprechende Verzeichnis zu erzeugen.

Verzeichniseinträge in
{INHALT}-Felder

Die Feldfunktion **INHALT** wird mit der Feldart **Verzeichniseintrag** in den Text eingefügt und nimmt im allgemeinen den Text auf, der später im Verzeichnis erscheinen soll. Dieser Text kann auch in Form eines Verweises auf Textmarken eingefügt werden.

Abb. 24
Verzeichnisse mit
Feldfunktion einfügen

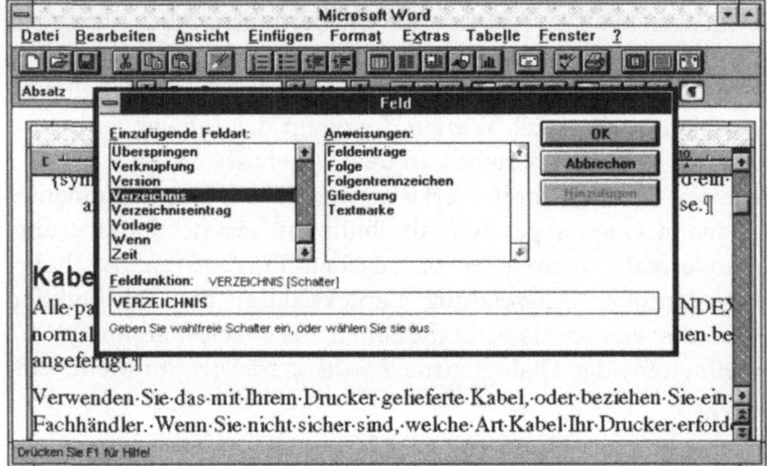

Verzeichniseinträge

Felder mit Verzeichniseinträgen erkennt Winword an dem Wort **INHALT**. Im Anschluß daran folgt der Text, den Winword später ins Verzeichnis aufnehmen soll. Beim Eingeben des Textes muß man darauf achten, Begriffe zu verwenden, die der Leser auch tatsächlich auf der Seite findet. Der Text selber muß in Anführungsstrichen stehen und wird nach Ihrem **OK** als unsichtbarer Text in das Dokument eingefügt. Von dem folgenden

Feld übernimmt Winword den Text *Die Römer in Grömitz* und setzt die Seitenzahl hinzu, auf der dieses wichtige Kapitel der Badegeschichte beginnt.

{INHALT "Die Römer in Grömitz"}

Im Handbuch zu Winword gibt es umfängliche Erläuterungen zu der Feldfunktion **VE**. Diese Funktion gibt es im Programm leider nicht unter diesem Namen, sondern unter der Bezeichnung INHALT.

VE wurde INHALT

Mit weiteren feldspezifischen Schaltern kann das INHALT-Feld besonderen Anforderungen angepaßt werden.

Winword pflegt bis zu 24 Verzeichnisse gleichzeitig. Die möglichen Verzeichnisse (für Zeichnungen, Bilder, Forschungsberichte, Gerichtsentscheide und so weiter) kann Winword anhand eines Buchstabens unterscheiden.

Verzeichniskennung

Sie treffen die Zuordnung, unter welchem Buchstaben Winword welches Textereignis zählt: »a« für Abbildungen, »f« für Formeln, »t« für Tabellen usw. Dieser Buchstabe ist die Verzeichniskennung. Sie wird vom Schalter »\f« eingeleitet.

Wenn Sie zum Beispiel *Holzschnitte* mit der Verzeichniskennung »h« versehen, wird Winword das folgende INHALT-Feld zum Anlaß nehmen, um dem entsprechenden Verzeichnis den Eintrag *Der Bauer im Tower* hinzuzufügen.

Der Schalter \l 1 ... 8 (Level) ordnet den Eintrag einer bestimmten Hierarchie zu.

{INHALT "Der Bauer im Tower" \f h \l 2}

Der letzte Schalter im Feld (\l 2) sorgt dafür, daß dem Eintrag später im Verzeichnis das Druckformat für Absätze der zweiten Hierarchie zugeordnet werden kann.

Verzeichnis

Im Feld **VERZEICHNIS** sammelt Winword die Einträge in den Feldern **VERZEICHNISEINTRÄGE** findet und ordnet ihnen die entsprechende Seitenzahl zu.

Sofern das **VERZEICHNIS**-Feld nicht näher bestimmt wird, erstellt Winword ein Inhaltsverzeichnis auf der Grundlage von Gliederungsebenen (Überschriften).

Wie schon verschiedentlich angemerkt, ist die Textverteilung von der eingestellten Ansicht und der Aktualität der Felder abhängig.

Vor dem Verzeichnis alle Felder aktualisieren

- Blenden Sie alle versteckten Texte aus.
- Schalten Sie die Anzeige der Feldfunktionen aus.
- Markieren Sie den gesamten Text mit dem Befehl **Alles markieren** im Menü **Bearbeiten**.
- Aktualisieren Sie alle Felder mit <F9>, wenn Ihre Kolumnen *keine* Felder enthalten.
- Aktualisieren Sie alle Felder mit dem Befehl **Drucken** im Menü **Datei**, wenn Ihre Kolumnen Felder enthalten.
- Erzeugen Sie für das Verzeichnis einen eigenen Abschnitt und stellen sicher, daß die Paginierung des Textes mit Seite 1 beginnt.
- Setzen Sie die Schreibmarke im Verzeichnisabschnitt ab.
- Öffnen Sie das Dialogfenster *Felder* im Menü **Einfügen**.
- Wählen Sie die Funktion **Verzeichnis** aus.

Standard: Verzeichnis mit Gliederung

Damit sind die Vorbereitungen abgeschlossen, die für ein fehlerfreies Funktionieren der Verzeichnisfunktion notwendig sind.

Winword ordnet den Verzeichniseinträgen eigene Druckformate zu, und zwar für jede Ebene eins. Die entsprechenden Druckformate können Sie nach Bedarf und Belieben ändern. Das betrifft unter anderem Lage und Art der Tabulatoren und das Ausfüllen der Leerräume zwischen dem Eintrag und der Seitenzahl.

Abb. 25
Auswerten von Verzeichnisfeldern

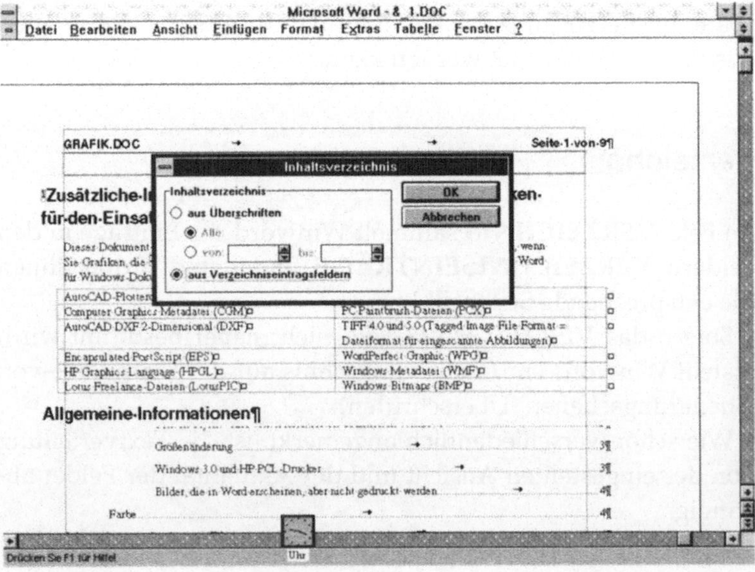

Sofern Sie die Verzeichnisfelder auswerten möchten, ist der Befehl **Inhaltsverzeichnis** im Menü **Einfügen** besser geeignet, weil Winword Ihnen dann ein Dialogfenster öffnet, in dem Sie per Mausklick die gewünschte Weichenstellung vornehmen können.

Das VERZEICHNISFELD können Sie nach dem Einschalten der Ansicht **Feldfunktionen** den jeweiligen Erfordernissen anpassen. Verwenden Sie dafür folgende Schalter: *Verzeichnis aus INHALT-Feldern*

Das brauchen Sie	Das ist der Schalter:
Auswertung der Verzeichnisfelder	\f
Verzeichniskennung	\f *x* (»x« steht für die Verzeichniskennung)
Auswertung der Überschriften Gliederungsfunktion	\o 5-5 Gemeint ist der Buchstabe o nicht die Null (0). Die Zahlen bestimmen, welche Gliederungsebenen ausgewertet werden. Immer mit zwei Ziffern (im Beispiel nur die Ebene 5)
Kapitelnummern vor den Seiten	\s *Folge* Funktioniert nur, wenn mit der Feldfunktion SEQ eine *Folge* kapitelweise gezählt wird.
Trennzeichen Seiten- und Kapitelzählung	\d | Das Zeichen »|« soll zum Separieren verwendet werden.

Verzeichnisse über mehrere Dateien

Viele Probleme beim Erstellen umfangreicher Texte lassen sich nur vermeiden, wenn man sie in Teildokumente aufsplittet und es dabei beläßt. Für jedes dieser Teildokumente erstellt Winword separate Verzeichnisse.

Nun fehlen allerdings noch Verzeichnisse, in die Einträge des gesamten Textes zusammengefaßt werden. Diese Aufgabe nimmt Ihnen Winword mit der Feldfunktion **RD** ab: Es sammelt auf Wunsch die Verzeichniseinträge aller Teildokumente in einem separaten Dokument. Die folgenden Felder werten *RD trägt Verzeichnisse zusammen* zum Beispiel die Teildokumente KAPITEL1.DOC ... KAPITEL5.DOC aus.

```
{rd kapitel1}
{rd kapitel2}
{rd kapitel3}
{rd kapitel4}
{rd kapitel5}
```

Und so wird's gemacht

- Erzeugen Sie ein neues (Verzeichnis-) Dokument.
- Fügen Sie für jedes Teildokument die Feldfunktion **RD** ein:
- Erzeugen Sie in jedem Teildokument ein aktuelles Verzeichnis.
  Beachten Sie die Probleme der Paginierung und die Auswirkung der Ansichten auf Erscheinung und Verteilung des Textes im Dokument.
- Aktualisieren Sie die RD-Felder im Verzeichnisdokument.

Beim Aktualisieren lädt Winword alle aufgeführten Teildokumente und sammelt die Verzeichniseinträge. Nachdem das letzte Teildokument ausgewertet wurde, sortiert Winword alle Einträge und trägt sie in einem einzigen Verzeichnis zusammen.

Es ist unbedingt zu empfehlen, das Ergebnis anhand des Ausdruckes zu kontrollieren. Sonst bleibt es ungewiß, ob die Vorgaben für die Seitenzählung die aktuellen Gegebenheiten treffen.

Elemente zählen

Die Zeiten, in denen im Rahmen der Textverarbeitung tatsächlich nur Texte und dementsprechend auch nur Textelemente gezählt, numeriert und verwaltet werden mußten, sind spätestens mit dem Vordringen der rechnergestützten Textverarbeitung vorbei. Eine der großen Stärken von Winword besteht darin, daß es dem Anwender eine praktisch unbegrenzte Anzahl von Zählern bereitstellt.

Basis dieser Vielzahl ist die Feldfunktion {**SEQ**}. Sie kann variantenreich parametriert und verschiedensten Notwendigkeiten angepaßt werden.

Grundlagen

Die Feldfunktion {**SEQ**} muß immer durch einen Seriennamen (Kennung) versehen werden. Ein paar Schalter organisieren die Einzelheiten der Zählung.

SEQ zählt alles.

Im folgenden Beispiel sollen mit der SEQ-Funktion Bilder gezählt und das Ergebnis in Form einer Zahl der Unterschrift zugefügt werden. Mit Winword funktioniert das wie folgt:

- Positionieren Sie die Schreibmarke dort, wo die Bildnummer erscheinen soll.
- Öffnen Sie das Dialogfenster *Feldart einfügen* im Menü **Einfügen**.
- Wählen Sie im linken Menü die Feldart **SEQ**.
- Positionieren Sie die Schreibmarke in dem Textfeld **Feldfunktion** hinter der Feldart **SEQ**.
- Geben Sie einen Namen Ihrer Wahl ein. Verwenden Sie diesen Namen durchgängig für alle Abbildungen (Sequenz-Name, Kennung). Er darf nicht mehr als 20 Zeichen lang sein.
- Schließen Sie das Dialogfenster mit **OK**. Winword durchsucht jetzt den ganzen Text nach gleichnamigen Feldern und ermittelt dabei deren Anzahl. Das Ergebnis der Zählung wird in Form einer Zahl in das Feld eingefügt. Wenn Sie bei jedem Bild ein SEQ-Feld dieses Inhaltes in den Text einfügen, entspricht die angezeigte Zahl der aktuellen Bildnummer.
- Prüfen Sie, ob der Befehl **Feldfunktionen** im Menü **Ansicht** *kein* Häkchen hat. Klicken Sie andernfalls auf dem Befehl.
- Positionieren Sie die Schreibmarke in dem Feld, und drücken Sie die Taste <F9>, um die richtige Zahl sichtbar werden zu lassen.

Bei Umstellungen und Einfügungen von Bildern muß dieser Vorgang für jedes Bild wiederholt werden. Nur beim Drucken werden alle Felder vom Programm selbsttätig aktualisiert.

In vielen Fällen ist es zweckmäßig, Kapitel oder Abschnitte eines Textes unabhängig von vergleichbaren Winword-Funktionen zu zählen. Das ist zum Beispiel immer dann der Fall, wenn Text- oder Grafikelemente abschnittsweise numeriert

Kapitel numerieren mit SEQ

werden müssen. Dann ist es einfacher, auf ein SEQ-Feld zu verweisen als auf die Ergebnisse der Gliederungsfunktion.

SEQ-Ergebnis unsichtbar

Dabei muß die anwenderorganisierte Zählung den Einsatz der Gliederungsfunktion nicht ausschließen. Winword bietet mit dem Schalter »\h« die Möglichkeit, das jeweilige Feldergebnis unsichtbar zu schalten.

Zählung zurücksetzen

Spätestens bei kapitelweiser Numerierung von Tabellen, Bildern und so weiter wird der Schalter »\r« für Sie wichtig. Er stellt sicher, daß Winword die Nummer für die bestimmte Kennung wieder bei 1 beginnen läßt.

Verweise auf SEQ-Felder

Das Feld **SEQ** kann auch benutzt werden, um aus einem Text oder Verzeichnis heraus auf ein bestimmtes Feldergebnis zu verweisen.

Das ist eine Möglichkeit, die oft in Examensarbeiten und technischen Dokumentationen genutzt wird, um dem Leser die Zuordnung grafischer Informationen zum begleitenden Text zu erleichtern. Auch bei kapitelweiser Seitenzählung ist der Einsatz der SEQ-Felder ein Muß.

- Positionieren Sie die Schreibmarke dort, wo der Verweis erscheinen soll. Fügen Sie ein SEQ-Feld ein.
- Tragen Sie die Kennung ein, deren Zählung im Text erscheinen soll.
- Fügen Sie dem Sequenz-Namen den Schalter »\c« zu, und schließen Sie das Dialogfenster. Mit diesem Schalter verweist die Funktion immer auf das letzte Sequenz-Element vor dem Verweisfeld.

Kapitel 10

Datenaustausch mit Windows-Anwendungen

Winword ist genau betrachtet ein Paket aus mehreren Windows-Anwendungen: außer Winword selber befinden sich im Lieferumfang noch der Formeleditor, das Zeichenprogramm *MSDRAW*, das Präsentationspaket aus der Tabellenkalkulation *Excel* unter dem Namen *MSGRAPH* und schlußendlich *WORDART*, mit dem Sie einige typografische Spielereien in Ihre Texte einfügen können. Alles das sind im Prinzip eigenständige Programme, so daß Sie das Problem lösen müssen, die jeweiligen Ergebnisse in einem Dokument zusammenzuführen.

Vergleichbare Aufgaben stellen sich auch, wenn Sie zusammen mit Winword andere *Windows*-Anwendungen einsetzen: eine Tabellenkalkulation, eine Datenbank oder Programme, die Videobilder und Tonaufzeichnungen in Ihr Winword-Dokument einfügen.

Ziel

In diesem Kapitel geht es darum, die viefältigen Möglichkeiten auszuloten und vorzustellen, die Sie nutzen können, damit Winword mit anderen Windows-Anwendungen kommunizieren kann.

Zwischenablage

Die Zwischenablage gibt es seit der ersten *Windows*-Version und dient als eine Art Zwischenspeicher. Dieser Speicher nimmt alle Daten auf, die von dem Befehl **Kopieren** oder **Ausschneiden** betroffen werden. Daten, die mit der <Entf>- oder <←>-Taste bearbeitet werden, landen nicht in der Zwischenablage, sondern im Orkus.

Mit <Entf> kein Zugang zur Zwischenablage

Datentransfer mit der Zwischenablage

Winword kennt neben der Zwischenablage die Sammlung. Das ist eine Art »addierende Zwischenablage«.

In der Zwischenablage bleiben die Daten solange, bis sie von anderen Daten überschrieben werden oder Sie die *Windows*-Sitzung beenden. Aus der Zwischenablage können die Daten mit dem Befehl **Einfügen** wieder herausgeholt werden. Das Ziel kann jede *Windows*-Anwendung sein, das die jeweiligen Daten verarbeiten kann.

Winword stellt Ihnen eine Sonderform der Zwischenablage zur Verfügung: die *Sammlung*. Sie zeichnet sich dadurch aus, daß neue Daten die vorhandenen Daten nicht überschreiben, sondern einfach an sie angehängt werden.

Winword verwendet für die Zwischen ablage andere Tastenkombinationen.

Die Zwischenablage wird gerne verwendet, um Daten innerhalb eines Dokumentes zu verschieben. Dann passen die Daten immer. Sie eignet sich aber ganz gut, um Daten zwischen verschiedenen Programmen auszutauschen. Dann kann es passieren, daß die Daten in der Zwischenablage nicht von allen Programmen verarbeitet werden können.

In der Praxis hat das der Beliebtheit der Zwischenablage für den Datentransfer keinen Abbruch getan. Das hängt auch damit zusammen, daß verschiedene *Windows*-Anwendungen die Zwischenablage mit standardisierten Tastenkombinationen unterstützen.

Abb. 1
Die Zwischenablage ist für alle Windows-Anwendungen erreichbar. Die Sammlung ist eine »private« Zwischenablage für Winword.

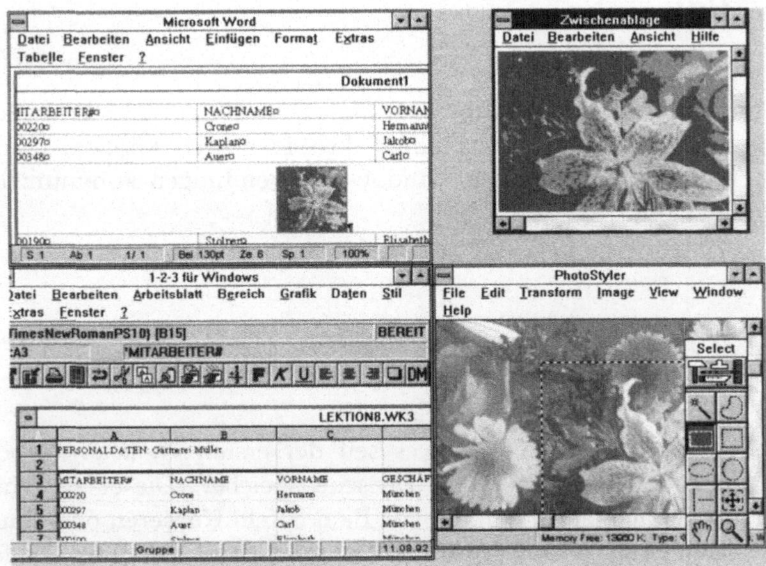

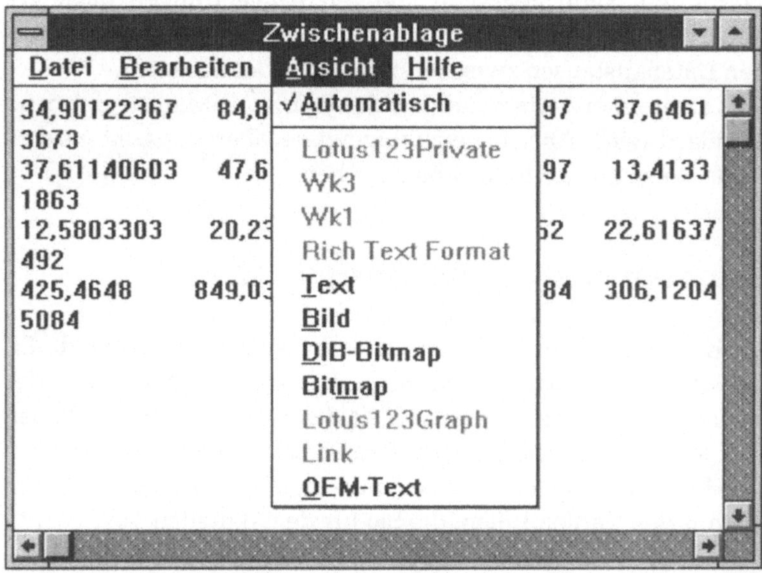

Abb. 2
Die Zwischenablage erkennt und verwaltet Text- und Bilddaten in vielen Formaten.

Winword erkennt diese Tastenkombinationen zwar noch, zeigt aber in den Menüs, daß man sich auf andere wird einstellen müssen:

Vorgang	Standard	Winword
Kopieren in Zwischenablage	<Strg> + <Einfg>	<Strg> + c
Löschen in Zwischenablage	<Shift> + <Entf>	<Strg> + x
Einfügen aus Zwischenablage	<Shift> + <Einfg>	<Strg> + v
Kopieren in Sammlung	nicht unterstützt	<Strg> + <F3>
Sammlung einfügen	nicht unterstützt	»SAMMLUNG« eintippen und <F3>
Sammlung einfügen und löschen	nicht unterstützt	<Strg> + <Shift> + <F3>

Es gibt keine Möglichkeit, die Sammlung zu löschen, ohne gleichzeitig ihren Inhalt irgendwo einzufügen. Die Sammlung kann alle Arten von Daten enthalten, die Winword verarbeitet. Ihr Inhalt bleibt auch nach dem Verlassen des Programms zur

Verfügung, kann aber von anderen Anwendungen nicht genutzt werden. Die Sammlung eignet sich darum nur zum internen Datenaustausch zwischen Winword-Dokumenten.

Es steht zu erwarten, daß aus der Winword-Marotte der neue Standard wird. Aber für eine ungewisse Übergangszeit wird es beide Wege zur Zwischenablage geben.

Eigenschaften der importierten Daten

Im Zusammenhang mit dem Datenaustausch sind folgende Eigenschaften wichtig: einmal eingefügt sind die Daten aus der Zwischenablage fester Bestandteil des Dokumentes. Sie lassen sich formatieren und löschen, Grafiken können Sie vergrößern, verkleinern oder verschieben und eingefügte Tabellen können Sie mit den Zahlen füllen, die Sie für den aktuellen Text benötigen. Weder für den Inhalt, noch für das Aussehen des Winword-Textes spielt es eine Rolle, was mit Daten in der Zwischenablage geschieht oder mit dem Programm, das sie dorthin gestellt hat.

Keine Aktualisierung durch die Zwischenablage

Wenn Sie also feststellen, daß die Daten der importierten Tabelle nach einem erneuten Rechendurchgang ganz anders aussehen oder die Grafik durch das Einfügen eines textspezifischen Hinweises verbessert werden könnte, müssen Sie das Programm starten, mit dem die Tabelle oder die Grafik erstellt worden ist. Dort erst können Sie die notwendigen Änderungen vornehmen und durch das Kopieren in die Zwischenablage das Winword-Dokument aktualisieren.

Dynamischer Datenaustausch

In der *Windows*-Welt wird der dynamische Datenaustausch gern mit *DDE* abgekürzt. Die Abkürzung steht für **D**ynamic **D**ata **E**xchange und bezeichnet eine Weiterentwicklung der Zwischenablage. Die Zwischenablage stellt auch beim DDE das entscheidende Bindeglied zwischen den beteiligten Anwendungen dar. Aber sie ist jetzt in einen Vorgang eingebettet, der im wesentlichen von den Anwendungen initiiert und gesteuert wird.

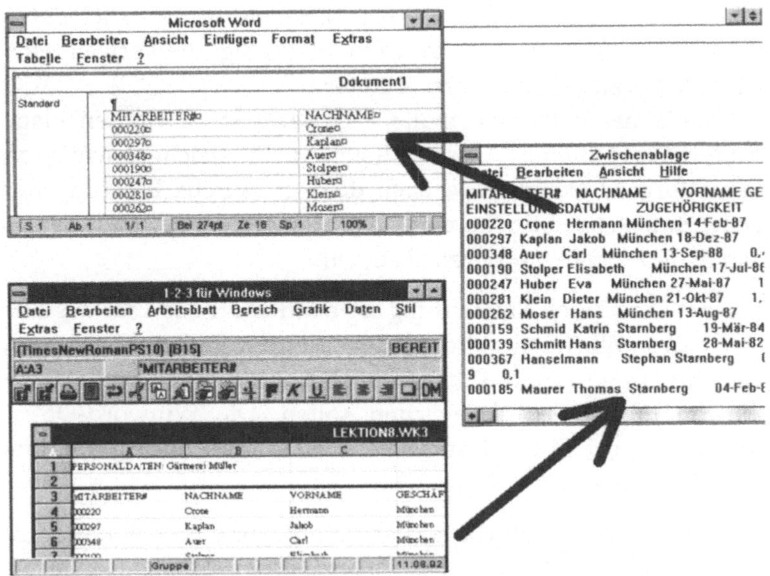

So verbreitet der Begriff DDE mittlerweile ist, so wenig verwendet Winword dieses Wort. Es scheint zu den Besonderheiten von Microsoft zu gehören, Standards zu setzen, um sich in dem Moment nicht mehr daran zu halten, wo sie von den Mitbewerbern und Anwendern akzeptiert werden. Also: Winword kennt keinen dynamischen Datenaustausch, sondern Verknüpfungen

Beim DDE wirft das importierende Programm gleichsam einen Anker zum datenliefernden Programm, um mögliche Änderungen der Ausgangsdaten unverzüglich in das Zieldokument zu übernehmen.

Winword gehört zu den Anwendungen, die DDE unterstützen. Auch viele Programme zur Tabellenkalkulation stellen ihre Daten über DDE anderen Anwendungen zur Verfügung. Das gleiche gilt auch für die aktuellen Versionen von CorelDraw und Ventura Publisher.

Begriffe

Der dynamische Datenaustausch ist zwar nicht geeignet, Datenredundanzen auf der Festplatte zu vermeiden. Aber der wohlbedachte Einsatz dieses Datenweges kann mithelfen, bestimmte Inhalte Ihres Textes auf dem laufenden zu halten.

Bevor ich Ihnen anhand eines Beispiels die Möglichkeiten dieses Mediums vorstelle, ist es zweckmäßig, die verwendeten Begriffe vorzustellen und zu erläutern.

Anders als beim »normalen« Einsatz der Zwischenablage sind die beteiligten Anwendungen nicht gleichgewichtig an dem Vorgang beteiligt. Je nach dem, in welche Richtung der Datenfluß zeigt, spricht man von der einen Anwendung als *Server* und von der anderen als *Client*.

Client: Die Client-Anwendung ist beim DDE das Ziel des Datenflusses. Winword wird in den meisten Fällen Client sein, weil die Texte durch Tabellen und Zeichnungen aus anderen Anwendungen ergänzt werden sollen. Die Winword-Dokumentation spricht nicht von einer Client-Anwendung, sondern von einer *Ziel*-Anwendung.

Server: Mit Server wird im Zusammenhang mit DDE dasjenige Programm bezeichnet, das den Ausgangspunkt des Datenflusses darstellt. In aller Regel ist es auch das Programm, aus dem heraus die Verbindung aufgebaut wird. Ein typischer Server ist *1-2-3 für Windows* oder eine vergleichbare Tabellenkalkulation wie *Excel*. Die Winword-Dokumentation spricht nicht von einer Server-Anwendung, sondern von einer *Quell*-Anwendung. Allerdings halten sich die Programmeldungen an die *Windows*-Übereinkünfte.

Verknüpfung: Jede Verknüpfung beginnt damit, daß Daten in die Zwischenablage und von dort in ein anderes Programm gelangen. Dort müssen Sie dann entscheiden, ob das Zielprogramm (Client) den Datenlieferant (Server) nach dem Einfügen der Daten weiterhin »im Auge behalten« oder den Vorgang mit dem Einfügen als beendet betrachten soll. Im ersten Fall ist eine Verbindung hergestellt worden, im zweiten Fall hat ein normales Einfügen stattgefunden.

Abb. 4
Die »Quelle« im Handbuch ist der »Server« im Programm.

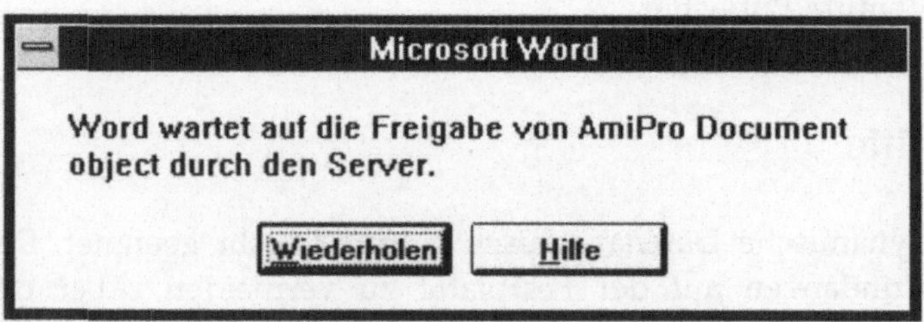

Funktion

Wenn Winword Daten im Rahmen einer Verknüpfung einfügt, »horcht« das Programm gleichsam in den Datenstrom der Zwischenablage, ob eine Server-Anwendung verknüpfte Daten verändert hat. Die Meldung setzt die Server-Anwendung ab. Winword fordert dann die aktuellen Daten an, die der Server über die Zwischenablage auch absendet. Das funktioniert auch, wenn in einem Winword-Text mehrere Verknüpfungen bestehen.

Anders sieht es aus, wenn das System gestartet wird und außer Winword keine andere Anwendung oder zumindest keine der Server-Anwendungen aktiv ist, zu denen das Dokument Verknüpfungen unterhält. Trifft Winword beim Öffnen eines Dokumentes auf die Feldfunktion **DDEAUTO**, fragt das Programm, ob es die verknüpften Daten aktualisieren soll. Auf Ihr **OK** hin versucht Winword, die angegebene Verknüpfung wieder herzustellen und, wenn nötig, die andere Server-Anwendung zu starten.

Server mit DDE starten

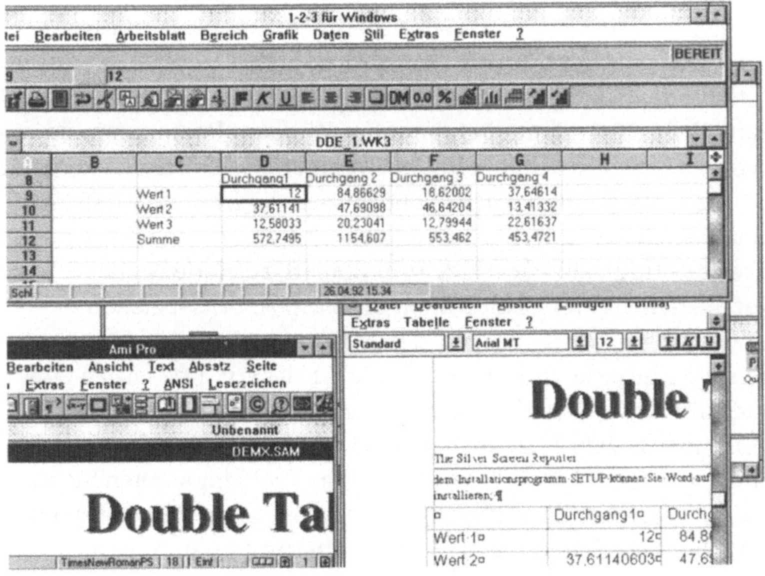

Abb. 5
Winword, AmiPro und
1-2-3 im DDE

Fehler

Das klappt selten oder nie. Während sich Winword als Server-Anwendung willig starten läßt, endet der eigene Versuch, als Client-Anwendung andere Anwendungen zu starten, oft in der Meldung, daß der Versuch fehlgeschlagen ist. Das ist bitter, aber läßt sich meistens reparieren. Beim Einfügen der Verknüpfung vermerkt Winword nämlich nur den Programmnamen des Servers, nicht aber das Verzeichnis, in dem das Programm zu finden ist. Weiter unten in diesem Abschnitt erfahren Sie, wie man Verknüpfungen bearbeitet.

Außerdem ist es zweckmäßig, in der WIN.INI-Datei im Abschnitt *[MICROSOFT WORD 2.0]* die Zeile

```
ddetimeout=30
```

einzufügen. Sie veranlassen Winword damit, 30 Sekunden lang auf den erfolgreichen Aufbau einer Verknüpfung zu warten. Erst dann bekommen Sie die Fehlermeldung über das Scheitern des Versuchs. Fehlt dieser Eintrag, den Sie nach Belieben vergrößern oder verkleinern können, bricht Winword das Aktualisieren von Verknüpfungen zuweilen vorzeitig ab. Das gilt besonders, wenn das Dokument viele Verknüpfungen enthält, deren Daten Stück um Stück über die Zwischenablage in den Text eingefügt werden müssen. Das kann dauern ...

Auch die Zeit kann nicht alle DDE-Probleme lösen. Der Vorgang drückt atemberaubend auf die *Windows*-Ressourcen. Es ist beim DDE keine Seltenheit, daß weniger als 15% frei sind, wobei sich dieser Wert auch nicht immer vergrößert, wenn man einige speicherhungrige Server-Anwendungen nach der Datenübermittlung schließt. DDE funktioniert zufriedenstellend nur auf Systemen mit deutlich mehr als 8 MB Arbeitsspeicher.

Vielfältig sind die Sorgen der PC-Anwender, sich gegen unbefugte Einblicke in Datenbestände zu sichern. Das hat zu einer Vielzahl von Sicherheitsmechanismen geführt, die zuweilen verhindern, daß Winword eine Serveranwendung starten oder eine bestimmte Datei öffnen kann. Das Problem können Sie nur lösen, wenn Sie die Serveranwendung öffnen und dort den entsprechenden Schutzmechanismus überprüfen und zurücksetzen.

Verknüpfung einfügen

Um die DDE Daten aus einer anderen Anwendung verwenden zu können, müssen Sie wie folgt verfahren:

- Starten Sie die andere Anwendung (Server oder Quelle). Das kann die Tabellenkalkulation sein, in der Sie Meßergebnisse eines Versuchs auswerten wollen.
- Erzeugen Sie die benötigten Daten, oder öffnen Sie die Datei, in der diese Daten enthalten sind.
- Markieren Sie die Daten und kopieren Sie sie in die Zwischenablage.
- Verlassen Sie die Server-Anwendung, oder verkleinern Sie das Programm auf Symbolgröße. Wenn Ihr Rechner mit üppigem Arbeitsspeicher (>8MB) ausgestattet ist, können Sie die Server-Anwendung als Fenster- oder als Vollbild-Anwendung weiterlaufen lassen.
- Starten Sie Winword.
- Setzen Sie die Schreibmarke an die Position, wo die Daten eingefügt werden sollen.
- Öffnen Sie das Menü **Bearbeiten** (nicht etwa das Menü **Einfügen**!) und wählen dort den Befehl **Inhalte einfügen**.

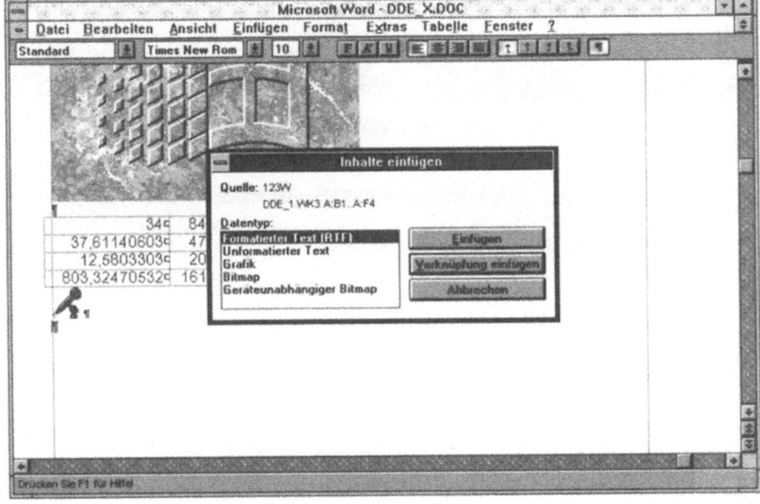

*Abb. 6
Dialogfenster zum
Einfügen einer
Verknüpfung (DDE)*

- Prüfen Sie, ob die Serveranwendung DDE unterstützt. Das ist immer dann der Fall, wenn im rechten Teil des Dialogfensters *Inhalte einfügen* das Schaltfeld **Verknüpfung einfügen** verfügbar ist.

Kein DDE mit
Objekten!

- Entscheiden Sie, in welchem Datenformat Winword die Daten der Zwischenablage in das aktuelle Dokument einfügen soll. Das Dialogfenster zeigt Ihnen die verfügbaren Datenformate an. So können die alphanumerischen Daten einer Tabelle durchaus als Pixelgrafik (Bitmap) eingefügt werden. Datenformate, die mit dem Wort **Objekt** enden, können im Rahmen von DDE nicht verwendet werden.
- Starten Sie die Verbindung, indem Sie das Schaltfeld **Verbindung einfügen** klicken.

Feldfunktion DDEAUTO

Winword fügt daraufhin die Feldfunktion **DDEAUTO** in den Text ein. Die Feldfunktion wird durch Einzelheiten zur Verbindung parametriert. Zu diesen Einzelheiten zählt zum einen

- die Anwendung, zu der die Verbindung besteht,
- das Dokument, auf das Winword über DDE zugreift und
- welche Teile des Dokumentes speziell angesprochen werden.

Abb. 7
Feldfunktion
DDEAUTO
Diese Feldfunktion ist
in der Auswahlliste der
Felder nicht enthalten.

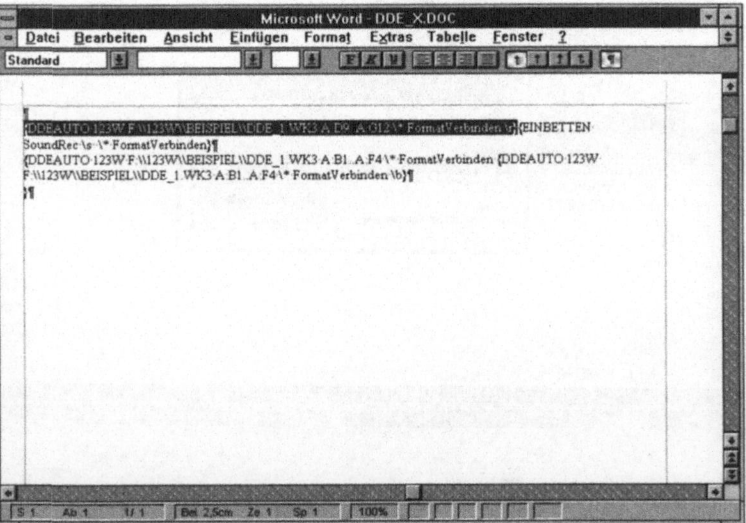

188

Feldfunktion VERKNÜPFUNG

Winword verwendet für den DDE (mindestens) zwei Feldfunktionen. Die erste, nämlich **DDEAUTO** haben Sie in dem vorstehenden Abschnitt kennengelernt. Zuweilen erscheint aber auch die Feldfunktion **VERKNÜPFUNG**. Beide Feldfunktionen sorgen dafür, daß eine Verknüpfung zu einem Server hergestellt wird. Es ist nicht immer vorhersehbar, welche Feldfunktion jeweils eingefügt wird. Wenn es nach dem Handbuch geht, gibt es nur noch die Feldfunktion **VERKNÜPFUNG**, während es die Feldfunktion **DDEAUTO** nur noch in Dokumenten geben soll, die von älteren Winword-Versionen erzeugt wurden.

Gleiches soll für die Feldfunktion **DDE** gelten, mit der es gleichfalls möglich ist, Verknüpfungen zu anderen *Windows*-Anwendungen aufzubauen. Die Verknüpfungen dieser Feldfunktion aktualisieren sich allerdings nicht selbsttätig, sondern nur auf ausdrücklichen Wunsch des Anwenders.

DDE aktualisiert nur nach Anwenderaufforderung.

Soweit die Theorie. In der Praxis treffen Sie beim Arbeiten mit Winword allerorten auf die Feldfunktion **DDEAUTO**, und zwar immer dann, wenn Sie Winword mit einer Server-Anwendung verknüpfen, die zwar DDE aber nicht OLE unterstützt. Im Unterschied zur Feldfunktion **DDEAUTO** bezieht sich **VERKNÜPFUNG** auf eine Server-Anwendung, die bereits für die erweiterten Möglichkeiten des Datenaustausches unter Windows 3.1 vorbereitet ist.

Schalter

Immer wenn Winword selbst für das Einfügen von Feldern sorgt, kann es passieren, daß Sie Schalter in den Feldern entdecken, deren Erklärung nicht so ohne weiteres auf der Hand liegt. Die Feldfunktionen zum Aufbau einer Verknüpfung (**DDE, DDEAUTO, VERKNÜPFUNG**) können folgende Schalter aufweisen:

\r	Importfilter für RichTextFormat verwenden

\a	automatisch aktualisieren
\b	Importfilter für Bitmap [BMP] verwenden
\p	Importfilter für Vektorgrafiken verwenden
\t	Importfilter für ANSI-Texte verwenden

189

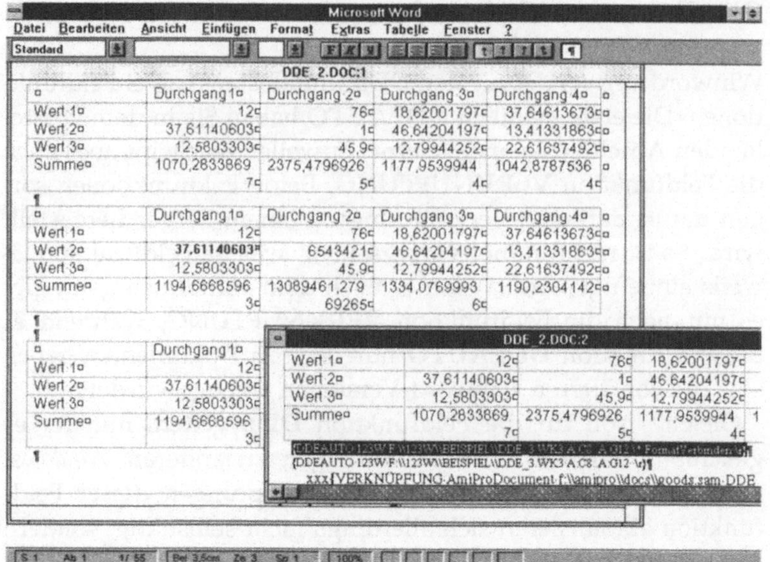

Die vorstehende Abbildung zeigt eine Zusammenfassung der verschiedenen Möglichkeiten, Daten von einer *Windows*-Anwendung in Winword hineinzuladen. Der linke Bildausschnitt zeigt die Feldergebnisse. Rechts erkennen Sie die Feldfunktionen.

Das Beispiel enthält drei Informationen, die über die Zwischenablage in das Dokument gelangt sind. Es handelt sich jeweils um die gleiche Tabelle, die mit *1-2-3 für Windows* erzeugt wurde. Die obere Version ist zu einem frühen Zeitpunkt direkt über die Zwischenablage in das Dokument eingefügt worden, ohne daß Winword eine Verknüpfung hergestellt hat. Dementsprechend ist die Tabelle auch in beiden Ansichten zu erkennen: das Einfügen über die Zwischenablage ohne Verknüpfung erzeugt kein Feld.

Für die beiden unteren Tabellen hat Winword eine Verknüpfung erzeugt. Dabei ist an der Feldfunktion **DDEAUTO** zu erkennen, daß *1-2-3 für Windows* als Server nur DDE aber nicht OLE unterstützt. Immerhin, die Verknüpfung hat funktioniert, die beiden Tabellen sind inhaltlich gleich.

Formatverbinden
Nur in der ersten Zahlenspalte ist formaler Unterschied zu erkennen: der Zahlenwert ist fett ausgezeichnet. Vor dem Aktualisieren der Verknüpfungen war auch der entsprechende Wert in der dritten Tabelle so ausgezeichnet. Der Feldfunktion fehlt aber der Schalter **Formatverbinden**. Wenn dieser Schalter in der Feldfunktion fehlt, überschreiben die verknüpften Daten

die Formatierungen der Client-Anwendung. In diesem Fall hat die aktuelle Formatierung der importierten Zahl in *1-2-3 für Windows* die Formatierung in Winword überschrieben.

Winword parametriert alle DDE-Funktionen standardmäßig mit dem Schalter **Formatverbinden**.

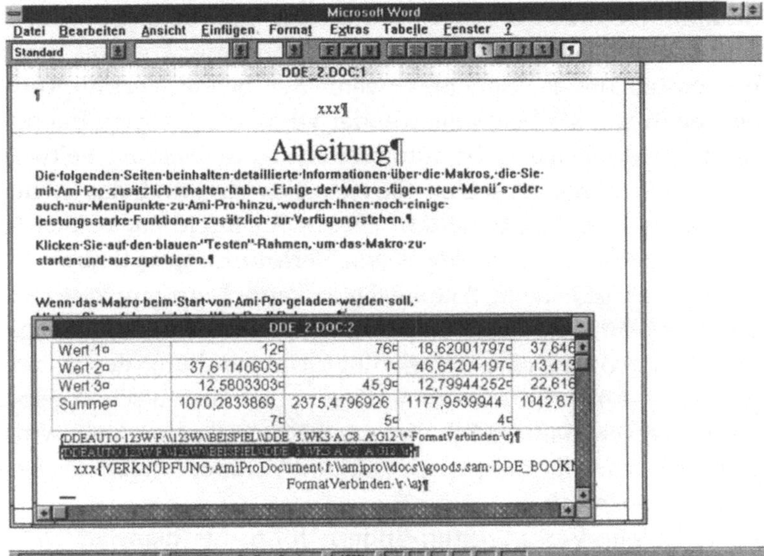

Abb. 9
OLE-fähige Server-Anwendungen werden »verknüpft«.

Diese Abbildung zeigt dieselbe Datei, allerdings zeigt der Bildschirmausschnitt jetzt einen Text, der aus einer Server-Anwendung stammt, die OLE unterstützt. Er beginnt hinter der Zeichenfolge »XXX«. Winword verwendet für die Verknüpfung die gleichnamige Feldfunktion.

Oben erkennen Sie das Ergebnis der Verknüpfung, unten die Feldfunktion.

Verknüpfungen bearbeiten

Sobald ein Dokument Verknüpfungen enthält, bietet Winword auch die Möglichkeiten, sie zu bearbeiten. Das Dialogfenster *Verknüpfungen* müssen Sie öffnen, wenn bestimmte Eigenschaften oder Verhaltensweisen der Verknüpfungen beeinflußt werden sollen.

- Art der Aktualisierung,
- Verknüpfung in festen Bestandteil des Dokumentes umwandeln,
- Verknüpfung ändern und
- Verknüpfung schützen.

Verknüpfung kappen, einfrieren

In diesem Dialogfenster sind gleichsam die Schalter der Feldfunktion **DDEAUTO** herausgeführt. Die meisten Einstellungen sind selbsterklärend. So wird das Verknüpfungsergebnis fester Bestandteil des Dokumentes, wenn der Befehl **Verknüpfung aufheben** auf das Feld angewendet wird. Von einigem Interesse ist die Möglichkeit, die automatische Aktualisierung zeitweise außer Funktion zu setzen. Sie erreichen das durch das Schaltfeld **Aktualisierung geschützt**. Dieses Schaltfeld hat vergleichbare Auswirkungen wie der Befehl **Verknüpfung aufheben**.

Winword gibt beim Aktualisieren keine Warnhinweise aus, wenn es beim Aktualisieren auf ein geschütztes Verknüpfungsfeld stößt, so daß eine unfreiwillige Umwandlung des Feldergebnisses durchaus vorkommen kann. Sie müssen schon selbst darauf achten, daß der Schalter wieder zurückgenommen wird, wenn die Verknüpfung wieder an den Veränderungen des Servers teilheben soll.

Verknüpfung anpassen

Der Befehl **Verknüpfung ändern** führt aus mancher DDE-Sackgasse heraus. Hier können Sie Winword auf die Sprünge helfen, wenn es eine Server-Anwendung wegen der fehlenden

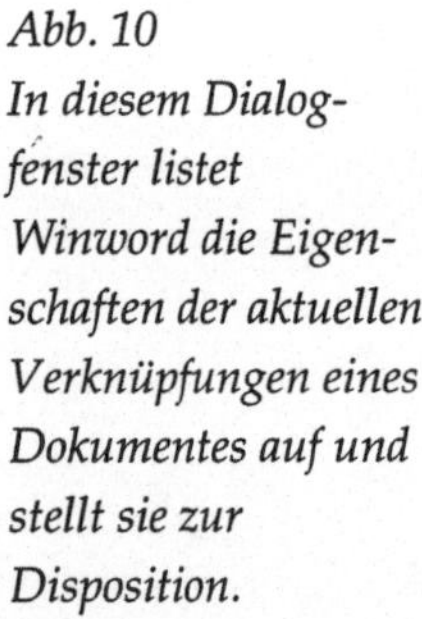

Abb. 10

In diesem Dialogfenster listet Winword die Eigenschaften der aktuellen Verknüpfungen eines Dokumentes auf und stellt sie zur Disposition.

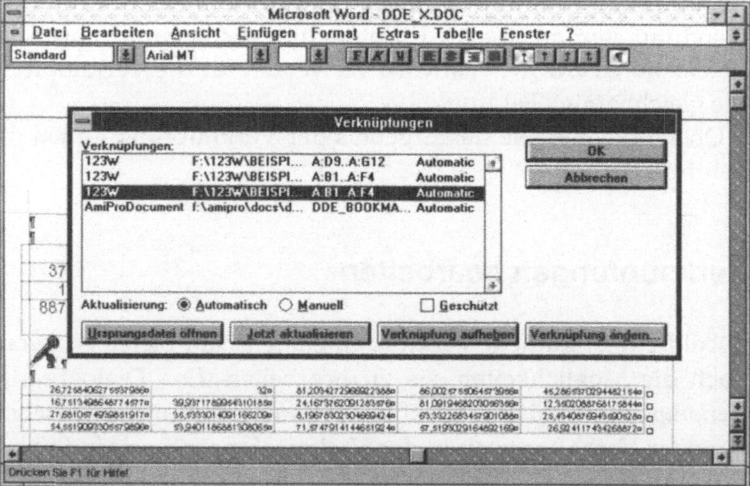

192

Pfadangabe nicht findet oder die Server-Datei umbenannt oder verschoben wurde.

Auch dieses Feld hilft Ihnen, Verknüpfungen nicht nur hoffnungsfroh einzufügen, sondern auch erfolgreich zu nutzen. *Verknüpfungen aktualisieren*

Beim Öffnen eines Dokumentes erweist es sich oft als unmöglich, die eingefügten Verknüpfungen zu aktualisieren, weil sich die erforderliche Server-Anwendung nicht starten läßt. Ursache ist in aller Regel fehlender Speicher. Mit diesem Phänomen müssen Sie kämpfen, auch wenn Ihr Rechner mit mehr Arbeitsspeicher ausgestattet ist als ein Abteilungsrechner der späten 80er Jahre.

In solchen Fällen beantworten Sie die Frage, ob die Verknüpfungen aktualisiert werden sollen, mit »Nein«.

Anschließend, denn Sie wollen die Verknüpfungen natürlich doch aktualisieren, verwenden Sie dann das Dialogfenster *Verknüpfungen* im Menü **Bearbeiten**, um einzelne oder auch Gruppen von Verknüpfungen zu aktualisieren. Am sichersten funktioniert das, wenn Sie zuvor die jeweiligen Server-Anwendungen starten und auf Symbolgröße verkleinern.

Der dynamische Datenaustausch gehört zu den aufwendigsten Vorgängen mit Winword. Leider stößt Winword oder *Windows* dabei zuweilen auf Fehler, die das Aktualisieren unversehens zugunsten des Rechners beenden. Vielleicht ist es für Winword-Anwender ein kleiner Trost, daß auch andere *Windows*-Anwendungen mit DDE Probleme haben. Kein anderer Vorgang führt so oft zu einem Systemabsturz wie DDE. Also sichern Sie das Erreichte nach jeder gelungenen Aktualisierung. *Nach jedem Aktualisieren sichern*

Inhalte der Verknüpfungen ändern

Verknüpfte Daten sind für gewöhnlich aktuell aber nicht immer brauchbar. Diese oder jene Zahl bedarf bei der Versuchsauswertung einer kosmetischen Anpassung oder ein importierter Vertragstext trifft den Verhandlungspunkt nicht so genau, wie es die beteiligten Parteien benötigen.

Die Versuchung ist groß, beherzt in die Tasten zu greifen und die gewünschten Änderungen vorzunehmen.

Tun Sie's nicht.

DDE ist nämlich eine Einbahnstraße: die Server-Datei bleibt von Ihren Änderungen unbeeindruckt und speist beim nächsten Öffnen der geänderten Datei erneut die Ursprungsdaten in die Verknüpfung ein.

Einfrieren vor dem Ändern

Sie ersparen sich eine Menge Ärger und Arbeit, wenn Sie die Inhalte von Verknüpfungen entweder nicht oder in der Server-Anwendung ändern. In der Mehrzahl der Fälle wird es zweckmäßiger sein, die Notwendigkeit einer Änderung zum Anlaß zu nehmen, die Verknüpfung zu kappen oder doch zumindest für Aktualisierungen zu sperren.

Abb. 11
Verknüpfungen
bearbeiten und
reparieren

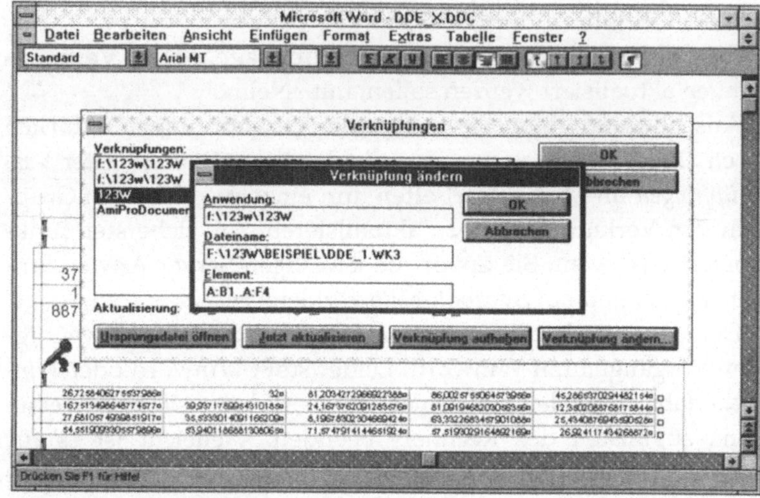

OLE

Ähnlich wie DDE ist auch OLE ein Verfahren, um Informationen zwischen Windows-Applikationen auszutauschen. Ähnlich wie beim DDE nennt Winword auch OLE nicht bei dem Namen, der üblicherweise dafür verwendet wird. Sowohl in der Dokumentation wie im Programm wird der Datenaustausch auf der Basis von OLE mit leichter Hand in einen Topf mit DDE geworfen.

Was ist OLE

Hinter der Abkürzung OLE verbirgt sich die Bezeichnung »Object Linking and Embedding«. Frei übersetzt heißt das Verfahren »Objekte verknüpfen und einbetten«. In Anlehnung an den DDE gibt es auch beim Einbetten und Verknüpfen von Objekten (OLE) eine Server- und Client-Anwendung. Winword kann auch hier beide Funktionen übernehmen: es erstellt als Server-Anwendung für andere *Windows*-Programme Informationen und verwendet als Client-Anwendung Daten, die andere Server-Anwendungen erzeugen.

Mit *Objekt* wird jegliche Information bezeichnet, die ein *Windows*-Programm einem anderen zur Verfügung stellt. Dabei werden zwei Methoden unterschieden: Einbetten und Verknüpfen. Die beiden Verfahren unterscheiden in der Beschaffenheit der Server-Client-Bindung. Winword unterstützt beide Verfahren, benennt sie allerdings anders und bietet sie Ihnen auf verschlungenen Pfaden an.

Objekte bleiben im »Besitz« der ServerAnwendung.

Server-Anwendungen

Beim Einbetten eines Objektes (Winword nennt es Objekt *einfügen*) erstellt eine Server-Anwendung Daten, die über die Zwischenablage in die Client-Anwendung hineinkopiert werden. Es ist nicht erforderlich, daß die Server-Anwendung selber eine Datei erzeugt und speichert. Nach dem Einbetten stehen im Winword-Dokument Daten, die es nur dort gibt, aber von Winword selbst nicht bearbeitet werden können. Um eingebettete Daten zu ändern, muß die Server-Anwendung gestartet werden. Das geschieht durch Doppelklicken auf dem Objekt.

Server-Anwendung fungiert als Unterprogramm für die Client-Anwendung.

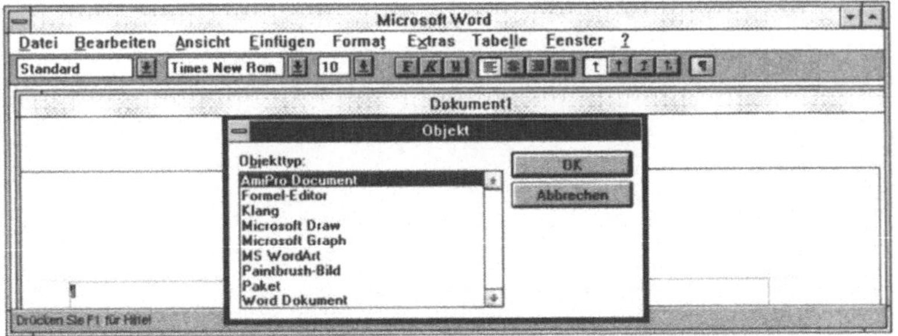

Abb. 12
In diesem Dialogfenster listet Winword auf, welche Server-Anwendung zur Verfügung stehen.

Diese Server-Anwendungen sind im Menü **Einfügen** mit dem Befehl **Objekt** zugänglich.

Die Zusammenstellung zeigt alle Anwendungen, die sich bei ihrer Installation in die Liste der OLE-Programme eingetragen haben. Beim praktischen Einsatz von OLE zeigen die dort aufgelisteten Anwendungen Unterschiede.

Exklusive Server-Anwendungen

Winword wird mit einigen Programmen ausgeliefert, die nur eingebettete Objekte erzeugen können. Im einzelnen sind das *Microsoft Draw*, *Microsoft Graph*, *MS WordArt* und der *Formel-Editor*. Diese Programme legen keine eigenen Dateien auf der Festplatte an, wenn sie ihre Daten an Winword übermittelt haben. Sie funktionieren nur, wenn sie aus einer Client-Anwendung heraus aufgerufen werden. Für den Anwender ist es kaum zu erkennen, daß ein eigenständiges Programm tätig wird. Die erzeugten Daten werden von Winword (oder einer anderen Client-Anwendung) dargestellt und ausgedruckt.

Paintbrush

Mit der Version 3.1 von Winword wird auch eine neue Version von *Paintbrush* ausgeliefert, die sowohl eigene Dateien erzeugt als auch Server-Anwendung beim OLE ist. Bilder, die Sie mit *Paintbrush* im Rahmen von OLE erzeugen, erscheinen genau wie die Daten der exklusiven Server-Anwendung unmittelbar im Winword-Text.

Alle anderen Server-Anwendungen im gezeigten Beispiel erzeugen Objekte, die im Text nur mit einer Ikone als Platzhalter ausgewiesen werden: auch Winword-Dokumente, lassen sich auf diesem Weg nicht als sichtbarer Bestandteil eines Textes einbetten. Beim Drucken wird statt des eingebetteten Dokumentes nur die Ikone ausgegeben.

Abb. 13
So sehen Winword-Dokumente aus, die als »Objekt« eingebettet werden.

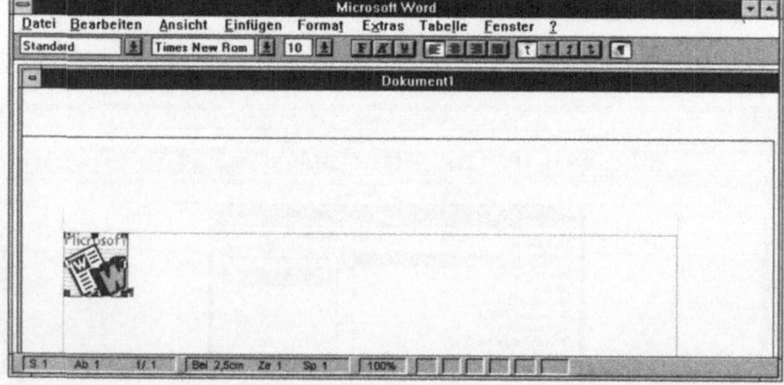

Einbetten von Winword-Dokumenten

Das Einbetten von Objekten hat also sehr unterschiedliche Auswirkungen auf die Client-Anwendung: mal erscheinen die gewünschten Daten, mal nur eine Ikone. Im ersten Fall erscheint im Dokument die Kopie von Daten, die in einer Server-Anwendung erzeugt wurden. Im zweiten Fall sieht man nur einen Platzhalter, der seine Inhalte erst durch Doppelklikken und das damit verbundene Starten der Server-Anwendung sichtbar macht.

Nehmen Sie den Fall an, daß Sie ein Winword-Dokument für eine Schmierstofftabelle erstellt haben, die im allgemeinen die Erfordernisse der ausgelieferten Maschinen korrekt abdeckt.

Beispiel: Dokument einfügen und dauerhaft modifizieren

Dennoch kommt es vor, daß hier und da ein anderes Getriebe oder ein besonderer Motor eingesetzt wird, für den die Schmierstofftabelle ergänzt oder verändert werden muß.

Wenn Sie die bestehende Tabelle per DDE in das Dokument hineinholen, müssen Sie es anschließend in Text umwandeln. Andernfalls können Sie den Inhalt nicht ändern, ohne daß beim nächsten Aktualisieren alle Änderungen von der Vorlage wieder überschrieben werden. Beim Einbetten erscheint in Ihrem aktuellen Text die Standard-Tabelle, die Sie nach Bedarf verändern können.

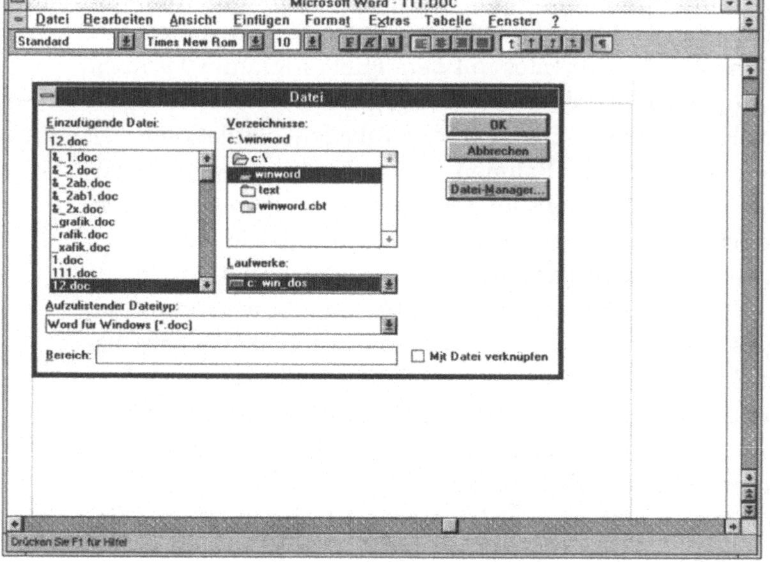

Abb. 14
Einbetten über
»Datei einfügen«

- Öffnen Sie das Menü **Einfügen** und wählen Sie dort den Befehl **Datei**. Winword öffnet das Dialogfenster *Datei*.
- Wählen Sie in der Auswahlliste **Einzufügende Datei** das gewünschte Dokument. Schalten Sie bei Bedarf den Datei-Manager von Winword ein, um vor dem Einfügen den Inhalt des Dokumentes zu begutachten oder eine bestimmte Datei zu suchen.
- Bestimmen Sie gegebenenfalls in dem Textfeld **Bereich**, welchen Teil des Dokumentes Sie einbetten wollen.
- Prüfen Sie, ob das Schaltfeld **Mit Datei verbinden** nicht aktiviert ist. Wenn dieses Feld aktiviert ist, fügt Winword die Datei mit der Feldfunktion **EINFÜGEN** in den Text und schafft damit genau das, was in diesem Beispiel nicht gewünscht ist, nämlich eine DDE-Verknüpfung.
- Beenden Sie die Auswahl mit **OK**.

Winword fügt jetzt das gewünschte Dokument ein. Sie können es verändern, ohne das Ausgangsdokument zu beeinflussen.

Das ist zwar nicht das, was im strengen Sinne von OLE mit Einbetten gemeint ist, weil Sie erstens durch diesen Vorgang kein Objekt erzeugt haben und zweitens durch Doppelklicken keine Server-Anwendung starten können. Aber das ist ja auch nicht nötig, weil die Server-Anwendung Winword bereits läuft.

Objekte einbetten

Der klassische Fall des Einbettens soll beim Zusammenspiel eines Winword-Dokumentes mit dem Hilfsprogramm *Microsoft Graph* dargestellt werden. Dieses Programm verrichtet schon sehr erfolgreich seinen Dienst in der Tabellenkalkulation *Excel*. Für den Einsatz im Rahmen eines Textverarbeitungsprogramms ist der Funktionsumfang fast ein bißchen überzogen. Es ist doch ziemlich zeitaufwendig, sich durch die vielfältigen Fähigkeiten dieses Programms zu navigieren. Aber anders als Winword unterstützt *Microsoft Graph* den Anwender durch aussagefähige Vorschaufenster und eine nachvollziehbare Befehlsstruktur.

Microsoft Graph arbeitet trotz gegenteiligen Augenscheins auch mit anderen Tabellenkalkulationen als *Excel* zusammen. Ja, man braucht eigentlich gar kein Programm dieser Kategorie, weil *Microsoft Graph* nur Zahlen auswertet, die in einem Win-

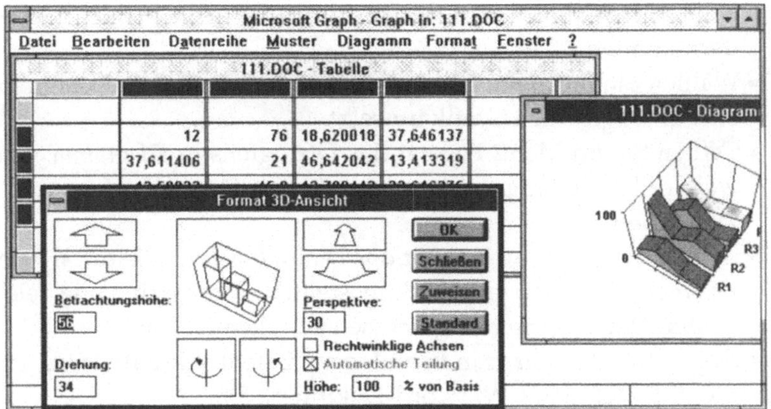

Abb. 15
Tabellen grafisch
auswerten mit
MS Graph

word-Dokument markiert sind oder manuell in eine Tabelle eingetragen werden, die das Programm selber zur Verfügung stellt.

Es ist in aller Regel nicht möglich, *Microsoft Graph* Daten über die Zwischenablage zur Verfügung zu stellen.

Zur Erinnerung: *Microsoft Graph* ist in diesem Beispiel die Server-Anwendung, Winword die Client-Anwendung. Und noch etwas ist wichtig: *Microsoft Graph* liefert Diagramme und nicht die Zahlenwerte, aus denen sie errechnet werden. Es ist nämlich durchaus möglich, die numerischen Ausgangsdaten innerhalb von *Microsoft Graph* zu verändern. Aber von diesen Werten erfährt Winword nichts.

- Stellen Sie die Voraussetzungen her, um *Microsoft Graph* einzusetzen: im Winword-Dokument müssen Zahlen – am besten in Tabellenform- markiert sein. Ob Sie die Zahlen aktuell in den Text eingetippt oder über die Zwischenablage aus einem anderen Programm übernommen haben, spielt keine Rolle.
- Öffnen Sie das Dialogfenster **Objekt** im Menü **Einfügen**.
- Wählen Sie aus der Liste der verfügbaren Server-Anwendungen *Microsoft Graph*. Das Klicken startet *Microsoft Graph*. Nach dem Starten ist in jedem Fall eine Tabelle und ein Diagramm zu erkennen, das *Microsoft Graph* daraus errechnet. Entweder handelt es sich um die Daten, die Sie *Microsoft Graph* durch Markieren im Winword-Dokument zur Bearbeitung übergeben haben. Oder *Microsoft Graph* präsentiert eine Dummy-Ta-

Größe, Inhalt und Beschriftung der Tabelle in Microsoft Graph können auch individuell verändert werden.

199

belle, deren Inhalt und Beschriftung Sie nach Bedarf verändern können.

- Wählen Sie im Menü **Muster** ein Diagramm, das die Daten in eine aussagefähige Grafik umsetzt.
- Öffnen Sie im Menü **Format** das Dialogfenster *Diagramm*, um weitere Einstellungen der ausgewählten Diagrammform vorzunehmen.
- Öffnen Sie im Menü **Format** das Dialogfenster *3D-Ansicht*, um zu überprüfen, ob in der dargestellten Perspektive alle relevanten Daten optisch angemessen zu erkennen sind.
- Fügen Sie das Diagramm mit dem Befehl **Aktualisieren** im Menü **Datei** in das Winword-Dokument ein.
- Beenden Sie *Microsoft Graph* mit dem Befehl **Beenden und zu »name.doc« zurückkehren** im Menü **Datei**. Dieser Befehl ist nur bei Programmen verfügbar, die speziell als OLE Server-Anwendung konzipiert sind. Vor dem Beenden des Programms erhalten Sie nochmals Gelegenheit, mögliche Veränderungen zur Client-Anwendung zu übermitteln.

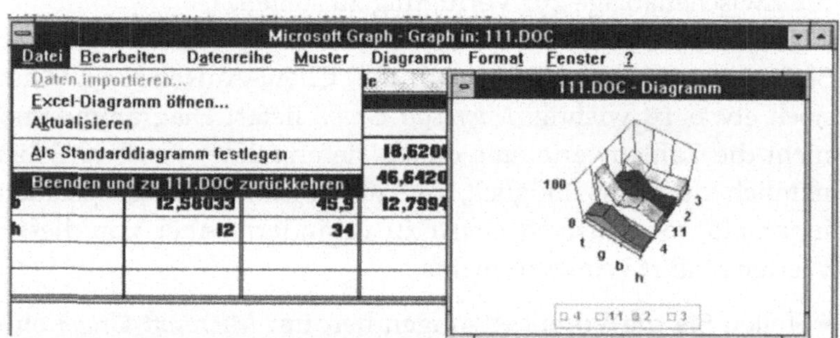

Abb. 16
Mit diesem Befehl werden Objekte in Winword-Texte eingebettet.

Feldfunktion
EINBETTEN

Das Diagramm erscheint an der Position, die von der Schreibmarke beim Aufruf von *Microsoft Graph* markiert war. In der Feldfunktion-Ansicht ist erkennbar, daß das Diagramm über die Feldfunktion **EINBETTEN** in den Text eingefügt worden ist.

Eingebettete Objekte können mit Positionsrahmen ausgestattet und wahlfrei positioniert werden.

Es ist möglich, das Diagramm mit einem Positionsrahmen auszustatten und es nach Belieben auf der Seite zu verschieben.

Um das Diagramm (oder eingebettete Objekte im allgemeinen) mit einem Positionsrahmen auszustatten, muß es markiert sein. Anschließend wird darauf der Befehl **Positionsrahmen** im Menü **Einfügen** angewendet.

200

Falls sich das Diagramm auch mit dem Positionsrahmen wider Erwarten nicht frei positionieren läßt, überprüfen Sie bitte die Formatierung des Positionsrahmens. Das geschieht im Dialogfenster *Positionsrahmen* im Menü **Format**. Nur wenn dort das Schaltfeld **Mit Text verschieben** *nicht* markiert ist, läßt sich der Rahmen samt Inhalt verschieben.

Positionsrahmen bewegen

Das Diagramm steht auch hier für alle eingebetteten Objekte. Es kann mit einer Unterschrift versehen werden, die fest mit dem Diagramm verbunden ist. Dazu muß sich die Schreibmarke unmittelbar am linken Rand des Diagramms befinden. Sie haben die richtige Postition gefunden, wenn die senkrechte Höhe der Schreibmarke der Diagrammhöhe entspricht und bei der nächsten Bewegung mit der Pfeiltaste rechts auf die Schrifthöhe verringert würde.

Diagramme beschriften

Dann fügen Sie mit der Tastenkombination <Shift>+<↵> einen Zeilenumbruch ein. In die entstehende Zeile schreiben Sie dann den gewünschten Untertitel. Ich erinnere an die Möglichkeiten, mit den SEQ-Feldern eine Numerierung zu erzeugen.

Feldfunktion SEQ

Zum Positionieren und Skalieren verwenden Sie die Funktionen, die Winword zur Verfügung stellt. Inhaltliche Änderungen können Sie nur vornehmen, wenn Sie auf das Diagramm doppelklicken und auf diese Weise *Microsoft Graph* wieder starten.

Diagramm bearbeiten

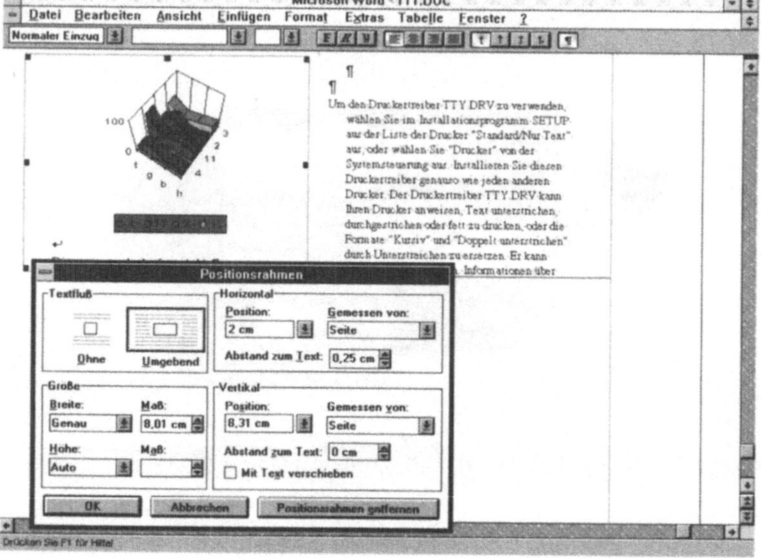

Abb. 17
Dialogfenster für die Eigenschaften des Positionsrahmens

Objekte verbinden

Im Unterschied zum Einbetten von Objekten müssen Objekte
vor dem Verbinden als Datei gespeichert sein. Im Winword-
Dokument erscheint dann ein Verweis auf diese Datei sowie
eine Kopie des Inhaltes. Sofern das Objekt von Winword nicht
dargestellt werden kann, ist nach dem Verbinden nur eine
Ikone im Text zu erkennen, die darauf hinweist, daß durch
Doppelklicken die dazugehörige Anwendung gestartet werden
kann.

Verbindung herstellen

Der Vorgang ähnelt dem Einfügen einer DDE-Verknüpfung.
Leider verwendet Winword für verschiedene Vorgänge nicht
nur gleiche Bezeichnungen, sondern stellt dafür auch noch das
gleiche Dialogfenster zur Verfügung. Dort darf man dann das
nicht wählen, was intuitiv naheliegend ist: nämlich ein Objekt
einfügen.

Abb. 18
Hier entscheidet sich,
ob das Objekt
eingebettet oder
verknüpft wird.

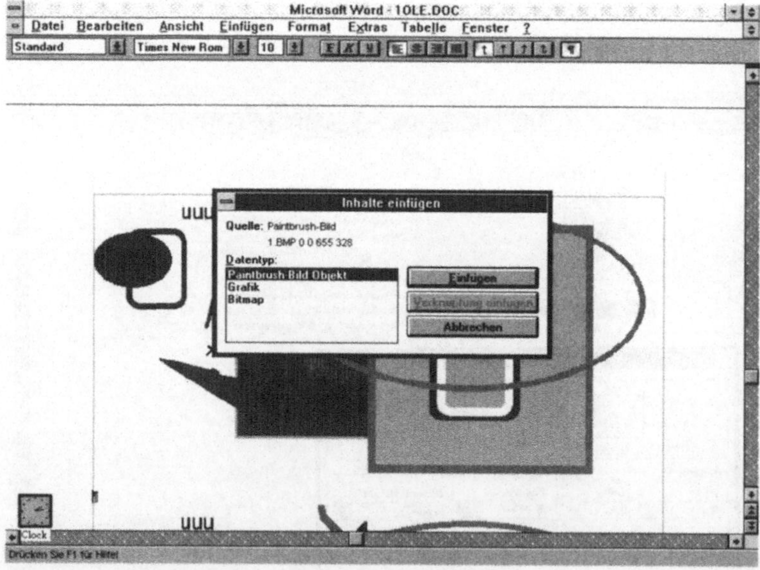

Ausgangspunkt ist die Server-Anwendung. Das einfachste Beispiel ist das Verknüpfen einer *Paintbrush*-Datei mit einem Winword-Text. Dieses Beispiel funktioniert nur, wenn Sie die *Paintbrush*-Version benutzen, die mit Windows 3.1 ausgeliefert wird.

Beispiel mit Paintbrush-Datei

- Starten Sie *Paintbrush* und erzeugen oder laden eine Datei.
- Kopieren Sie die benötigten Bildinhalte in die Zwischenablage.
- Wechseln Sie in Winword und setzen die Schreibmarke an den gewünschten Einfügeort.
- Öffnen Sie das Dialogfenster *Inhalte einfügen* im Menü **Bearbeiten**.
  In der Zeile **Quelle** informiert Sie Winword, von welcher Server-Anwendung die Daten in der Zwischenablage stammen. In der Auswahlliste **Dateityp** bietet Winword Datenformate an, die zum Einfügen der Daten in das Dokument zur Verfügung stehen. Korrespondierend dazu ist entweder der Befehl **Einfügen** oder **Verknüpfung einfügen** verfügbar.
- Wählen Sie *nicht* den Datentyp mit der Namenserweiterung **Objekt**, wenn Sie das *Paintbrush*-Objekt mit dem Winword-Text verbinden wollen. Das klingt absurd, ist es wahrscheinlich auch: Mit dieser Option würden Sie das Objekt *einbetten*.
- Schließen Sie das Dialogfenster mit dem Befehl **Verbindung einfügen**.

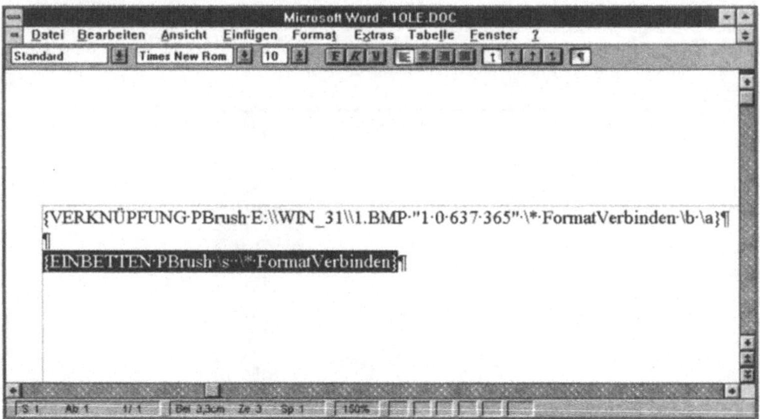

*Abb. 19
Das verknüpfte Objekt verweist auf Teile einer bestimmten Datei.*

In der Ansicht **Feldfunktionen** ist erkennbar, daß Winword die Feldfunktion **VERKNÜPFEN** in den Text eingefügt hat. Es handelt sich um dieselbe Feldfunktion, die das Programm auch verwendet, um eine DDE-Verknüpfung zu einer Server-Anwendung herzustellen, die OLE unterstützt. Daraus kann man den Schluß ableiten, daß Winword wo immer möglich eine OLE-Verknüpfung anstelle einer DDE-Verbindung erzeugt. Für Sie hat das den Vorteil, daß Sie die Server-Anwendung durch Doppelklicken auf dem verknüpften Objekt starten können.

Multimedia-Dokumente mit OLE

Mancher Anwender mag »Multimedia« mittlerweile nicht mehr hören. Seit der Freigabe von *Windows* 3.1 wird es auf fast alles angewendet, was einen Personalcomputer in eine Geräusch- und Flimmerkiste verwandelt.

Ein Beispiel soll zeigen, daß sich hinter dem Schlagwort durchaus praktische Anwendungsmöglichkeiten verbergen. Es geht darum, in ein Winword-Dokument Sprachsequenzen einzubinden, die Winword veranlassen, gesprochene Informationen über eine Sound-Karte auszugeben. Im Zusammenhang mit berührungsempfindlichen Monitoren lassen sich sehr wirkungsvolle Verfahren verwirklichen, Maschinenführer über

Abb. 20
Ein Doppelklick auf die Mikrofonikone startet den Sound-Rekorder mit einem erklärenden Text.

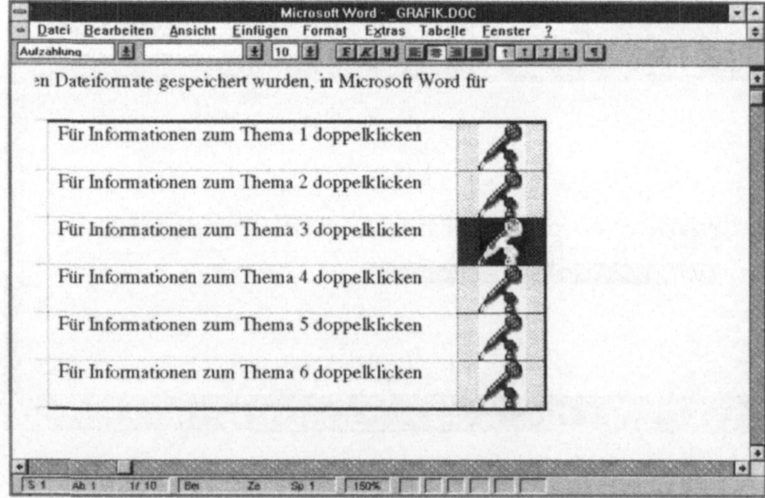

204

notwendige Bedienschritte oder Fehlerquellen zu informieren. Voraussetzung ist nur, daß in dem PC eine Sound-Karte und eine opulente Festplatte installiert sind.

Das Verfahren beruht darauf, daß Sie in den Winword-Text Klangobjekte einbetten. Sie werden ebenso in den Text eingefügt wie alle anderen Objekte auch.

- Öffnen Sie das Dialogfenster *Objekt* im Menü **Einfügen**, und wählen Sie dort **Klang**.
- Wählen Sie im Menü **Bearbeiten** des Klang-Recorders den Befehl *Einfügen aus*, um die benötigte Klangdatei zu laden.
- Verlassen Sie den Klang-Recorder mit dem Befehl **Beenden** im Menü **Datei**.
  Winword erkundigt sich, ob es das Klangobjekt in das aktuelle Dokument einfügen soll.

Diesen Vorgang wiederholen Sie für alle Klangobjekte. Auf die gleiche Weise ist es auch möglich, Video-Aufzeichnungen als Objekte in den Text zu integrieren.

Auch Hypertext zählt ähnlich wie Multimedia zu den Begriffen, die mit der Einschätzung »Schlagwort« zu den Akten gelegt werden. Dabei verbirgt sich dahinter eine sehr angenehme Methode, den Leser durch den Text zu navigieren. Von der Nützlichkeit von Hypertext können Sie sich leicht selber überzeugen, wenn Sie die Hilfe-Funktion von Winword starten.

Mit Schaltflächen auf dem Weg zum Hypertext

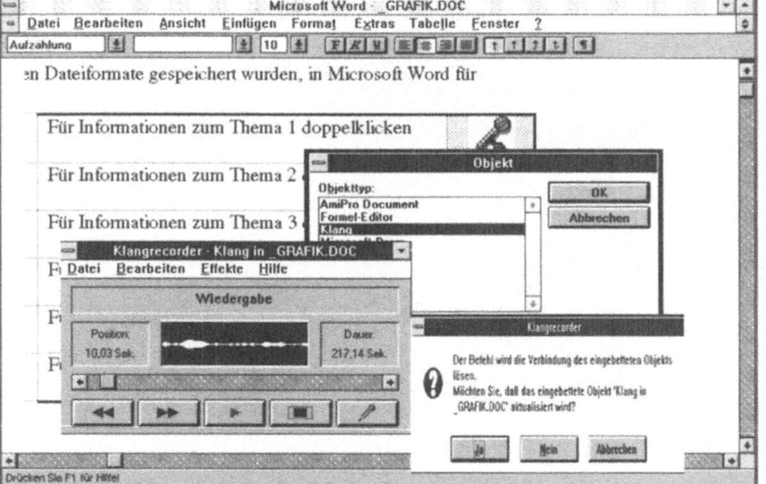

Abb. 21
Hier sind alle Dialogfenster zusammengetragen, die beim Einbetten eines Objektes angezeigt werden.

Dort zaubert das Klicken von markierten Wörtern eine Begriffserklärung oder einen passenden Hilfetext zum Thema auf den Monitor.

Winword bietet Ihnen zwei Feldfunktionen, die im Verbund mit Objekten eine Gebrauchsanleitung oder eine Präsentation zu einem informativen Augen- und Ohrenschmaus werden lassen.

Feldfunktionen GEHEZU und MAKRO

Die Feldfunktionen **GEHEZU** und **MAKRO** unterstützen das Einfügen von Schaltflächen in einen Text. Die Schaltflächen müssen Sie in Form eines Rahmens allerdings selbst erzeugen. In diesen Rahmen hinein setzen Sie eine der erwähnten Feldfunktionen. Und schon bestimmt der Leser Ihres Textes durch Doppelklicken auf ein GEHEZU-Feld, an welcher Stelle des Textes er seine Lektüre fortsetzt.

Mit dem Objektpacker von Windows 3.1 lassen sich mehrere Ereignisse an einem Ort bündeln.

Sie können in diesem Zusammenhang die multimedialen Möglichkeiten von *Windows* nutzen, indem am Ziel der GEHEZU-Option ein Videobild von einer Bildplatte aufgerufen oder eine zuvor gespeicherte Wortsequenz abgespielt wird. Anfangs mag der Aufwand prohibitiv wirken. Aber die Wirkung einer leidlich gut geplanten »Hypertext-Multimedia-Show« auf den »Leser« ist überzeugend: Selbst eine vergleichsweise schlichte Aufbereitung übertrifft auch ein nach allen Regeln der didaktischen Kunst gedrechseltes Lehrbuch oder Lehrprogramm bei weitem an Bereitschaft zum Mitmachen und Lernen.

»Lesen« kann man Ihren Text dann allerdings nur auf dem Monitor eines Personalcomputers, der mit allen erforderlichen Hardware-Komponenten ausgestattet ist, die auf dem Gerät vorhanden sind, mit dem Sie den Hypertext erzeugt haben.

Kapitel 11

Grafik

Was den Layoutprogrammen wie *PageMaker* oder *Ventura Publisher* schon lange recht ist, ist Winword billig: die Integration von Grafik und Text.

Ziel

In diesem Kapitel geht es um Grafiken im weitesten Sinn. Winword hält für die verschiedenen Grafikarten der unterschiedlichen Grafikquellen das gleiche Werkzeug bereit. Es handelt sich um *MSDraw*. Damit können Sie:

- Grafiken importieren,
- Grafiken positionieren,
- Grafiken skalieren,
- Bildausschnitte bestimmen,
- Legenden hinzufügen,
- Bildunterschriften erzeugen und
- Grafiken numerieren.

MSDraw

Durch die Beigabe des kleinen Hilfsprogramms *MSDraw* hat Winword einen Funktionsumfang erreicht, der ein weites Aufgabenfeld beim Zusammenführen von Bild und Text in einem Winword-Dokument abdeckt.

Das Programm ist dabei so handlich geblieben, daß es noch ohne Handbuchstudium bedient werden kann. Anders als das Malprogramm *Paintbrush*, das zusammen mit *Windows* ausgeliefert wird, erzeugt *MSDraw* Grafiken, die auch bei starken

*Abb. 1
MS DRAW lädt
sowohl Scannerdaten
als auch Strich-
zeichnungen.*

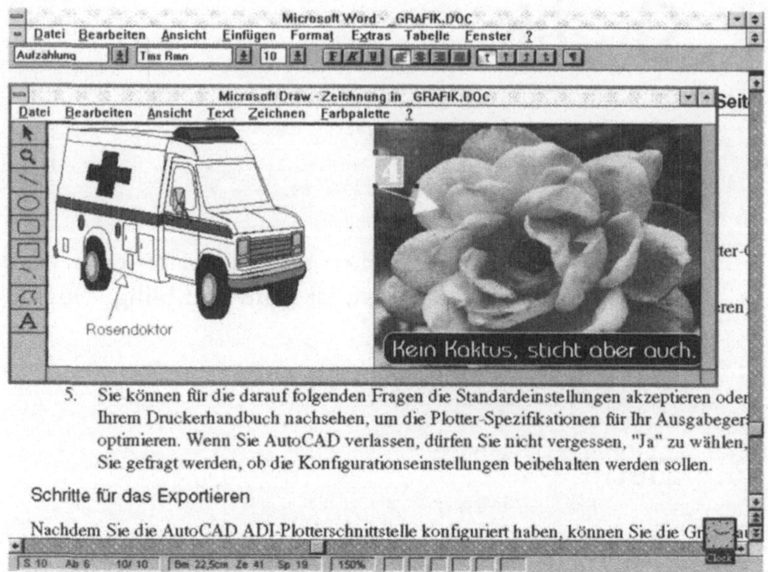

Vergrößerungen auf allen Ausgabegeräten eine Darstellung ohne Zacken und Treppen ermöglicht.

Mit *MSDraw* hat Winword eine sehr vielversprechende Schnittstelle zur Grafikwelt bekommen. Es gehört zu den wenigen Programmen, die Halbtonbilder als Hintergrund für eigene Zeichnungen zulassen. Darum können Sie mit *MSDraw* ein gescanntes Halbtonbild laden und darauf Beschriftungen und Ergänzungen vornehmen. Das vorstehende Beispiel illustriert die Breite des möglichen Einsatzbereiches des Programms.

Alle Datenformate, die Winword laden kann, führen zu Grafiken, die Sie mit *MSDraw* bearbeiten können. Dieses Zusammenwirken von Winword, seinen Importfiltern und *MSDraw* gestattet eine sehr enge Kopplung von Texterfassung und der damit zusammenhängenden Bildbearbeitung.

*Grafikintegration mit
MSDraw ist speicher-
intensiv.*

Sie brauchen nicht mehr mit einem CAD-Programm umgehen zu können, um einige Details einer Zeichnung für die Betriebsanleitung zu ändern. Die jeweilige Datei wird als Plot-Datei importiert und dann mit *MSDraw* nach Bedarf verändert. Stille Voraussetzung ist eine reichliche Ausstattung des Rechners mit Arbeitsspeicher. Wie immer, wenn Winword mit Objekten arbeitet, beginnt der Spaß erst jenseits von 8 MB.

Abb. 2
Diese Designer-Zeichnung wurde direkt von MS Draw importiert und verändert.

MSDraw kann nur im Zusammenhang mit dem Einbetten von Objekten gestartet werden. Näheres zum Einbetten von Objekten finden Sie im Kapitel 10. Für diesen Zusammenhang ist es wichtig zu wissen, daß Objekte Daten sind, die zwar im Winword-Dokument eingefügt sind, aber nur von dem erzeugenden Programm dorthingebracht und auch bearbeitet werden können: *MSDraw* erzeugt also Dateien, die es in Winword-Texte einbindet und zu deren Bearbeitung es im Bedarfsfall ohne nennenswertes Zutun des Benutzers gestartet wird.

Es ist empfehlenswert, Grafiken als *MSDraw*-Objekte in Winword-Dokumente einzufügen. Sie behalten ein Höchstmaß an Einflußmöglichkeit auf den Inhalt der Grafik, ohne irgendwelche Nachteile in Kauf nehmen zu müssen.

MS Draw basiert auf OLE.

MSGraph

Zusammen mit *MSDraw* bietet Winword ein weiteres Programm, mit dem Sie Grafiken erzeugen und in den Text einfügen können. Es handelt sich dabei um ein Programm, das Zahlen in Diagramme der unterschiedlichsten Art und mit nahezu unübersehbaren Gestaltungselementen umsetzt.

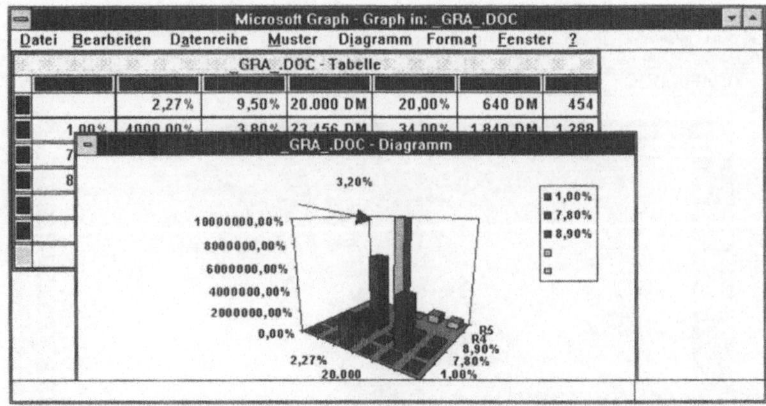

Abb. 3
MS Graph wandelt Zahlen in Winword-Texten in Diagramme um.

Es basiert auf der gleichen Datenkopplung wie *MSDraw*: auch *MSGraph* erzeugt keine eigenständigen Daten, sondern ausschließlich Objekte für andere Programme, in diesem Fall für Winword.

Formeln zähle ich hier nicht zur Grafik. Der Formeleditor wird darum an anderer Stelle vorgestellt.

Die Gestaltungsbreite dieses Programms sorgt im Zusammenhang mit *MSDraw* dafür, daß sich mit Winword in vielen Fällen der Einsatz spezieller Grafikprogramme erübrigt. Nur ein Programm zum Zeichnen chemischer Formeln fehlt noch. Da müssen Sie noch *MSDraw* oder ein spezielles Programm bemühen.

Im besonderen Maße gilt das für *MSGraph*, dessen Funktionsumfang nur von Programmen übertroffen wird, die speziell für Präsentationszwecke geschrieben wurden. Winword wendet auf *MSGraph*-Diagramme den selben Befehlsvorrat an wie auf alle anderen Grafiken.

Im folgenden stelle ich Ihnen die Grafikmöglichkeiten von Winword vor, ohne die erwähnten Programm *MSDraw* und *MSGraph* gesondert zu behandeln.

Grafikarten

Auch wenn Sie bei der Installation von Winword keine Grafik-Importfilter eingerichtet haben, können Sie zumindest Grafiken im TIF-Format, kurz **TIFF** in Ihre Dokumente einfügen.

Pixelgrafiken

Dabei handelt es sich um Grafiken, die in Form von Bildpunkten vorliegen. Der Informationsgehalt des TIF-Formates ist zur Darstellung von farbigen Halbtonbildern optimiert. Die Anzahl der Punkte liegt für jedes Bild fest und kann weder von Winword noch von *MSDraw* verändert werden.

Dementsprechend müssen Sie mit Qualitätseinbußen rechnen, wenn Sie diese Grafiken vergrößern. Man erkennt nämlich dann die Treppenstruktur der Abbildung und im schlimmsten Fall die einzelnen Punkte. Sofern Sie eine Grafik laden, die mehr als 256 Farben oder Graustufen enthält, haben Sie keine Probleme mit den Pixeln, weil Winword dann zuverlässig abstürzt.

Winword und seine Helfer verkraften maximal 256 Farben oder Graustufen.

Auch das *Paintbrush*-Format **PCX** und das Microsoft *Paint*-Format **MSP** geben nur Pixelgrafiken wieder. Ein anderes Pixelformat gewinnt zunehmend an Bedeutung. Es handelt sich um das **.BMP**-Format, das alle neueren *Windows*-Programme zum Datenaustausch verwenden.

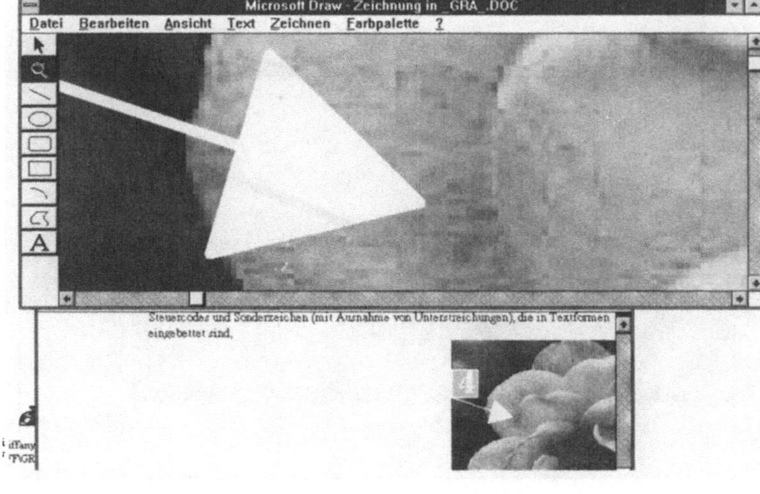

Abb. 4
Wenn aus der Rose ein Flickenteppich wird, handelt es sich um eine Pixel-Grafik.

Vektorgrafiken

Anders sieht es mit Vektorgrafiken aus, wie sie vom *Designer* oder dem HP-Plotterdaten HPGL transportiert werden.

Diese Grafiken bestehen nicht aus einer festgelegten Anzahl von Punkten, sondern aus einer Reihe von Anweisungen, bestimmte Linien zu zeichnen. Es hängt dann nur von den Möglichkeiten des Ausgabegerätes ab, wieviele Punkte es letztlich für das Zeichnen, z.B. eines Kreises, verwendet. *Windows* kennt das *Windows*-Meta-Format, in dem *Windows*-Anwendungen ihre Vektorgrafiken austauschen.

.PLT-Dateien

Bei allen Haken und Ösen ist zumindest die Ausstattung mit Importfiltern für Grafikdateien ein wichtiger Grund, Winword im Bereich der Handbucherstellung einzusetzen. Zwar fehlt ein Filter für das Importieren von *CorelDraw*-Zeichnungen, aber die Daten des *Designer* kann Winword ohne Umschweife importieren. Auch *AutoCAD*-Dateien finden über das **.DXF**- und **.PLT**-format Eingang in Winword-Dokumente. Leider verarbeitet der **.PLT**-Filter nur Daten aus *AutoCAD*. Die namensgleichen Daten, mit denen Hewlett-Packard-Plotter angesteuert werden, stellen Winword vor unlösbare Rätsel.

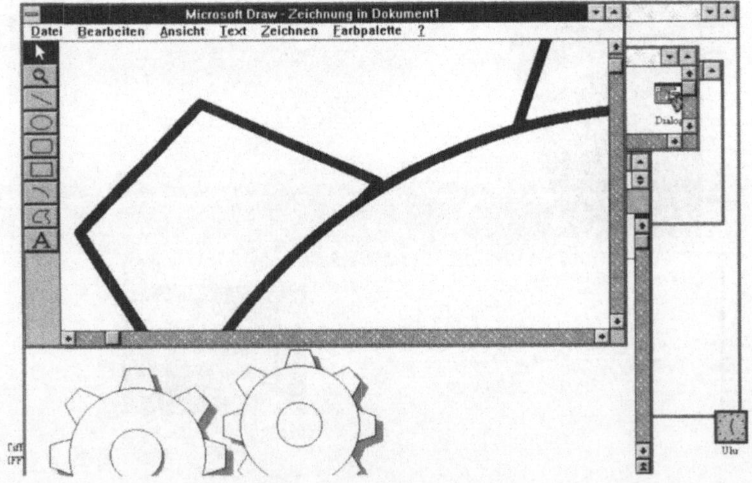

Abb. 5
Die Wiedergabequalität von Vektorgrafiken hängt nur vom Ausgabegerät ab.

EPS-Dateien

Dahinter verbergen sich Dateien, die zur Aufbereitung durch ein PostScript-fähiges Ausgabegerät bestimmt sind. Das Kürzel bedeutet EncapsulatedPostScript und weist damit auf die besondere Eigenschaft der Datei hin. Sie ist zu Beginn und am Schluß mit »Vorrichtungen« versehen, mit denen sie in andere Datenumgebungen eingebunden werden können. Aber im wesentlichen nehmen sie am Geschehen dort nicht teil.

Der Inhalt von EPS-Dateien ist so vielgestaltig wie die Programme, die solche Dateien erzeugen: Pixel, Vektoren oder auch schlichte Texte.

In der überwiegenden Mehrzahl der Fälle bleibt die Datei auf dem Monitor unsichtbar, weil die Entwicklung von PostScript-fähigen Anzeigen bisher noch nicht zu befriedigenden Ergebnissen geführt hat.

Auch Winword kann EPS-Dateien laden und deren Lage und Größe beeinflussen. Das Ergebnis Ihres Tuns erkennen Sie aber erst, wenn Sie das Dokument über einen PostScript-fähigen Drucker zu Papier oder Film bringen.

Meta-Formate

Meta-Formate entstanden im Zusammenhang mit Benutzeroberflächen wie *Windows*. Sie sind der Versuch, Programmen einen Datenaustausch zu ermöglichen, die nur eins gemeinsam haben: nähmlich unter *Windows* zu laufen. Dabei entstanden für die unterschiedlichen Grafikarten (Pixel und Vektor) zwei Meta-Formate.

Das **Windows Metafile Format** überträgt Grafiken im Vektorformat. Es sorgt dafür, daß zumindest die beteiligten Programme die Linien erkennen. Viele andere Bildinformationen bleiben allerdings – systembedingt – auf der Strecke. Dazu zählen in erster Linie Farbverläufe. Pixelgrafiken tauschen Windows-Anwendungen im **.BMP**-Format aus. Die Informationsfülle und was die Programme auswerten können ist nur von der Anwendung abhängig, von der die Datei erzeugt wird und nicht von der Hardware, auf der das Programm lief. Darum können Sie TrueColor-Pixelbilder (16,7 Millionen Farben) die auf einem hochauflösenden Monitor entstanden sind, auch auf einem schlichten VGA-Standardmonitor bearbeiten, wenn, ja

WMF für Vektoren
BMP für Pixel

und nun kommt die Einschränkung, wenn das jeweilige Programm das Format verarbeitet.

Das empfangende Programm, in diesem Fall Winword, bestimmt, ob es die BMP-Dateien lesen kann. Das BMP-Format ist geräteunabhängig, nicht anwendungsunabhängig.

Importwege

Für das Einfügen von Grafiken ist es einerlei, ob sie im Pixel- oder Vektorformat vorliegen. Der Ablauf ist der gleiche und wird im folgenden beschrieben. Beachten Sie, daß Winword Grafiken programmtechnisch als **Zeichen** behandelt. Dort, wo sich die Schreibmarke befindet, wird die Grafik eingefügt. Das kann auch mitten in einem Wort und darum überraschend sein. Grafik und Absatz bilden eine Einheit und lassen sich – zunächst einmal – nur zusammen positionieren.

Nur Grafiken, die für sich einen Absatz bilden oder mit einem Positionsrahmen ausgestattet sind, lassen sich später separat mit der Maus positionieren. Für Grafiken gelten ansonsten die Formatiermöglichkeiten für Zeichen.

»Zeichen«,
Objekt oder Datei

Winword bietet Ihnen vier Wege an, eine Grafik zu importieren. Jedes Verfahren hat seine besonderen Möglichkeiten und Besonderheiten.

*Befehl **Grafik** im*
*Menü **Einfügen***

Dieses Verfahren setzt die Grafik als festen Bestandteil des Textes in das Dokument ein. Sie wird gleichsam zu einem »Zeichen« im Text.

Bei der Dateiauswahl können Sie sich auf die *Windows*-üblichen Auswahllisten stützen. Nach dem Einfügen der Grafik ist sie von allem abgekoppelt, was den Inhalt der Grafik beeinflussen könnte. Weder müssen Sie über das Programm verfügen, das die Grafik erzeugt hat, noch muß die Datei über den Zeitpunkt des Einfügens hinaus auf der Festplatte bleiben.

Dieses Verfahren eignet sich für alle Publikationsvorhaben, deren Grafikdaten im weiteren nicht mehr verändert werden müssen. Falls irgendwann doch Änderungen notwendig werden, können Sie *MSDraw*, den verlängerten Grafikarm von Winword, verwenden. Damit verwandeln Sie die Grafik nachträglich in ein Objekt.

Über die Feldfunktion
Import

Bei diesem Verfahren erscheint die Grafik in Form eines Feldes, in dem ausgewiesen ist, welche Datei eingefügt werden soll und wo sie zu finden ist. Die Importfunktion erwartet vom

Benutzer von allen Verfahren das höchste Maß an Mitarbeit, weil beim Einfügen des Dateinamens keine Unterstützung durch einen Datei-Manager vorgesehen ist. Sie müssen sich also vorher die entsprechenden Daten notieren. Eine benutzerfreundliche Alternative besteht darin, daß Sie das erste Verfahren anwenden und in dem Dialogfenster *Grafik einfügen* das Schaltfeld **Mit Datei verknüpfen** aktivieren.

Dennoch hat dieses Verfahren einen Vorteil. Beim Aktualisieren der Felder lädt Winword die Datei jedesmal vom Datenträger, so daß mögliche Änderungen immer berücksichtigt werden. Der Nachteil dieses Verfahrens besteht darin, daß es nur funktioniert, wenn die Grafikdatei nicht gelöscht, verschoben oder umbenannt wird.

Zu diesem Zweck müssen Sie *MSDraw* mit dem gleichnamigen Befehl in der Auswahlliste **Objekt** im Menü **Einfügen** starten und dort die gewünschte Datei öffnen. Mit dem Befehl **Beenden und zurück zum Dokument** wird die Grafik Bestandteil des Winword-Dokumentes. Dort verwaltet Winword die Grafik als OLE-Verbindung. Bei eingeschalteten Feldfunktionen erscheint die importierte Datei als Feldfunktion **Einbetten**.

Als Objekt von MSDraw

Im Rahmen von DDE und OLE besteht auch die Möglichkeit, Grafiken über die Zwischenablage zu importieren. Einzelheiten zu diesen Daten-Highways auf der *Windows*-Oberfläche finden Sie im Kapitel 10.

Über die Zwischenablage

Auch dieses Verfahren bietet eine gewisse Gewähr, daß die Grafiken auf dem neuesten Stand sind. Allerdings muß das erzeugende Programm auf Ihrem Rechner vorhanden oder verfügbar sein. In Netzwerken kann das zu Problemen führen, wenn Ihr Arbeitsplatz für dieses Programm gesperrt ist.

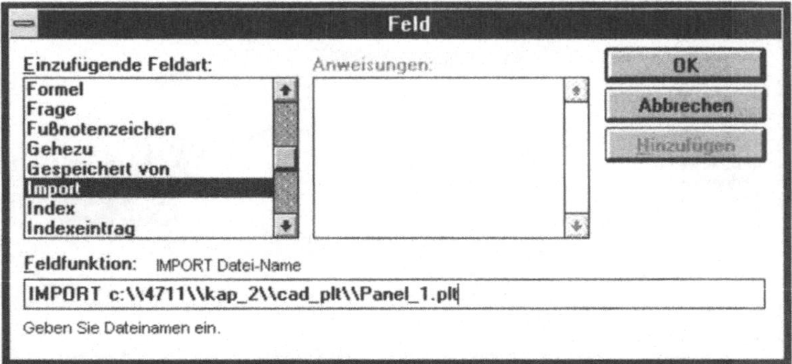

Abb. 6
Feldfunktion zum Einfügen einer Grafik. Texte gelangen über die Feldfunktion Einfügen in den Text.

Grafik importieren

Ich stelle Ihnen hier den ersten Weg vor, auch wenn es vielleicht praktischer ist, Grafiken im Rahmen von DDE und OLE zu verwalten. Für das Verfahren spielt es auch keine Rolle, ob Sie die Grafik in den Text hineinsetzen oder in einen Positionsrahmen.

- Bestimmen Sie durch Klicken mit der Maus, an welcher Stelle im Text die Grafik eingefügt werden soll.
- Öffnen Sie das Dialogfenster *Grafik* im Menü **Einfügen**.
- Prüfen Sie, ob die eingestellte Namenserweiterung für ihr Vorhaben richtig ist. Ändern Sie im Bedarfsfall diese Namenserweiterung, so daß sie den Dateikonventionen des Programmes entspricht, das die Grafik erzeugt hat.
- Wählen Sie eine Grafikdatei aus.
- Klicken Sie auf das Schaltfeld **Vorschau**, um einen ersten Eindruck vom Inhalt der Grafik zu bekommen
- Aktivieren Sie das Schaltfeld **Mit der Datei verknüpfen**, wenn stets die aktuellste Version der Grafik verwendet werden soll.
- Starten Sie den Importvorgang mit **OK**. Läßt sich die Datei nicht einfügen, haben Sie vielleicht bei der Winword-Installation den passenden Grafikfilter nicht auf die Festplatte kopiert. Sie müssen deswegen nicht die ganze Installation wiederholen. Kopieren Sie einfach alle entsprechenden Dateien

Abb. 7
Dialogfenster
Grafik einfügen

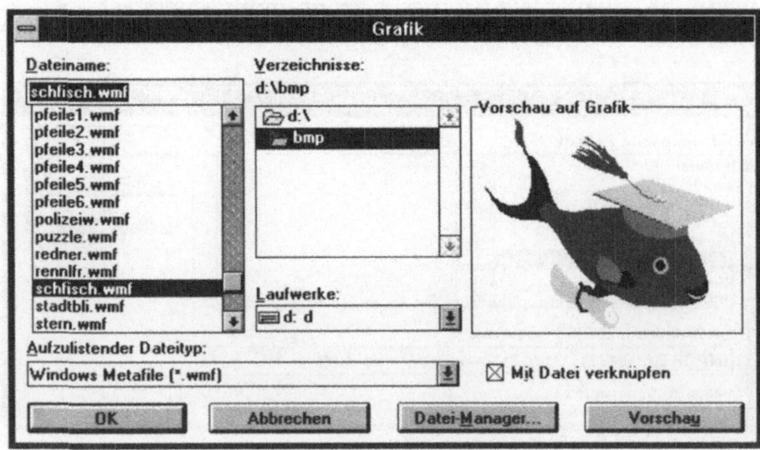

von den Konvertierdisketten in das Verzeichnis \WINWORD\. Sie erkennen diese Dateien an der Namenserweiterung **FLT**.

Winword schickt nun die ausgewählte Datei durch den passenden Importfilter. Nach dem erfolgreichen Ablauf des Vorganges erscheint die gewünschte Grafik im Text.

Grafik unsichtbar

Wenn Sie statt des Bildes einen leeren Rahmen sehen, liegt das daran, daß Sie im Dialogfenster *Bildschirmansicht* die Option **Platzhalter für Bilder** gewählt haben. Dieses Dialogfenster befindet sich hinter dem Befehl **Einstellungen** im Menü **Extras**.

Das Ausschalten der Bilder ist manchmal die einzige Möglichkeit, um zu erträglichen Antwortzeiten zu kommen.

Grafik löschen

Winword behandelt Grafik als eine Sonderform von Text. Entsprechend ist das Löschen recht einfach:

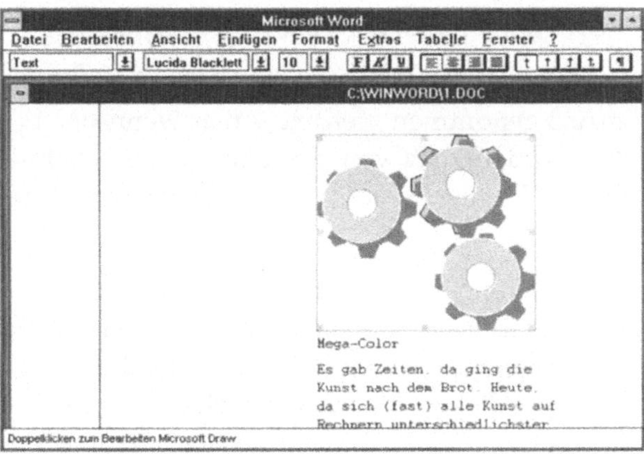

Abb. 8
Grafiken müssen vor allen Bearbeitungsvorgängen markiert sein.

- Positionieren Sie die Schreibmarke in der Grafik. An den Ecken und Seitenlinien der Grafik sind kleine Quadrate zu erkennen.
- Drücken Sie die <Entf>-Taste, um die Grafik zu löschen.

Dieser Vorgang kann mit der Tastenkombination <Alt>+<←> rückgängig gemacht werden.

Grafik skalieren

Es ist nicht immer vorhersehbar, in welcher Größe das Bild nach dem Einfügen im Dokument erscheint. Meistens entspricht es aber nicht Ihren Vorstellungen. Das können Sie leicht ändern:

- Klicken Sie auf der Grafik. An den Eckpunkten und Seitenlinien sind kleine Quadrate sichtbar.
- Bewegen Sie den Mauspfeil auf eines dieser Quadrate, und klicken Sie die Maustaste, wenn er sich **genau** auf einem dieser Quadrate befindet. Halten Sie die Maustaste gedrückt.
- Ziehen Sie das Bild auf die gewünschte Größe auf. In der Statuszeile informiert Sie Winword über die aktuelle Größe der Abbildung in Prozent der ursprünglichen Größe und in absoluten Millimeterwerten.
- Lassen Sie die Maustaste los. Nach dem Loslassen der Maustaste zeichnet Winword das Bild in der gewünschten Größe; vorhandener Text wird verdrängt.

Ausgangsgröße wieder herstellen

Die Einstellung kann mit der Tastenkombination <Alt>+<←> zurückgenommen werden. Auch wenn der Löschspeicher von Winword bereits von der nächsten Einstellung überschrieben wurde, können Sie die ursprüngliche Größe der Grafik herstellen.

- Markieren Sie die Grafik.
- Bewegen Sie den Mauszeiger auf einen der Eckpunkte.
- Drücken Sie die <Strg>-Taste und halten sie gedrückt.
- Doppelklicken Sie mit gedrückter <Strg>-Taste auf dem Eckpunkt.

Grafiken beschneiden

Das Beschneiden der Grafik funktioniert wie das Vergrößern und Verkleinern. Allerdings müssen Sie den Vorgang bei gedrückter <Shift>-Taste vornehmen.

Die Eckpunkte beschneiden die Grafik in senkrechter und waagerechter Richtung. Die Steuerpunkte an den Seitenlinien

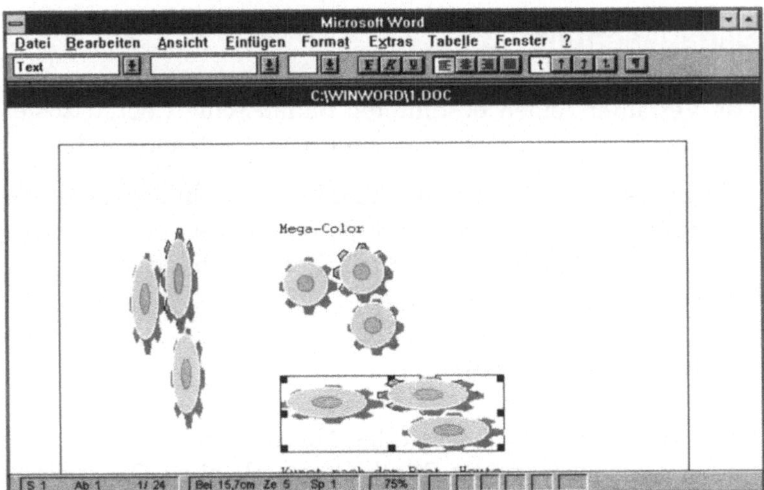

Abb. 9
Nur die Eckpunkte erhalten das ursprüngliche Seitenverhältnis der Grafik. Die Steuerpunkte an den Seitenlinien verzerren das Bild.

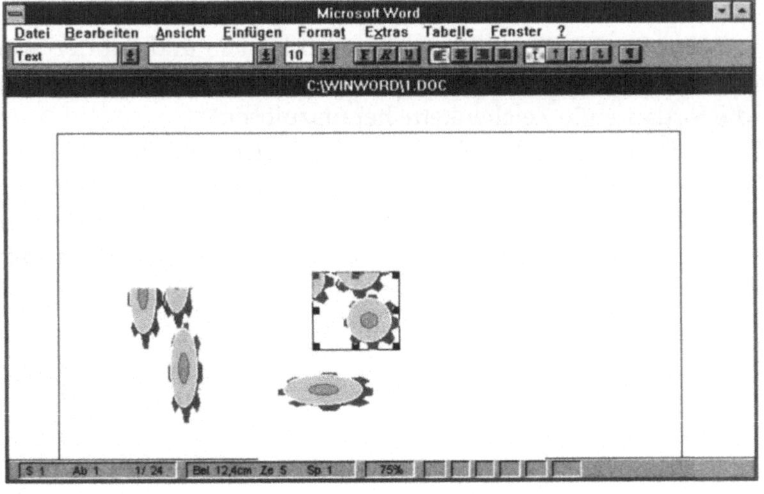

Abb. 10
Bei gedrückter Maustaste kann die Grafik beschnitten werden.

schneiden das Bild in eine Richtung. In der Statuszeile informiert Sie Winword darüber, wieviel Sie von dem Bild derzeit abgeschnitten haben.

Nach dem Loslassen der Maustaste zeichnet Winword das Bild in der gewünschten Größe; vorhandener Text wird entsprechend der neuen Größe des Bildes neu verteilt.

Die Einstellung kann mit der Tastenkombination <Alt>+<←> zurückgenommen werden.

Bildausschnitt

Das Verfahren, einen bestimmten Bildausschnitt herauszustellen, ist etwas sperrig, aber man kann sich damit anfreunden.

- Vergrößern Sie zunächst die Grafik, bis das bildwichtige Element in der gewünschten Größe erkennbar ist.
- Schneiden Sie die nicht benötigten Teile des Bildes ab.

Grafik positionieren

Grafiken sind immer Zeichen des Absatzes, in dem sie sich befinden. Das erschwert das Positionieren erheblich. Die grafische Oberfläche von Winword legt es nahe, die Grafik mit der Maus anzuklicken und nach Wunsch zu positionieren. Das funktioniert nur, wenn Sie der Grafik einen Positionsrahmen zuordnen.

Prinzip

Bevor Sie Grafiken mit der Maus anklicken und auf der Seite verschieben können, ist es nötig, das Bild aus der Einbindung in die fortlaufende Zeichenkette herauszulösen.

Näheres zum Positionsrahmen im Verlauf dieses Kapitels und im Kapitel 2.

Zu diesem Zweck steht Ihnen das Instrument des Positionsrahmens zur Verfügung. Wahlweise können Sie Grafiken nach dem Import einen Positionsrahmen zuweisen oder erst einen solchen Rahmen erzeugen, in den hinein Sie dann die Grafik importieren.

Bildunterschriften

Bildunterschriften sind Texte, die einer Grafik fest zugeordnet sind und den Inhalt der Abbildung erläutern oder auch schlicht eine laufende Nummer enthalten.

Es gibt mehrere Möglichkeiten, dem Bild eine Unterschrift zu geben. Keine davon entbindet Sie von der Verpflichtung, den Zusammenhang von Grafik und Bildunterschrift sorgfältig zu prüfen, wenn Sie eines der beiden Elemente verändern. So bleibt zum Beispiel die Bildunterschrift (Legende) einsam im Dokument stehen, wenn Sie die Grafik löschen.

- Erzeugen Sie unmittelbar vor oder hinter der Grafik eine Zeilenschaltung oder Absatz, in den Sie den gewünschten Text einfügen. Um sicherzustellen, daß die beiden Absätze nicht getrennt werden, ist es zweckmäßig, beide Absätze durch eine entsprechende Einstellung im Dialogfenster *Absatz* zusammenzuhalten.
- Positionierte Grafiken müssen zusammen mit der Unterschrift positioniert werden. Das erreichen Sie durch Markieren beider Absätze vor dem Positionieren.
- Verbinden Sie den Grafikabsatz und den Text durch einen Zeilenumbruch.

Es hat sich gezeigt, daß auch auf diese Weise eine Trennung der beiden Elemente verhindert wird. Bildunterschrift und Grafik bleiben allerdings unabhängig voneinander: wenn Sie eine Grafik mit Titel löschen, bleibt der Absatz oder die Zeile mit dem Titel im Text stehen.

Positionsrahmen

Winword unterstützt auch die traditionelle Integration von Grafiken. Es fügt bei Bedarf einen Rahmen in den Text ein, dessen Größe Sie bestimmen und dessen leere Fläche Platz freihält für späteres Einkleben von Abbildungen, die Sie nicht in den Rechner hineinbekommen haben.

- Wählen Sie den Befehl **Positionsrahmen** im Menü **Einfügen**.
- Bewegen Sie den Mauszeiger an die Stelle, an der Sie den Positionsrahmen benötigen und ziehen Sie bei gedrückter Maus-

taste einen Rahmen in der gewünschten Größe auf. Nur die Seite muß stimmen; Größe und genaue Position des Rahmens lassen sich im nachhinein leicht verändern. Winword zeichnet einen leeren Rahmen, der den Text verdrängt und so den Platz zur Aufnahme von Bildern (und Texten) freihält.

Diese leeren Rahmen können Sie ebenso behandeln wie die Grafikrahmen:

- Formatieren mit Rändern und Linien,
- Bildunterschriften,
- Positionieren und
- Löschen und Kopieren mit der Zwischenablage.

Tricks mit Feldern

Viele Automatismen, die bei anderen Textverarbeitungs- und Layoutprogrammen für Effektivität und Benutzerkomfort sorgen, sind bei Winword in Form von **Feldern** gleichsam herausgeführt und harren dort auf Einstellungen durch den Bediener. Das macht das Programm unglaublich flexibel – aber auch unhandlich.

Im folgenden stelle ich Ihnen einige Feldfunktionen vor, die im Zusammenhang mit Grafiken nützlich sind. Die Beschreibungen gelten aber prinzipiell auch für viele andere Einsatzfälle von Winword.

Bilder zählen

In vielen Fällen werden die Bilder gezählt und das Ergebnis in Form einer Zahl der Unterschrift zugefügt. Mit Winword funktioniert das wie folgt:

- Positionieren Sie die Schreibmarke dort, wo die Bildnummer erscheinen soll.
- Öffnen Sie das Dialogfenster *Feld* im Menü **Einfügen**.
- Wählen Sie im linken Menü die Feldart **SEQ**.
- Positionieren Sie die Schreibmarke in dem Textfeld **Feldfunktion** hinter der Feldart **SEQ**.

- Geben Sie einen Namen Ihrer Wahl ein. Verwenden Sie diesen Namen durchgängig für alle Abbildungen (Sequenz-Name). Er darf nicht mehr als 20 Zeichen lang sein.
- Schließen Sie das Dialogfenster mit **OK**. Winword durchsucht jetzt den ganzen Text nach gleichnamigen Feldern und ermittelt dabei deren Anzahl. Das Ergebnis der Zählung wird in Form einer Zahl in das Feld eingefügt.
- Prüfen Sie, ob der Befehl **Feldfunktionen** im Menü **Ansicht** *kein* Häkchen hat. Klicken Sie andernfalls auf dem genannten Befehl.
- Positionieren Sie die Schreibmarke in dem Feld, und drücken Sie die Taste <F9>, um die richtige Zahl sichtbar werden zu lassen.
- Mit <Strg>+<Num 5>-<F9> alle Felder aktualisieren

Bei Umstellungen und Einfügungen von Bildern, muß dieser Vorgang für jedes Bild wiederholt werden. Nur beim Drucken werden alle Felder vom Programm selbsttätig aktualisiert.

Auf Bilder verweisen

Das Feld **SEQ** wird auch benutzt, um aus einem Text heraus auf ein bestimmtes Bild zu verweisen. Das ist eine Möglichkeit, die oft in Examensarbeiten und technischen Dokumentationen genutzt wird, um dem Leser die Zuordnung grafischer Informationen zum begleitenden Text zu erleichtern.

- Positionieren Sie die Schreibmarke dort, wo der Verweis erscheinen soll, und öffnen Sie das Dialogfenster *Feld einfügen*.
- Tragen Sie den Sequenz-Namen wie bei der Bildunterschrift in das Textfeld des Dialogfensters ein.
- Fügen Sie dem Sequenz-Namen den Schalter »\c« zu, und schließen Sie das Dialogfenster. Dieses Feld verweist immer auf das letzte Sequenz-Element vor dem Verweisfeld.

Der Schalter »\r n« fügt einen Verweis auf die Abbildung in den Text und setzt dabei den Sequenz-Zähler auf den Wert n zurück.

Beispiel: Mit **Strichzeichnungen** »\r 1« wird der Zähler für die Sequenz *Strichzeichnungen* auf den Wert 1 zurückgesetzt. Dieser Wert erscheint dann auch im Feld.

Kapitel 12

Tabulatoren, Tabellen und Diagramme

Wenn Daten, ganz gleich ob Texte, Bilder oder Formeln, zeilen- und spaltenweise im Dokument angeordnet werden, können Sie auf hilfreiche Funktionen zurückgreifen.

Ziel

In diesem Kapitel stelle ich Ihnen die Tabulatoren und Tabellenfunktion vor. Im einzelnen geht es um folgende Themen:

- Einsatz und Formatieren von Tabulatoren
- Tabellen einfügen, formatieren und bearbeiten
- Einsatzfelder der Tabellenfunktionen

Typografie des Tabellensatzes

Tabellen sind Texte, Zahlen und Zeichen, die streng strukturiert sind und wesentliche Information durch die Art ihrer Anordnung vermitteln. Es lassen sich grundsätzlich zwei Arten von Tabellen unterscheiden:

- linienlose Tabellen (Reihensatz)
- Tabellen mit Linien (Tabellensatz)

Kennzeichen von linienlosen Tabellen sind Informationen, die *Reihensatz* in Spalten nebeneinander stehen. Sie werden mit Winword durch Tabulatoren erzeugt.

Kennzeichnend für Tabellen ist ein Liniengerüst, das mit *Tabellensatz* Textgruppen und Zahlenkolonnen gefüllt ist. Bei der typografischen Gestaltung von Tabellen müssen folgende Elemente unterschieden werden:

Tabellenkopf

Dieser Bereich bildet den oberen Teil der Tabelle und nimmt die Rubriken zu den Tabelleninhalten auf. Hier erfährt der Leser, um was es in der Tabelle geht und welche Inhalte miteinander verknüpft werden. Winword bietet leider nicht die Möglichkeit, den Text zu stürzen, wenn die Feldbreite nicht ausreicht. Das muß kein Nachteil sein, weil senkrechte Schrift den Lesefluß hemmt. Es bleibt Ihnen keine andere Wahl, als den Tabellenkopf durch die Wahl einer kleineren Schrift einzupassen.

Tabellenstruktur

Winword setzt Tabellen mit einer gleichen Anzahl von Feldern in jeder Reihe und Spalte. Das trifft jedoch nur selten die Erfordernisse der Tabelle. Besonders im Tabellenkopf müssen Querlinien eingezogen werden, um gleich Zwischenrubriken zu schaffen. In der Praxis werden zu diesem Zweck keine Linien eingezogen, sondern bestehende Felder zusammengelegt.

Die betreffenden Zellen müssen Sie mit dem Mauszeiger markieren. Im Menü **Tabelle** steht Ihnen der entsprechende Befehl zur Verfügung Die Zellenstruktur der Tabelle bleibt dabei erhalten, so daß Sie die unsichtbaren Zellen erneut markieren und mit dem Befehl **Zellen trennen** wieder in den ursprünglichen Zustand versetzen können..

Tabellenfuß und Tabellenkolonnen

Die erste Spalte wird als Tabellenfuß bezeichnet, die folgenden Spalten als Kolonnen. Im Tabellenfuß findet der Leser Erklärungen zum Inhalt. Der Inhalt ist dann in den Kolonnen aufgeführt.

Linien

Auch und gerade für die Linien gilt, daß sie zu der verwendeten Schrift passen müssen. Es ist wichtig, welche Linie im Einzelfall formatiert wird, weil Winword Sie durch mehrere Dialogfenster führt, bevor sowohl die Zellen als auch die Umrandung der ganzen Tabelle wunschgemäß ausfällt. Einzelheiten dazu im weiteren Verlauf des Kapitels.

Tabulatoren

In der traditionellen Textverarbeitung mit Schreibmaschinen aller Art waren Tabulatoren die einzige Möglichkeit, tabellenähnliche Darstellungen oder Einzüge zu erzeugen.

Einzüge aller Art werden mit Winword durch Formatvorgaben festgelegt, Tabulatoren benötigen Sie darum nur noch, um Daten spaltenweise auf der Seite anzuordnen. Tabulatoren erzeugen Sie mit Winword genauso wie mit einer Schreibmaschine durch das Betätigen der Tabulatortaste (<Tab>). Winword bewegt die Schreibmarke daraufhin soweit, daß sie auf dem Tabulatorstopp steht.

Sie dürfen sich den Tabulator als Leerzeichen mit variabler Länge vorstellen. Er reicht immer vom Einfügen des Tabulators bis zum Tabulatorstopp.

Wie der Text dort ausgerichtet wird, hängt von der Art des Tabulators ab.

Texteingabe

Beachten Sie bei der Texteingabe, daß Sie zum Trennen der einzelnen Felder **keine** Leerzeichen verwenden. Benutzen Sie zu diesem Zweck ausschließlich die Tabulator-Taste. Machen Sie sich bei der Texteingabe noch keine Gedanken über die Tabulator-Position.

In Tabellen, die aus Tabulatoren bestehen, endet jede Zeile mit einer Absatzmarke. Die Tabulatoren werden immer vom **Beginn der Zeile**, nicht vom Beginn des Absatzes gerechnet. Das ist ziemlich tückisch:

Ist die Zeile voll, setzt Winword einen Zeilenumbruch. Das kann z.B. vor dem 4. Tabulator sein. Für diesen 4. Tabulator gelten jetzt alle Einstellungen des 1. Tabulators! Sie können diese unerfreuliche Erscheinung nur dadurch vermeiden, daß Sie den Satzspiegel so weit definieren, daß eine ganze Tabellenzeile ohne Zeilenumbruch gesetzt werden kann.

Ausrichtung

Winword bietet vier Arten von Tabulatoren:

Rechtsbündig

- Der Text endet am Tabulator. Neuer Text schließt sich links an. Diese Einstellung ist vergleichbar mit einem rechten Seitenrand. Der Text kann sich nur links davon ausdehnen.

Linksbündig

- Der Text beginnt am Tabulator, er wirkt gleichsam als linker Rand des Textes. Wenn die Reihe mit Text gefüllt ist, beginnt die nächste Zeile wieder ganz links.

Zentriert

- Winword setzt immer die Mitte der Zeichenkette unter den Tabulatorstopp.

Dezimal

- Winword sucht in der Zeichenkette nach einem Komma und richtet die Zeichenkette so aus, daß das Komma unter dem Tabulatorstop steht.

Das klingt komplizierter als es ist. Es ist eine elegante Möglichkeit, auch Zahlen mit unterschiedlich vielen Nachkommastellen genau untereinander auszurichten. Auch wenn Sie einen Schriftfont mit proportionalen Schriftweiten verwenden, ist diese Einstellung die einzige Möglichkeit, die Zahlen an den Kommas auszurichten. Enthält die Zahl oder allgemein die Zeichenkette kein Komma, wirkt der Dezimaltabulator wie ein rechtsbündiger Tabulator.

Die folgende Abbildung zeigt die Folgen der verschiedenen Einstellungen.

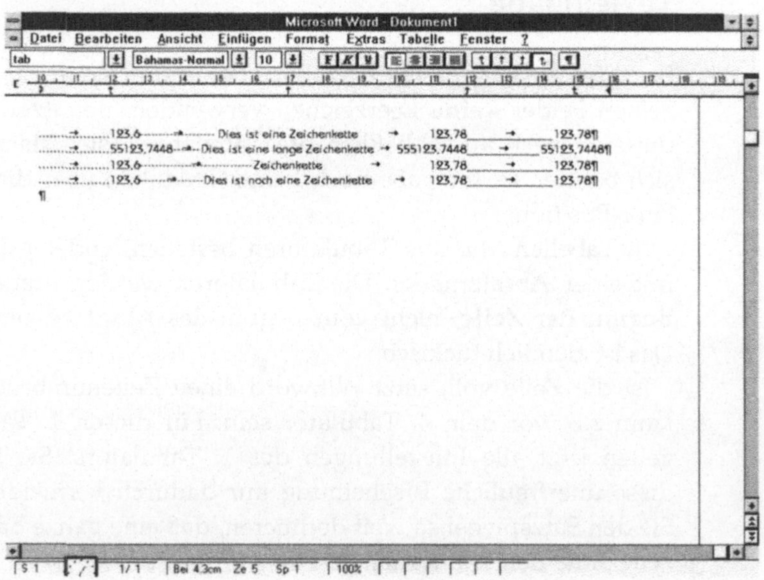

Abb. 1
Zahlen und Zeichen
mit verschiedenen
Einstellungen für
Tabulatoren
ausgerichtet

Füllzeichen

Auch wenn es mit Winword wegen der Tabellenfunktion nicht mehr zwingend geboten ist, werden Tabulatoren gerne verwendet, um tabellarische Übersichten zu Papier zu bringen. Um hier dem Auge des Lesers Halt und Führung zu geben, bieten sich *Füllzeichen* an, die zwischen dem Tabulator und dem Beginn des Textes gesetzt werden.

Winword stellt drei verschiedene Füllzeichen zur Verfügung:

- **Punkte** .... füllen diesen Leerraum.
- **Bindestriche** --------- erzeugen dieses Bild.
- **Unterstreichungen** ______ bewirken eine Linie.

Im folgenden Abschnitt stelle ich Ihnen ein Verfahren vor, um Tabulatoren

- an bestimmte Stellen zu setzen,
- die Ausrichtung zu bestimmen und
- Füllzeichen festzulegen.

Im Mittelpunkt wird dabei die Dateneingabe über das Dialogfenster *Tabstopposition* im Menü **Format** stehen. Ein funktional identisches Dialogfenster steht Ihnen auch zur Verfügung, wenn sie Druckformate definieren. Alternativ können Sie einige Tabulatoren auch mit der Maus setzen, wenn Sie das **Lineal** einschalten. Das geht zwar fix, wirkt sich aber nur auf den Absatz aus, in dem sich die Schreibmarke gerade befindet. Nur die Tabulatoreneinstellung der Druckformate muß nur einmal vorgenommen werden.

Die Position der Tabulatoren legen Sie am besten erst fest, *Position festlegen* wenn Sie einen Überblick darüber haben, wie weit die einzelnen Felder auseinander sein müßten.

Bei langen Tabellen ist es zweckmäßig, sich frühzeitig einen Überblick über den Platzbedarf zu verschaffen.

Winword bezieht alle Einstellungen auf den aktuellen Absatz. Wenn Sie am Ende des Absatzes mit <↵> einen neuen Absatz erzeugen, hat der neue Absatz dieselben Tabulatoren wie der vorhergehende. Wollen Sie das nicht, müssen Sie die Einstellung in jeder Zeile der Tabelle wiederholen oder mit verschiedenen Druckformaten arbeiten, die Sie dann den jeweiligen Absätzen schnell zuordnen können.

Winword gibt als Voreinstellung jedem Absatz eine Anzahl von Tabulatoren mit. Diese Vorgaben erfüllen in meisten Fällen nicht die aktuellen Erfordernisse. So setzen Sie Tabulatoren:

• Positionieren Sie die Schreibmarke in einer Tabellenzeile.
• Öffnen Sie das Dialogfenster *Tabulator* im Menü **Format**.
• Klicken Sie auf **Alle löschen**, um die vorhandenen Tabulatoren zu löschen.
• Tragen Sie in das Textfeld **Tabstopposition** ein, wie weit der erste Tabulator vom linken Rand des jeweiligen Absatzes entfernt sein soll. Winword bietet eine Meßhilfe in Form des Absatzlineals an. Dort gibt es auch ein Lineal, dessen Nullpunkt auf den linken Rand des Absatzes fällt.
• Klicken Sie auf **Setzen**. Wenn Sie jetzt mit **OK** das Dialogfenster schließen, können Sie prüfen, wie sich Ihre Einstellungen ausgewirkt haben.

Benutzen Sie das Dialogfenster, um auch die übrigen Tabulator-Positionen zu bestimmen.

• Klicken Sie auf Tabulatoren, deren Wert Ihnen nicht gefällt, und löschen Sie durch Klicken auf dem Schaltfeld **Löschen**.
• Ordnen Sie den markierten Tabulatoren bei Bedarf Füllzeichen aus der gleichnamigen Auswahlliste zu.

Abb. 2
Dialogfenster
Tabulator

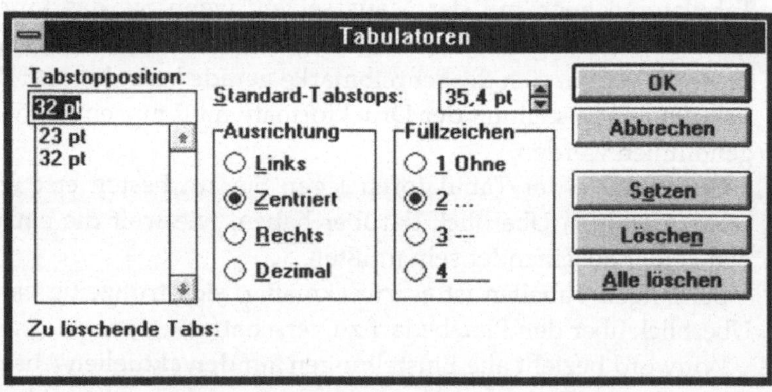

Tabellen

Alles in allem ist der Umgang mit Tabulatoren einigermaßen mühsam und fehlerträchtig. Das hat weniger 'etwas mit Winword zu tun als mit dem Instrument des Tabulators. Winword selbst bietet mit der Tabellenfunktion ein eleganteres Verfahren zum Erstellen von Tabellen an.

Tabellen einfügen

Tabellen kommen auf unterschiedlihe Weise in den Text. Die zwei nächstliegenden Methoden faßt die folgende Abbildung zusammen.

Am einfachsten ist es, die Schreibmarke dorthin zu setzen, wo die Tabelle erscheinen soll und dann mit dem Befehl **Tabelle** das Dialogfenster *Tabelle einfügen* zu öffnen.

Tabelle direkt eingeben

Winword fordert dann in einem Dialogfenster weitere Angaben über die Anzahl der Spalten und Zeilen an. Die Spaltenbreite errechnet Winword mit den gezeigten Einstellungen selbsttätig so, daß die Tabelle gleichmäßig über den Satzspiegel reicht und alle Spalten gleich breit sind.

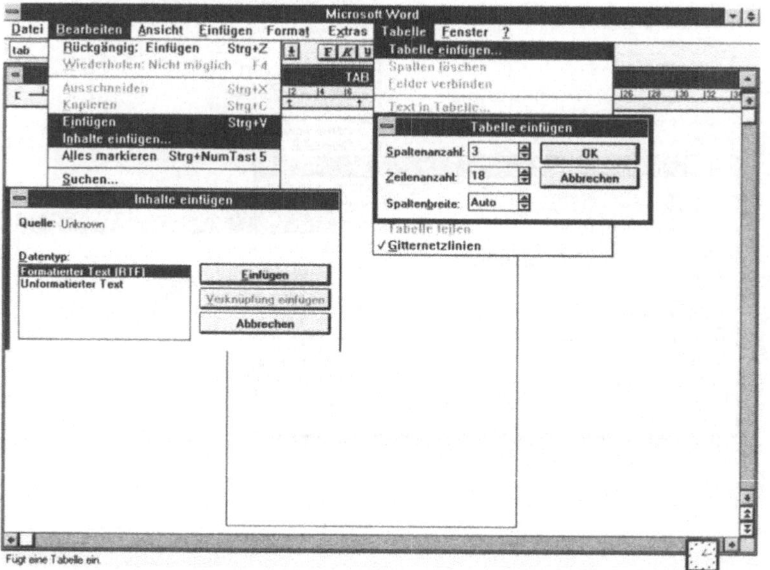

Abb. 3

Tabellen kommen über die Zwischenablage oder mit einem Befehl aus dem Menü **Tabelle** *in den Text. Die Tabelle sollte keinen Seitenumbruch enthalten.*

Wunschgemäß wird Winword daraufhin eine Tabelle nach Ihren Vorgaben in den Text einfügen. Alle Zellen sind leer. Einfügen können Sie dort alles, was Sie auch sonst in den Text einfügen können, außer weitere Tabellen.

Zellenhöhe

Die Zellenhöhe paßt sich standardmäßig dem Inhalt an, so daß Sie sich eine Zelle fast als ein kleines Dokument imnnerhalb des Textes vorstellen können.

Für das Bewegen der Schreibmarke und das Formatieren und Editieren der Tabelle finden Sie im weiteren Verlauf dieses Abschnittes die nötigen Informationen.

Zwischenablage
DDE
OLE

Der zweite Weg führt über die Zwischenablage, wenn sich dort eine Tabelle befindet. Dorthin kommt sie aus einer Anwendung, die Tabellen erzeugt. Das ist im einfachsten Fall ein anderes Dokument von Winword. Denkbar ist aber auch, daß eine Tabellenkalkulation wie *Excel* oder *1-2-3 für Windows* die Tabelle in die Zwischenablage gestellt hat. Wählen Sie im Menü **Einfügen** den Befehl **Einfügen** oder **Inhalt einfügen**. Mit dem ersten Befehl erscheint die Tabelle, sofern eine in der Zwischenablage war, unmittelbar im Text. Im zweiten Fall bauen Sie eine Verknüpfung auf der Basis von DDE oder OLE auf.

Abb. 4
Auch der Direktimport über den Befehl »Öffnen« eignet sich zum Einfügen von Tabellen.

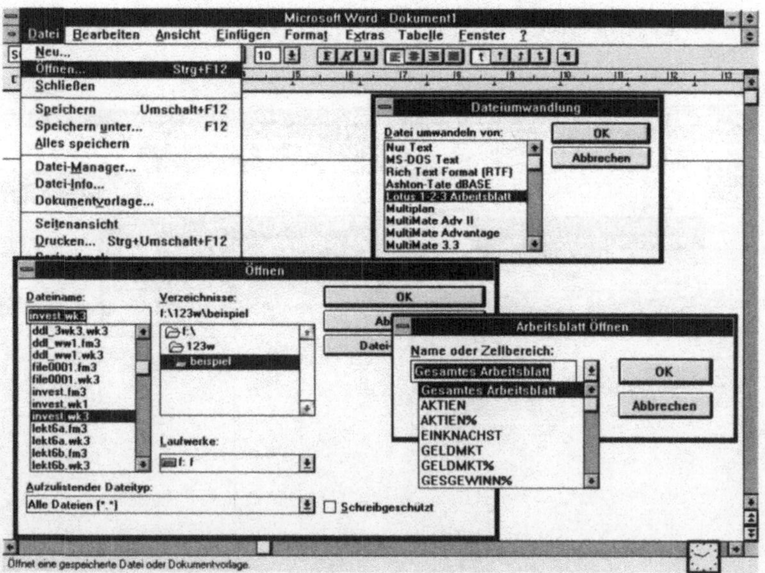

Ein anderer Weg führt über den Befehl **Öffnen** im Menü **Datei**. Winword kann eine ganze Reihe von unterschiedlichen Dateien lesen, die von Tabellenkalkulationen erzeugt werden. Nach einer Bestätigung, ob das Programm nun das richtige Format erkannt hat, beginnt der Import. Wahlweise wandelt Winword das ganze Arbeitsblatt in eine Tabelle um – wegen der bisweilen sehr großen Arbeitsblätter rate ich davon ab – oder nur bestimmt Bereiche, die es in der geöffneten Datei entdeckt hat. Diese Möglichkeit ist vorzuziehen.

Damit ist aus der Datei eine Winword-Tabelle geworden. Allerdings steht sie in einem eigenen Dokument. Von dort kann sie über die Zwischenablage an den gewünschten Ort gebracht werden.

Alternativ – und das ist die letzte Möglichkeit, eine fertige Tabelle in den Text einzufügen – erinnere ich an die Feldfunktion **EINFÜGEN**. Sofern Sie den genauen Dateinamen kennen und auch ganz bestimmt nicht vergessen, daß Winword *zwei* Rückstriche als Verzeichniskennung braucht, können Sie sich den Umweg über die Zwischenablage sparen.

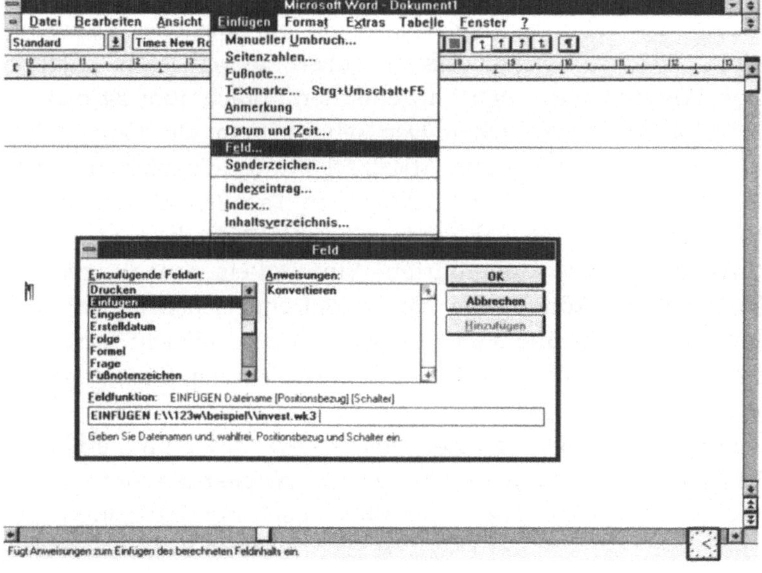

Abb. 5
*Das Einfügen einer Tabelle über die Feldfunktion **EINFÜGEN** ist sehr fehlerträchtig. Auch wenn der Dateiname stimmt, kann bei der Pfadangabe schon mal ein doppelter Rückstrich auf der Strecke bleiben.*

Tabellen und Tabulatoren

Die Tabellenfunktion ist trotz aller Bequemlichkeit kein Ersatz für Tabulatoren, weil sie keine Einstellung für das dezimale Ausrichten von Zeichenfolgen kennt. Wenn Sie also Zahlenkolonnen in nennenswerter Ausdehnung zu Papier bringen müssen, können Sie die Tabellenfunktion von Winword nur nutzen, wenn Sie für die Tabelle ein Druckformat definieren, das einen passend definierten Tabulator beinhaltet.

In diesem Abschnitt lernen Sie zunächst das eleganteste Verfahren kennen, das Winword zum Erzeugen einer Tabelle anbietet: das Umwandeln von Text in Tabellen.

Vom Text zur Tabelle

Der einfachste Weg zur Tabelle wenn es noch keine gibt und Ihnen die etwas beschwerliche Reise der Schreibmarke durch die Zellenwelt der leeren Tabelle zu beschwerlich ist, besteht darin, den Text über die Tastatur einzugeben. Genauso wie beim Setzen der Tabulatoren müssen Sie schon wissen, welcher Text in welche Zelle gehört.

Statt des Tabulators verwenden Sie ein spezielles **Trennzeichen**. Welches Zeichen das ist, haben Sie bei der Installation von *Windows* festgelegt: im deutschen Sprachraum ist das Semikolon das Trennzeichen. Der Gebrauch von alternativen Zeichen wie Tabulatoren und Absatzschaltungen ist nicht möglich. Bei der möglichen Rückführung von Tabellen in Text trennt Winword die Daten wahlweise mit anderen Zeichen.

Trennzeichen Anders als die aufgeführten Winword-eigenen alternativen Trennzeichen können Sie das Listentrennzeichen ändern und bei der Texteingabe statt des Semikolons vielleicht lieber ein Zeichen verwenden, das Ihnen das Drücken der Shift -Taste erspart.

Das gewünschte Trennzeichen – etwa das Nummernkreuz »#« – wird bei *Windows* über die **Systemsteuerung** und mit der Ikone *Ländereinstellung* bestimmt. Es heißt dort Listentrennzeichen.

Tabellentext eingeben

Verfahren Sie bei der Texteingabe wie beim Tabellensatz mit Tabulatoren. Das Ende einer Tabellenzelle markieren Sie mit dem eingestellten Trennzeichen. Das Ende einer Tabellenzeile erkennt Winword an der Absatzschaltung.

• Markieren Sie alle Absätze, die als Tabelle erscheinen sollen.
• Wählen Sie den Befehl Befehl *Text in Tabelle* im Menü **Tabelle**.

Daraufhin setzt Winword den vorhandenen Text als Tabelle. Anders als beim Arbeiten mit Tabulatoren bleibt die Tabellenstruktur ungestört, wenn ein Zelleneintrag länger ist als die Zellenbreite. Am Ende der Zelle wird der Eintrag umgebrochen.

Winword verteilt die Zellen gleichmäßig über die Seite, so daß Sie im Normalfall die Breite der Zellen später von Hand optimieren müssen.

Zellenbreite

Jeglichem Textinhalt wird das Druckformat **Standard** zugewiesen. Jeder Zelle kann ein separates Druckformat zugeordnet werden. Der Tabellentitel kann so optisch etwas herausgehoben werden und die Schriftgröße des Tabellentextes den räumlichen Gegebenheiten angepaßt werden.

Druckformate

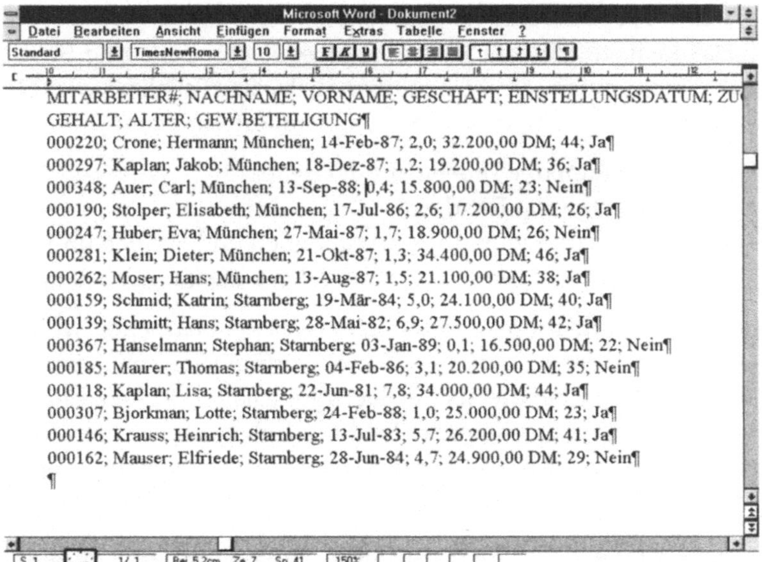

Abb. 6
Semikolons trennen die späteren Tabellenzellen.

Abb. 7
Der Text nach seiner
Umwandlung durch
den eingeblendeten
Befehl
»Text in Tabelle«

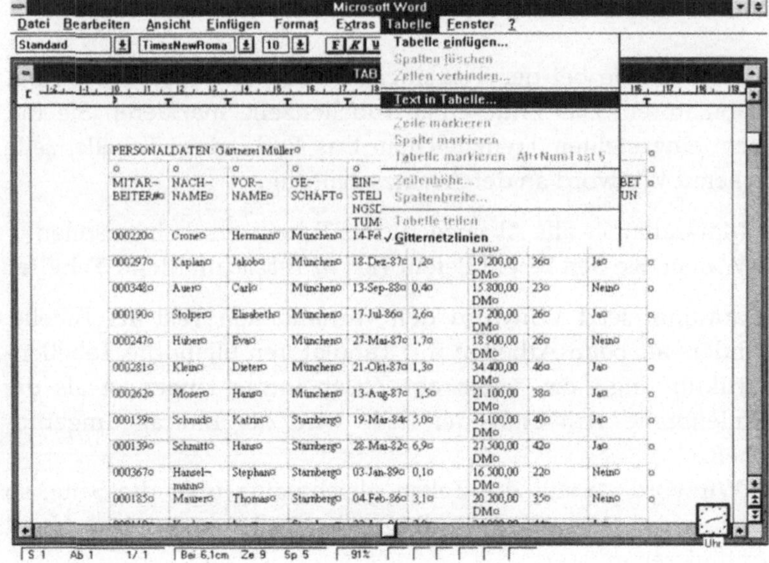

Tabellen editieren

Die Abbildung zeigt den Text der vorhergehenden Übung, nachdem die Semikolons von Winword in Tabellenform angeordnet wurden. Wie man leicht sieht, ist es zweckmäßig, die so erstellte Tabelle weiter zu bearbeiten.

Tabellenelemente   Das kleinste Element ist die Zelle, es folgen Zeile und Spalte. Alles zusammen ergibt schlußendlich die Tabelle. Alle Elemente können editiert werden. Dazu gehört vor allem

• das Ausrichten der Tabelle auf der Seite,
• das Ausstatten mit Rändern,
• das Löschen und Hinzufügen von Zeilen und Spalten und
• das Zusammenfügen und Trennen von einzelnen Tabellen.

Tabellenelemente   Selbstverständlich müssen Sie alles, was Sie bearbeiten wollen,
markieren   vorher markieren. Zu diesem Zweck verfügt jede Zelle über unsichtbare Bereiche, die als Markierungsschalter wirken. Es handelt sich um einen schmales Feld am linken und oberen Rand der Zellen. Der Mauszeiger verwandelt sich in einen kleinen Pfeil.

• Ist er schwarz und senkrecht nach unten gerichtet, markieren Sie mit dem nächsten Klicken eine Spalte,

- ist er weiß und schräg nach oben gerichtet, markieren Sie mit dem nächsten Klicken eine Zelle und mit Doppelklicken die Zeile.

Über weitere Markierungsmöglichkeiten informiert Sie die folgende Tabelle.

Sie markieren	mit der Tastatur	mit der Maus
eine Zelle	<Tab>	Klicken Sie im Markierungsbereich der Zelle (s.o.)
eine Gruppe von Zellen	<Shift> + Pfeiltasten	Klicken Sie in der ersten Zelle und ziehen den Mauszeiger bei gedrückter Maustaste über weitere Zellen.
Spalte	<Alt>-t-s	Klicken Sie auf dem oberen Markierungsbereich einer Zelle.
Zeile	<Alt>-t-z	Doppelklicken Sie im Markierungsbereich einer Zelle.
Ganze Tabelle	<Alt>+<Num 5>	Dehnen Sie die Markierung über die ganze Tabelle aus

Für das Rückführen einer Tabelle in Text, sind die Markierungsmethoden für die ganze Tabelle nicht gleichwertig. Wenn die Tabelle mit <Alt>+<Num 5> markiert wurde, bleibt der Befehl **Tabelle in Text** im Menü **Tabelle** unzugänglich. Nur die Maus öffnet hier den Zugang.

Tabellen gestalten

Wenn eine Tabelle in den Text eingefügt ist, bedeutet das nicht das Ende der Arbeit. Da müssen Zellen gelöscht oder zusammengelegt oder auch Zeilen eingefügt oder Spalten gelöscht werden. Für diese Aufgaben hält Winword einen umfangreichen Funktionsvorrat bereit.

Im folgenden erfahren Sie Einzelheiten, welche Möglichkeiten Sie bei der Gestaltung und Positionierung der Tabellen nutzen können und in welchen Dialogfenstern die entsprechenden Ein-

stellungen zugänglich sind, beziehungsweise welche Tastatur-
kürzel zur Verfügung stehen.

Zellen löschen

Außer einzelnen Zellen löschen Sie auch ganze Spalten oder
Zeilen. So wird's gemacht:

• Zelle markieren.
• Im Menü **Tabelle** das Dialogfenster *Zelle löschen* öffnen.

Abb. 8
Tabellenstruktur
verändern

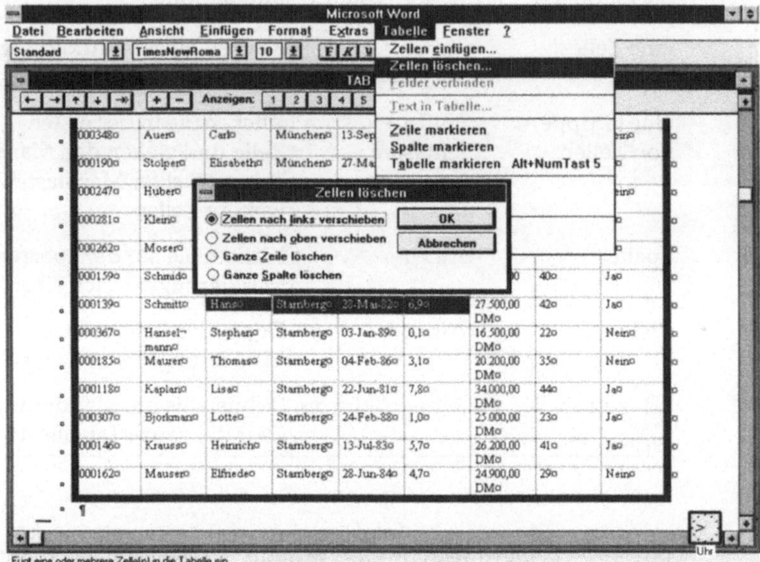

Im Dialogfenster *Zelle löschen* bestimmen Sie, ob sich der Befehl auf die ganze betroffene Spalte oder Zeile auswirken soll,
und was gegebenenfalls mit den verbleibenden Zellen geschehen soll.

Wenn Sie nur den *Inhalt* einer Zelle löschen möchten, dürfen
Sie dieses Verfahren nicht anwenden, weil es sich auf die *Tabellenstruktur* auswirkt. Markieren Sie mit der Schreibmarke gezielt die Teile einer Zelle, die Sie löschen möchten und wenden
Sie auf diese Bereiche die Befehle zum Editieren von Zeichen aller Art an.

Einfügen

Auf ähnlich einfache Weise kommen weitere Zellen hinzu.
Wegen der zuweilen verwegenen Änderungen in der Tabellenstruktur, wenn nur einzelne Zellen eingefügt werden, ist es
empfehlenswert, immer ganze Zeilen oder Spalten hinzuzufügen.

- Setzen Sie die Schreibmarke dort in der Tabelle ab, wo eine Erweiterung vorgenommen werden soll.
- Öffnen Sie das Dialogfenster *Zelle einfügen* im Menü **Tabelle**.
- In diesem Dialogfenster bestimmen Sie, ob Winword an der Stelle der Schreibmarke eine Spalte oder ob eine Zeile nur ein einzelnes Feld eingefügt werden soll.

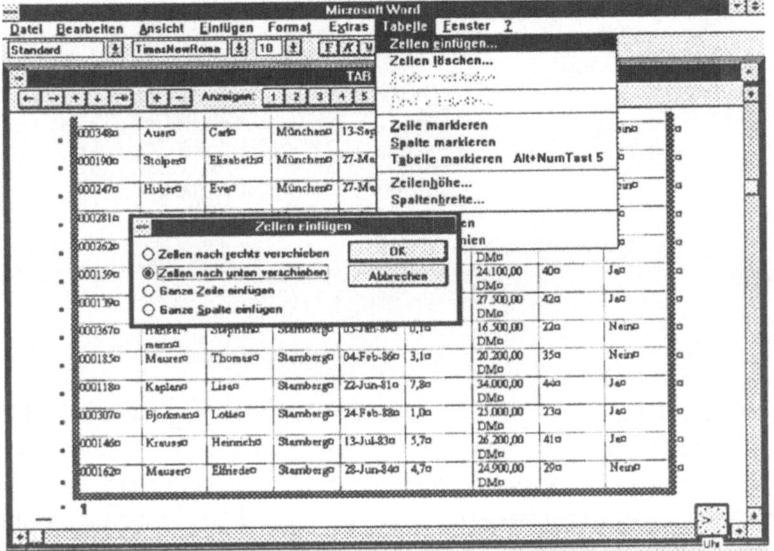

Abb. 9
Im Dialogfenster
»Zelle einfügen«
erwartet Winword
Vorgaben über die
Einzelheiten des
Einfügevorganges.

Die folgende Abbildung zeigt eine Tabelle, wie sie über die Zwischenablage aus einer Tabellenkalkulation gekommen ist.

Zellen zusammenlegen und trennen

PERSONALD ATEN: Gärtnerei Müller			
MITARBEITE R#	NACHNAME	VORNAME	GEHALT
000220	Crone	Hermann	32.200,00 DM
000297	Kaplan	Jakob	19.200,00 DM
000348	Auer	Carl	15.800,00 DM
000190	Stolper	Elisabeth	17.200,00 DM
000247	Huber	Eva	18.900,00 DM
000281	Klein	Dieter	34.400,00 DM
000262	Moser	Hans	21.100,00 DM
000159	Schmid	Katrin	24.100,00 DM
000139	Schmitt	Hans	27.500,00 DM
000367	Hanselmann	Stephan	16.500,00 DM
000185	Maurer	Thomas	20.200,00 DM

Abb. 10
Unformatierte Tabelle aus der Tabellenkalkulation

Klar erkennbar ist die Absicht, Zahlen hier in gewisse Ordnung zu bringen. Ebenso klar erkennbar ist aber auch, daß hier noch ein Stück Formatierarbeit wartet. In diesem Stadium ist nur an den Gitterlinien erkennbar, daß aus dem Ganzen einmal eine Tabelle werden soll. Und die werden mit dem gleichnamigen Befehl im Menü **Tabelle** eingeschaltet.

Der Tabellenkopf ist auf ein einziges Feld zusammengestaucht. Einige Zeilen sind definitiv leer: wahrscheinlich wollte da jemand mit den bescheidenden Mitteln der Tabellenkalkulation die Daten optisch etwas strukturieren. Mit Winword hat man da besseres Werkzeug zur Hand. Welche das sind und wie man sie einsetzt, erfahren Sie im folgenden.

Zellen verbinden

Die Zeile mit dem Tabellenkopf zeigt, daß es zuweilen nötig ist, Felder aus dem Tabellenverband zu entfernen, ohne deswegen die Struktur zu verwürfeln.

Tabellenkopf formatieren

Im Prinzip geht es in diesem Fall darum, die letzten drei Felder der ersten Zeile zu löschen und dafür die erste Zelle bis zum Ende der Zeile auszudehnen.

Der Löschvorgang, wie er im vorstehenden Abschnitt beschrieben ist, kann zwar die »überflüssigen« Zellen entfernen. Es ist dann zwar möglich aber nicht zweckmäßig, eine einzelne Zelle über das Dialogfenster *Spaltenbreite* passend auszudehnen.

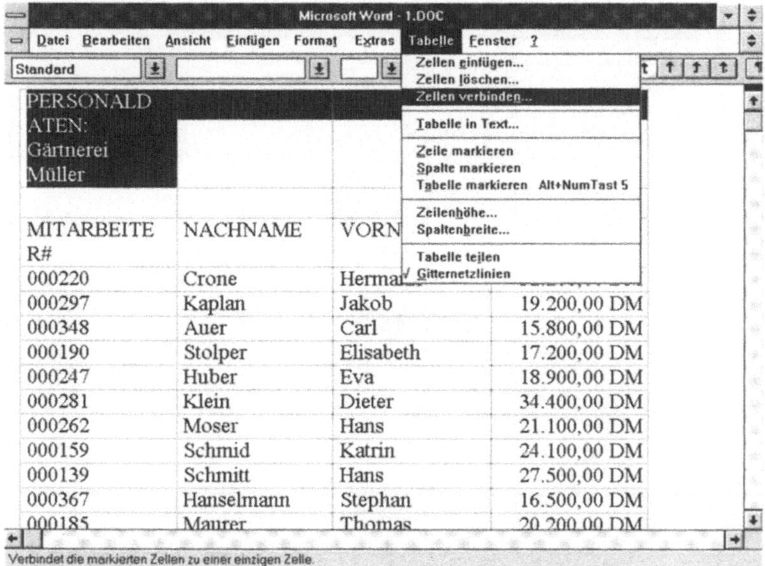

MITARBEITER#	NACHNAME	VORN...	
000220	Crone	Herma...	
000297	Kaplan	Jakob	19.200,00 DM
000348	Auer	Carl	15.800,00 DM
000190	Stolper	Elisabeth	17.200,00 DM
000247	Huber	Eva	18.900,00 DM
000281	Klein	Dieter	34.400,00 DM
000262	Moser	Hans	21.100,00 DM
000159	Schmid	Katrin	24.100,00 DM
000139	Schmitt	Hans	27.500,00 DM
000367	Hanselmann	Stephan	16.500,00 DM
000185	Maurer	Thomas	20.200,00 DM

Abb. 11
Auf diese Weise wird nicht nur der Tabellenkopf formatiert, sondern auch alle anderen benachbarten Tabellenbereiche gleichen Inhalts.

Problemloser erreichen Sie das Ziel mit einer Funktion, die Winword zur Verfügung stellt, wenn Sie mindestens zwei Zellen markiert haben: Zellen verbinden. Wenn diese Funktion *nicht* zur Verfügung steht, obwohl Sie mehrere Zellen markiert haben, ist mindestens eine Zelle darunter, die bereits aus verbundenen Zellen besteht.

Für Ihre Arbeit bedeutet das, daß Sie die Tabellenstruktur sehr genau planen müssen, bevor Sie sich daran machen, die einzelnen Zellen zusammenzufügen.

- Markieren Sie die Zellen, die zusammengefügt werden sollen.
- Wählen Sie im Menü **Tabelle** den Befehl **Zellen verbinden**. Statt der vier einzelnen Zellen weist die erste Zeile jetzt eine einzige Zelle auf, die zusätzlich zum Text der ersten Zellen drei Absatzmarken enthält.
- Löschen Sie die überzähligen Absatzmarken.
- Ordnen Sie dem Absatz das passende Druckformat zu.

Linien und Rahmen

Reichhaltig sind die Möglichkeiten, der Tabelle die charakteristische Linienstruktur und einen Rand zuzuordnen.

Wer Linien und Rahmen »Karo einfach« benötigt, verfährt wie folgt:

Format Tabelle

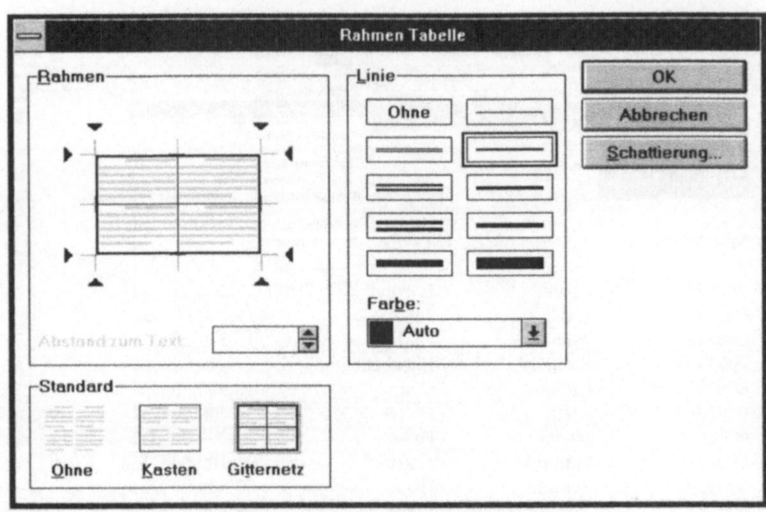

- Markieren Sie mit <Alt>+<Num 5> die ganze Tabelle.
- Öffnen Sie im Menü **Format** das Dialogfenster *Rahmen Tabelle* und nehmen Sie die erforderlichen Einstellungen vor.
- Beenden Sie die Formatierung mit **OK**.

Die einzelnen Bereiche des Dialogfensters bieten folgende Einstellungsmöglichkeiten:

Rahmen oder Gitter

Im linken Teil zeigt Winword in einer Vorschau, wie es Ihre Einstellungen umsetzt. Jede einzelne Linie des stilisierten Absatzes kann separat angeklickt und in dem Feld **Linie** mit einer individuellen Linie ausgestatten werden.

In den drei Schaltfeldern in der Rubrik **Standard** müssen Sie auf die Ikone **Gitternetz** klicken, um alle Zellen der Tabelle mit der angewählten Linienart auszustatten. Soll nur der Rahmen bestimmt werden, muß die Ikone **Kasten** angeklickt werden.

Nur der Vollständigkeit halber erwähne ich das Schaltfeld **Schattierung**, mit dem sich das gleichnamige Dialogfenster öffnet. Tabellen mit Schlagschatten werfen vor allem die Frage auf, wo denn wohl das Licht herkommt und unter welchem Scheffel es steht. Kurz und gut: dieser Schnickschnack ist ziemlich schattig und hat im wesentlichen wohl nur die Aufgabe einer »Duftmarke«, anhand der die Verbreitung von Winword gemessen werden kann.

Zellenrahmen über Druckformate

Druckformate benötigen Sie nicht nur, um den Inhalt der Tabelle zu gestalten. Sie sind auch für das äußere Erscheinungs-

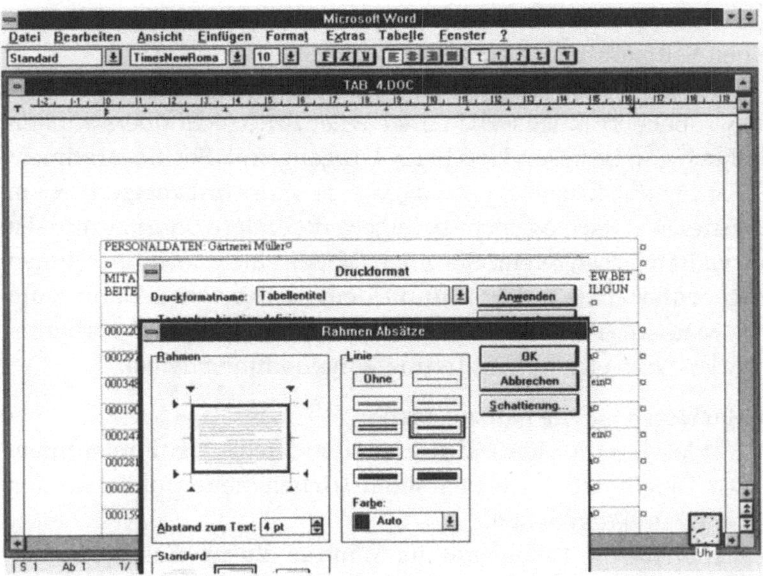

Abb. 13
Über Rahmenvorgaben
für Druckformate
erzeugen Sie Linien für
Tabellen.

bild unentbehrlich. Die Tabellenfunktion bietet keine Möglichkeit, die Zellen mit Linien auszustatten. Während es verhältnismäßig einfach ist, die Tabelle mit einem Rahmen zu
versehen (markieren und im Menü **Format** das Dialogfenster
Rahmen öffnen), entstehen die tabelleninternen Linien nur über
entsprechende Rahmenvorgaben der Druckformate.

Die dritte Methode, einen Rahmen um die Tabelle zu bekommen, hat etwas mit Positionsrahmen zu tun. Weil diese
rahmenstiftende Funktion nicht das Wesen des Positionsrahmens ausmacht, finden Sie die entsprechenden Erläuterungen
im folgenden Abschnitt, in dem es um die Frage geht, wie man
eine Tabelle positionieren kann.

Text formatieren

Es gelten die schon beschriebenen Einstellvorgänge zur Textformatierung. Winword wertet Text in einer Tabellenzelle als Absatz. Alle Maße und Ausrichtungen beziehen sich auf die Zellen.

Das wichtigste Instrument, um eine Tabelle an die Stelle zu
bringen, an die sie hingehört, ist der Positionsrahmen. Winword wendet dieses Instrument auch auf Tabellen an, die län-

Tabelle ausrichten und
positionieren

ger sind als eine Seite oder aufgrund ihrer aktuellen Position einen Seitenumbruch enthalten.

Lassen Sie sich davon nicht in die Irre führen. Der Hinweis, daß Tabellen tunlichst die Länge einer Seite nicht überschreiten sollten, gilt insbesondere beim Umgang mit Positionsrahmen. Es ist nicht sicher vorherzusagen, wie Winword reagiert, wenn Sie diesen Ratschlag nicht befolgen. Besondere Sorgfalt müssen sie walten lassen, wenn Sie einer Tabelle einen Positionsrahmen zugeordnet haben, der sich mit dem Text bewegt. Dann kann das Malheur auf Seite 45 passieren, weil Sie auf einer vorhergehenden Seite eine Textänderung vorgenommen haben.

- Markieren Sie die ganze Tabelle.
- Wählen Sie im Menü **Einfügen** den Befehl **Positionsrahmen**. Die Tabelle erhält die charakteristischen Steuerpunkte an den Seiten und den Ecken.
- Ziehen Sie die Tabelle mit der Maus an die gewünschte Stelle.
- Öffnen Sie das Dialogfenster *Positionsrahmen* im Menü **Format** und deaktivieren Sie zur Vorsicht die Einstellung **Mit Text verschieben** oder entfernen Sie den Positionsrahmen wieder von der Tabelle, indem Sie den Befehl **Positionsrahmen entfernen** geben.

Abb. 14
Hier sind die einzelnen Stadien zusammengestellt, um einer Tabelle einen Positionsrahmen zuzuweisen.

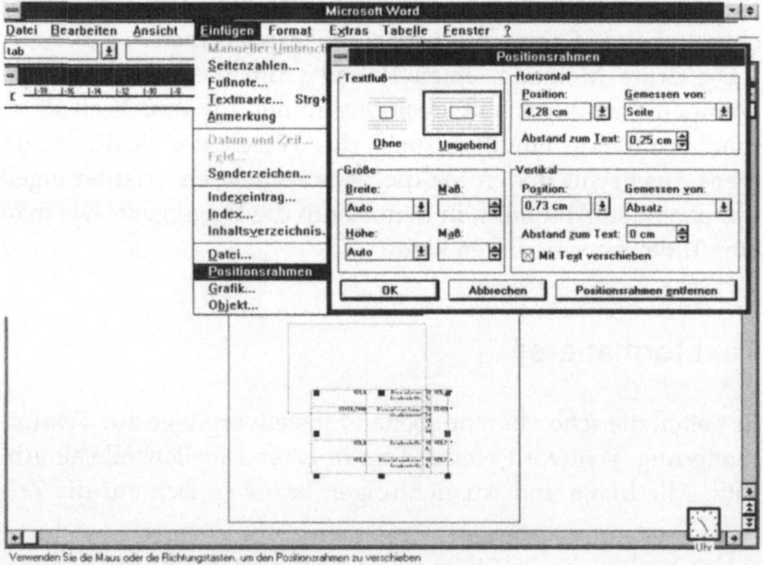

• Geben Sie im Bedarfsfall weitere Einzelheiten der Tabellenpositionierung ein, die Sie mit der Maus entweder gar nicht oder nicht genau genug eingeben können.

Sortieren

Die Tabellenfunktion von Winword optimiert die sehr wirkungsvolle Sortierfunktion. Winword sortiert grundsätzlich alle markierten Absätze nach verschiedenen Kriterien. Wenn die Sortierfunktion auf Tabellen angewendet wird, gibt es zusätzlich noch die Möglichkeit, die Spalte zu bestimmen, nach der sortiert werden soll. Das Sortieren funktioniert auch dann noch reibungslos, wenn die Tabelle über mehrere Seiten geht. Die Kombination Sortierfunktion und Tabelle ist auch geeignet, Glossareinträge und umfangreiche Bibliographien nach vielfältigen Kriterien zu sortieren.

Dazu erzeugen Sie eine Tabelle, die für jedes Datum (Stichwort, Verlag, Autor usw.) eine Spalte enthält. Ein kleines Makro sorgt zum Beispiel dafür, daß die einzelnen Einträge während des Schreibens in eine Datei kopiert werden. Das funktioniert nur, wenn die Einträge in Textform unter Verwendung der Trennzeichen angefügt werden. Die entsprechenden Einträge müssen dann mit der Funktion **Text zu Tabelle** umgewandelt werden. Und schon kann ein viefältiges Sortieren und Rangieren der Zeilen beginnen.

Bibligraphien und Glossar

• Löschen Sie alle vorhandenen Titelzeilen in den Tabellen. Winword kennt keinen Unterschied zwischen dem Tabellenkopf und den zugeordneten Informationen.
• Markieren Sie die Zeilen, deren Einträge Sie sortieren wollen.
• Öffnen Sie das Dialogfenster *Sortieren* im Menü **Extras**.
• Bestimmen Sie das Sortierkriterium:

Wählen Sie das Schaltfeld **Numerisch**, ignoriert Winword alle Zeichen außer Zahlen.

Nach Zahlen

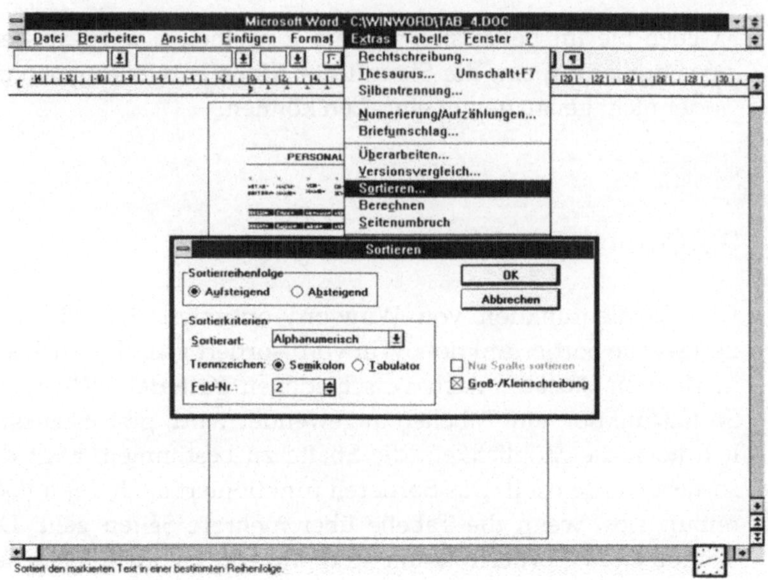

Abb. 15
Dialogfeld zum
Sortieren einer Tabelle

Nach Buchstaben	Wählen Sie das Schaltfeld **Alphanumerisch**: Winword berücksichtigt alle Zeichen zum Sortieren. Es gilt die interne Sortiertabelle von Winword. Zahlen gehen vor Zeichen.
Nach Datum	Alle Zeichen, die nicht durch das Trennzeichen für das Datum als Datum erkennbar sind, werden beim Sortieren ignoriert. Das Trennzeichen fürs Datum können Sie bei der Systemeinstellung bestimmen.
Sortierkritierium	In dem Textfeld **Feld-Nr.** bestimmen Sie, welche Spalte Winword beim Sortieren als Kriterium verwendet. In der gezeigten Einstellung sortiert Winword eine Tabelle nach den Nachnamen. Während des Sortierens ordnet das Programm die Nachnamen in aufsteigender Reihenfolge auf. Alle anderen Informationen der Zeile folgen dem Sortierkriterium.
Sortierreihenfolge	Sie haben die Wahl zwischen **Steigend** und **Absteigend**. Dabei ist immer das erste Zeichen des Sortierkriteriums entscheidend.
Groß- und Kleinschreibung	Prüfen Sie die Markierung des Schaltfeldes **Groß-/Kleinschreibung**. Wenn dieses Feld **nicht angekreuzt** ist, ignoriert Winword die Groß- und Kleinschreibung der Wörter: Die Wörter *zeudel – zapf – Zau* sortiert Winword dann so: *zapf – Zau – zeudel.*

Dieses Schaltfeld ist nur verfügbar, wenn Sie die Spalten alphanumerisch sortieren.

Wenn das Feld **angekreuzt** ist, sortiert Winword die Wörter mit kleinen Anfangsbuchstaben **nach** den mit den großen. Die Beispielwörter erscheinen nun in dieser Reihenfolge: *Zau – zapf – zeudel.*

Prüfen Sie die Markierung des Schaltfeldes **Nur Spalte sortieren.** Nur wenn das Feld **nicht** angekreuzt ist, bleiben die Informationen der Zeilen zusammen. Andernfalls wirkt sich der Sortiervorgang nur auf die markierte Spalte aus.

Spalten zusammenhalten

Ich kenne nur wenige Fälle, in denen es zweckmäßig ist, in einer Tabelle die Zeilen in nur einer Spalte zu vertauschen und die Reihenfolge in den übrigen unverändert zu lassen. Zum Beispiel können Sie mit dieser Einstellung die Wirksamkeit des Befehls **Rückgängig** ausprobieren.

Diagramme

Natürlich sind Textverarbeitungen auch ohne Präsentationsgrafik denkbar. Aber im Zeitalter der Bilderverehrung ist ein kleines Programmchen ganz nützlich, mit dem man Versuchsergebnisse, Verkaufszahlen und Aktienkurven nicht nur in Zah-

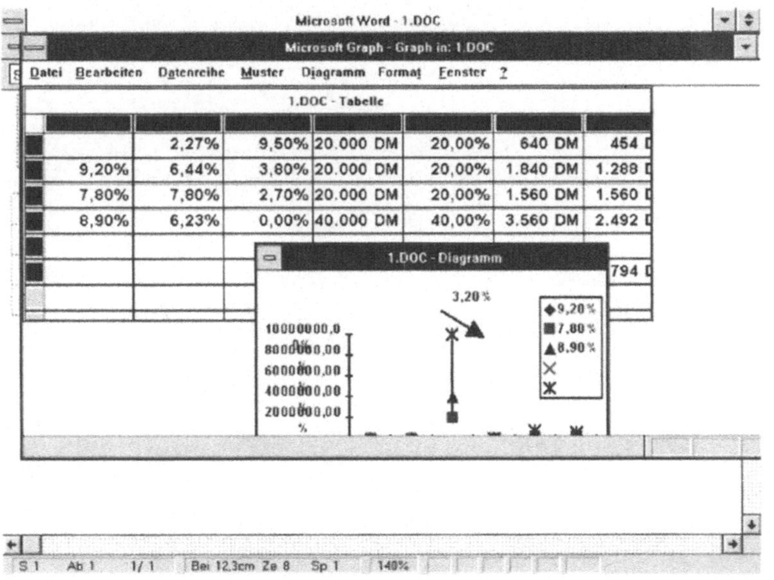

Abb. 16
Grundlage von Microsoft Graph ist eine separate Tabelle.

lenform, sondern auch bildlich darstellen kann. Die Rede ist von *Microsoft Graph*, das mit Winword ausgeliefert wird und nur als Hilfsprogramm tätig werden kann. Das zeigt sich daran, daß es keine eigenen Dateien erzeugt, sondern bei Bedarf bestimmte Teile anderer Dokumente von *Windows*-Programmen wie Winword, und zwar alle Teile, die Busineß-Grafiken enthalten.

Sie starten es, wenn sich die Schreibmarke an der Stelle befindet, an der das Diagramm erscheinen soll, durch das Einfügen eine Objektes im Menü **Einfügen**.

Im dann sichtbaren Tabellenfeld sind Zahlen, die *Microsoft Graph* entweder als Datei geöffnet oder über die Zwischenablage übernommen hat.

In der Mehrzahl der Fälle werden Sie diese Tabelle durch Löschen und Einfügen von Zellen anpassen müssen.

Die resultierenden Diagramme sind programmtechnisch eingebettete Objekte. Sie sind in der Seitenansicht nie und in den sonstigen Ansichten nur, wenn die Feldfunktionen ausgeschaltet sind und für die Platzhalterfunktion für Grafiken unwirksam ist.

Publikationen gestalten

Winword findet auch und gerade wegen der Funktionen großen Anklang, gleichsam die Hausdruckerei zu ersetzen. In der lichten Sonne von *Desktop Publishing* (DTP) keimt mancherorts die Hoffnung, Kosten für das Verlegen der Dissertation dadurch zu verringern, daß man dem Drucker statt eines Manuskriptes schon fertige Aufsichtsvorlagen übergibt.

Winword bietet »DTP für Kassenpatienten«: viel Eigenleistungen, hohe Kosten und ein Minimum an Unterstützung durch das Programm. Dennoch wird Winword vielfach zum Zwecke der Handbucherstellung, zum publizistischen Aufbereiten einer Dissertation oder eines Forschungsberichtes eingesetzt.

DTP und die Grenzen

DTP mit Winword erlaubt Ihnen, Text und Grafik schon am Bildschirm in vielfältiger Weise zu verändern und zu verknüpfen. Damit entfallen viele zeitraubende und fehlerträchtige Umwege und Schnittstellen. Das eröffnet Ihnen die Chance, das Ergebnis von Veränderungen sofort zu beurteilen: was Grafiker, Layouter und Setzer vergangener Tage erhebliche Zeit und Mühe gekostet hat, können Sie in Minutenschnelle verwirklichen. Zum Beispiel sind Schriftwechsel und Veränderungen von Buchstaben- und Zeilenabständen für Sie kein Problem mehr.

Nun dienten die erwähnten Mühen der Setzer und Grafiker nicht nur dazu, technische Unzulänglichkeiten zu umschiffen. Im Laufe der Zeit sammelte die Schwarze Zunft ein immenses Wissen über die Zusammenhänge von Gestaltung und Wirkung gedruckter Informationen.

Viele Anwender, die Winword verwenden, um Publikationen ohne Mithilfe kundiger Fachleute zu setzen, seien hier ausdrücklich gewarnt: der Besitz des Werkzeugs macht den Gebrauch desselben noch nicht selbstverständlich.

Ziel

Das Kapitel beschreibt zum einen den

- Einsatz und die Wirkung der gängigen typografischen Verfahren mit Winword.
- Zum anderen erfahren Sie aber auch, welche Regeln Sie einhalten sollten, wenn Sie wissenschaftliche Arbeiten publizieren.

Das Kapitel beinhaltet einen kurzen Streifzug durch die Typografie und beschreibt sowohl die Möglichkeiten als auch die Grenzen der gedruckten Informationsdarbietung. Es wird Ihnen helfen, mit Winword nicht in einer typografischen Sackgasse zu enden.

Lehrbücher über Typografie gibt es viele. Dieses Kapitel will die Lektüre solcher Bücher nicht überflüssig machen.

Dennoch können Sie dieses Kapitel mit einigem Gewinn lesen, wenn Sie sich schnell über die wichtigsten Zusammenhänge der Typografie informieren wollen und Hinweise über elementare Regeln des wissenschaftlichen Publizierens suchen.

Versuch und Irrtum

Wie entsteht ein »gutes« Layout? Entgegen der landläufigen Meinung haben Geistesblitze und Eingebungen nur einen geringen Anteil an erfolgreichen Ergebnissen. Auch und gerade Desktop Publishing hat an dem Verhältnis zwischen Inspiration und Transpiration nichts geändert: es bleibt bei 10:90.

Gute Layouts entstehen im fortwährenden Prozeß von Versuch und Irrtum. Sie sind gut beraten, wenn Sie dieses Prinzip auch bei Ihrer Arbeit mit Winword anwenden.

Die besten Verbündeten eines guten Layouters sind traditionell ein ausreichender Vorrat von leerem Papier und ein großer Papierkorb. Der Papiervorrat und -korb des Desktop Publishers ist der Massenspeicher seines Rechners. Nutzen Sie ihn weidlich!

DTP und Typografie

Typografie bedeutet im ursprünglichen Sinn *Buchdruckerkunst*. Mittlerweile wurde die Bedeutung des Wortes auf alles ausgeweitet und ausgeweidet, was irgendwie mit der grafischen Gestaltung zusammenhängt: *Gestalten mit Schrift und Zeichen*. Typografie ist nicht mehr und nicht weniger als ein Werkzeug zum optischen Modulieren einer Nachricht.

Das Auge ißt mit

Ein und derselbe Text kann den Leser fesseln, langweilen oder auch gar nicht erreichen: vor allem die optische Darbietung entscheidet, ob Sie Ihr Ziel, nämlich die Aufmerksamkeit des Lesers, erreichen oder verfehlen. Das Maß aller Dinge ist – und bitte vergessen Sie das nicht bei allen Experimenten mit Winword – Ihr Leser. Ob Ihr Leser dann bei der Stange bleibt, hängt natürlich in starkem Maße von den Inhalten Ihrer Publikation ab.

Erfahrungen

Ihre Anzeige, Ihr Buch oder Ihr Prospekt wird nicht die erste Publikation sein, die Ihr Leser in der Hand hält. Er wird Ihre Veröffentlichung um so eher lesen, je mehr Sie bei der Planung seine Lesegewohnheiten und Erwartungen berücksichtigen.

Das Feld der Typografie bietet eine Vielzahl von beeindruckenden und unüberschaubaren Herausforderungen und Gelegenheiten. Zum einen liegt das daran, daß es keine Patentrezepte für erfolgreiche Gestaltung gibt. Zum anderen sind viele der typografischen Regeln und Richtschnüre themenabhängig und zeitgebunden: Zeitungen und Anzeigen lassen sich z.B. anhand des Layouts in der Regel ebenso zuverlässig datieren wie mit dem Blick auf die Datumszeile. Und das Layout eines Sachbuches muß anderen Ansprüchen genügen als das eines belletristischen Werkes.

Berücksichtigen Sie darum die Erwartungen Ihrer Leser mindestens im gleichen Maße wie die Möglichkeiten Ihrer Software.

Mit den Gestaltungsmitteln der Typografie passen Sie die Form einer Information den Bedingungen des papiernen Übermittlungsweges an. Ob Plakat, Broschüre, Zeitung, Geschäftsbericht, Bestellformular oder Urkunde: jedes Medium erfordert die gezielte und überlegte Auswahl des geeigneten Werkzeuges.

Zweckmäßig angewandt kann Typografie Ihrem Leser helfen, eine Information aufzunehmen; als Selbstzweck eingesetzt kann Typografie den Inhalt von Publikationen verschütten.

Leistungsfähige Layoutprogramme wie Winword haben zusammen mit der technologischen Entwicklung bei Personalcomputern und Druckern sehr vielen Anwendern die Werkzeugkiste der Typografie geöffnet. Die Sorge vieler Typografen, mit DTP werde vor allem »Edelschrott« produziert, hat sich mangels entsprechend aufbereiteter Informationen zu diesem Thema in der Vergangenheit leider allzu oft bewahrheitet. Das Spötterwort von »Dokumenten mit virtueller Wichtigkeit« kennzeichnet auch nach über 5 Jahren Desktop Publishing viele Erzeugnisse aus der Schreibtischdruckerei.

Satzspiegel

Der größte Teil des bedruckten Teils wird vom *Satzspiegel* eingenommen. Er beinhaltet alle Textinformationen mit Ausnahme der Marginalien und toten Kolumnentiteln (Seitenzahl).

An vielen Stellen sollst du suchen

Den Satzspiegel stellen Sie im Menü **Format** und dort im Dialogfenster *Seite einrichten* ein.

In der **Seitenansicht** des Menüs **Datei** verstellt man diese Vorgaben dann für gewöhnlich. Die Einstellungen in der Seitenansicht überschreiben die Vorgaben aus dem Dialogfenster *Seite einrichten*.

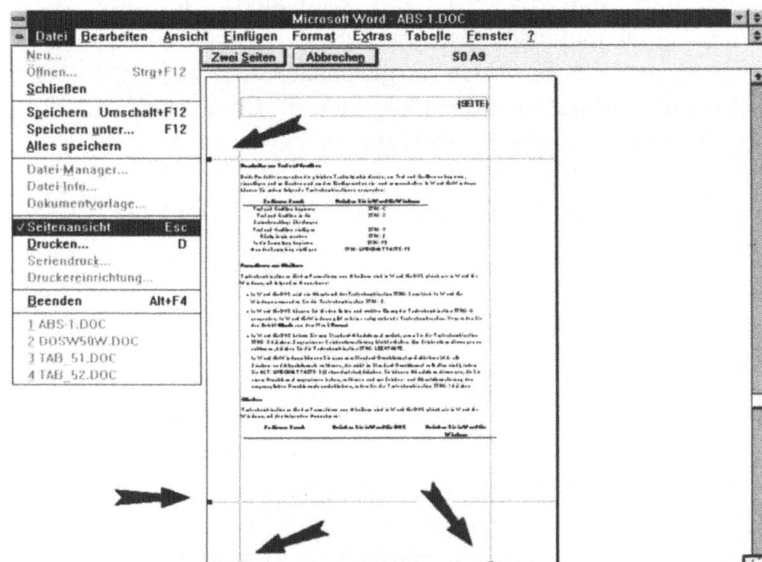

Abb. 1
Nach dem Anklicken der **Begrenzungen** werden kleine Steuerpunkte sichtbar, mit denen der Satzspiegel für das ganze Dokument beeinflußt wird.

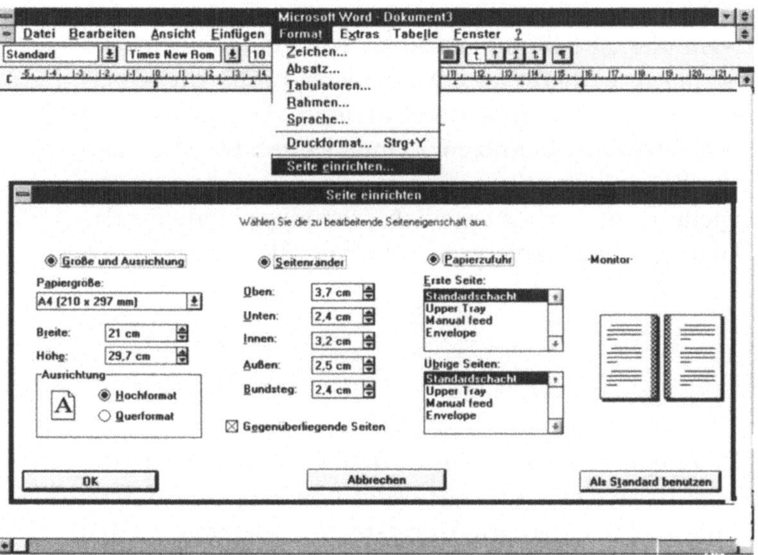

Abb. 2
Alle Einstellmöglichkeiten für die Seitengestaltung auf einen Blick

Die Daten der Kopf- und Fußzeilen geben Sie in einem eigenen Dialogfenster im Menü **Ansicht** ein. Eine weitere Möglichkeit den Satzspiegel zu verändern, bietet das Seitenlineal. Auch hier treten die Einstellungen des Dialogfensters gegenüber dem Eingriff im Lineal zurück.

Kontrolliert und reproduzierbar sind nach aller Erfahrung nur die Werte im Dialogfenster *Seite einrichten*.

Im Dialogfenster *Seite einrichten* ist gleichsam das Regiezentrum für den äußeren Rahmen des Dokumentes. Daten zur Papiergröße, Ausrichtung, zum Satzspiegel, ob ein- oder doppelseitige Dokumente und die Vorgabe unterschiedlicher Papierschächte und auch -größe finden über dieses Fenster Eingang in das Dokument.

Gültigkeitsbereich

Die Reichweite aller Einstellungen kann zwischen einer Seite und dem ganzen Dokument variieren. In der Auswahlliste **Anwenden auf** steht eine Zwischenstufe zur Verfügung: bis auf weiteres.

Einstellungen, die sich auf den markierten Abschnitt beziehen, veranlassen Winword dazu, einen Abschnittswechsel einzufügen. Der neue Abschnitt beginnt immer auf einer neuen Seite.

Dieser veränderliche Wirkungsbereich hat auf der einen Seite den Vorteil, daß innerhalb eines Dokumentes Längs- und Querformat abwechseln können. Auf der anderen Seite gibt es den Schalter **Als Standard benutzen**. Damit weisen Sie allen Dokumenten, die auf derselben Druckvorlage basieren, genau diese Einstellung zu. Das ist ärgerlich, wenn Sie gerade für das ganze Dokument die Papiergröße *Briefumschläge* zugewiesen haben.

Doppelseitige Dokumente

Dieses Schaltfeld veranlaßt Winword alle Einstellungen der Seitenränder zu spiegeln. Das hat leider überhaupt keine Wirkung auf die Einzüge der Druckformate. Im Gegensatz zu den Werten für den Satzspiegel sind die Vorgaben für die Druckformate nicht davon abhängig, auf welcher Seite sich der entsprechend ausgestattete Absatz befindet.

Bundstege

Bereiche, die beim Binden und Heften eines Dokumentes verloren gehen, blendet Winword bei der Seiteneinrichtung aus. Der Bundsteg hat zur Folge, daß Winword die physikalischen Dimensionen des Papiers um diesen Betrag verringert. Bundstege sind sowohl bei ein- als auch bei zweiseitigen Dokumenten möglich.

Kopf- und Fußzeilen

Auch hierfür muß Platz auf der Seite gefunden werden. Das passende Instrumentarium befindet sich in dem Dialogfenster *Kopf-/Fußzeilen* im Menü **Ansicht**.

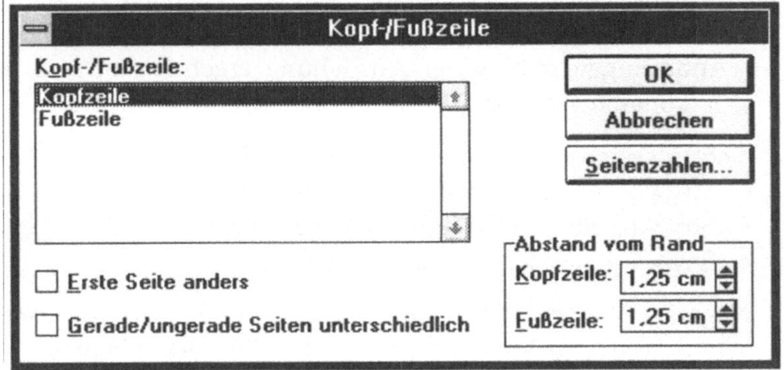

*Abb. 3
Dialogfenster zum
Positionieren der
Kolumnen*

Symmetrie und Asymmetrie

Winword unterstützt die gängigen Formen der Textaufteilung:

• symmetrisch (Blocksatz und zentrieren) und
• asymmetrisch (Flattersatz rechts- oder linksbündig).

Die entsprechende Einstellung nehmen Sie im Menü **Format** und dort im Dialogfenster *Absatz* vor. Die Vorgaben können sich auf einzelne Absätzen beziehen oder über Druckformate auch eine Vielzahl von Absätze betreffen.

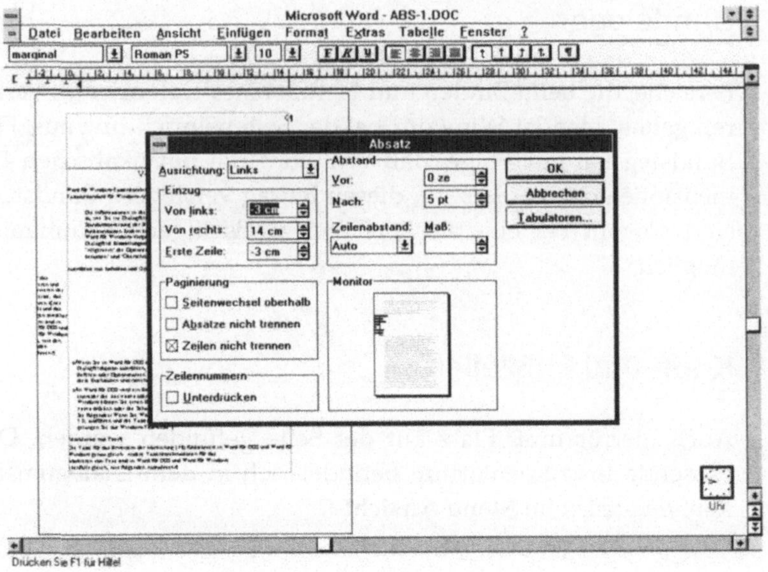

Abb. 4
Einstellmöglichkeiten
für Absätze.
Zusätzlich zum
Ausrichten der Zeilen
können auch Einzüge
festgelegt werden.

Änderungen mit lokaler Ausdehung ergeben sich auch mit den Ikonen in der Formatierleiste oder Tastatur-Kürzeln:

- <Strg> + b für Blocksatz
- <Strg> + l für linksbündige Ausrichtung
- <Strg> + r für rechtsbündige Ausrichtung und
- <Strg> + z zum Zentrieren der Zeilen.

Negative Werte für den linken Einzug und (fast) seitenweise Werte für den rechten Einzug bewirken links Marginalien.

Grundelemente

Zu den typografischen Gestaltungselementen zählen:

- Schriften
- Linien
- Format und Flächeneinteilung
- Schmuck
- Piktogramme
- Vignetten

Schrift

Im Lieferumfang von *Windows* befinden sich Vertreter der wichtigsten Schriftarten: eine serifenlose Schrift vom Typ *Helvetica* und eine Serifenschrift vom Typ *Times*. Der letztgenannte Schrifttyp hat seine Wurzeln im alten Rom und wird darum auch als *Antiqua* klassifiziert.

Serifen sind die kleinen waagerechten Striche an den Füßen *Serifen* einiger Buchstaben. Sie erhöhen im Vergleich zu den serifenlosen Schriften die Lesbarkeit von Texten erheblich.

Für das Setzen von Büchern und Zeitschriften empfiehlt sich daher die Verwendung von Serifenschriften.

Die Verwendung von Schrift ohne Serifen ist noch nicht lange üblich und sorgte anfangs in der setzenden Zunft für nachhaltige Verwirrung: Schrift ohne Serifen schien undenkbar und wurde, als sie dann nicht nur gedacht, sondern auch gesetzt wurde, als *grotesk* klassifiziert.

Serifenlose Schrift wird gern verwendet, um Texte mit technischen Inhalten zu setzen oder Publikationen, die nach dem Willen oder der Erfahrung des Setzers ohnehin nicht gern gelesen werden: Gebrauchsanleitungen, Geschäftsberichte und Schulbücher.

Im deutschsprachigen Raum zählen die »Hausschriften« vieler Unternehmen zur Familie der Grotesken. In angelsächsischen Ländern überwiegt der Einsatz von Serifenschrift: vielfach wird sie sogar für Headlines in Zeitungsanzeigen verwendet.

Es gibt Schriften, die in größeren Mengen absolut unleserlich *Zierschriften* sind, aber in Überschriften gern als Blickfang verwendet werden.

Es handelt sich dabei um Schriften, die zu nichts anderem entworfen wurden, als in kleinen Mengen wohldosiert Aufmerksamkeit zu erregen. Auch Schreibschriften gehören dazu. Wer nicht gerade mit Schriftfamilien auf Du steht, wird auch die Frakturschrift des vorstehenden Beispiels dazuzählen.

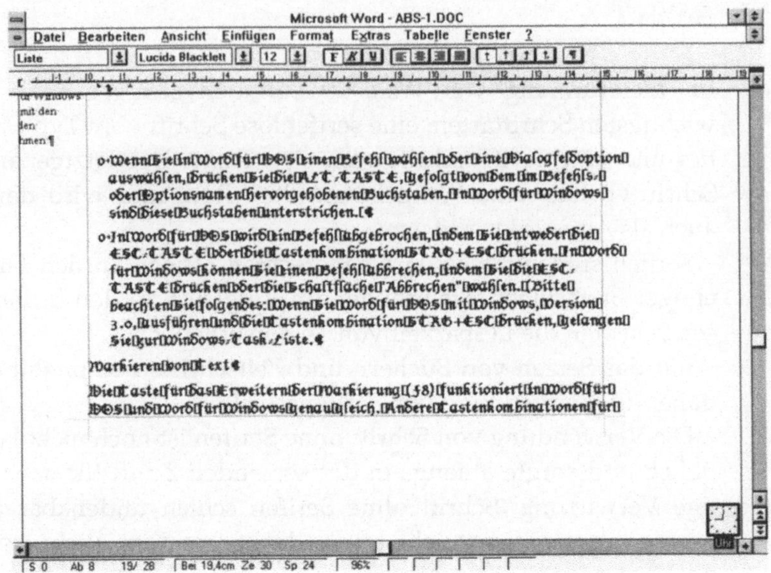

Abb. 5
Schriften wie in diesem Beispiel lassen den Leser verzweifeln, wenn lange Texte so gesetzt sind.

Schriftschnitte

Auszeichnungen verändern nur den Schriftschnitt, nicht die Schriftart. Sie lenken die Aufmerksamkeit des Lesers auf bestimmte Worte, ohne den Lesefluß zu hemmen oder das Gesamtbild zu stören. Während in den Tagen der Schreibmaschine nur *Unterstreichungen* und *Sperrungen* zur Verfügung standen, können Sie im elektronischen Setzkasten Winword außerdem folgende Schriftschnitte benutzen:

- Dünn (mager; light)
- Normal
- Fett
  (Dahinter verbirgt sich **halbfett** (Bold))
- Dünn-Kursiv
- Normal-Kursiv
- Fett-Kursiv
- Streichungen
  (Über-, Unter- und doppelte Unterstreichungen)

Sperren

Jedes Zeichen hat einen bestimmten Raum, den es optimal füllt. Er wird als Voreinstellung ebenso durch den Schriftenlieferanten vorgegeben wie der »normale« Buchstabenabstand (Laufweite). Sobald Sie diesen Abstand vergrößern und so dem einzelnen Zeichen mehr Raum zuteilen, als er füllen kann, entsteht *gesperrte Schrift*. Sie wirft dem Leser gleichsam Knüppel in den Lesefluß und sollte deshalb im typografischen Giftschrank verschwinden und daraus nur selten hervorgeholt werden.

Winword leistet der weiteren Verwendung von Sperrungen allerdings Vorschub. Die Software ist nicht nur darauf gerichtet, Sperrungen als Auszeichnung einzelner Textpassagen anzubieten, sondern auch das Maß der Sperrung für jeden Absatz einstellbar zu machen.

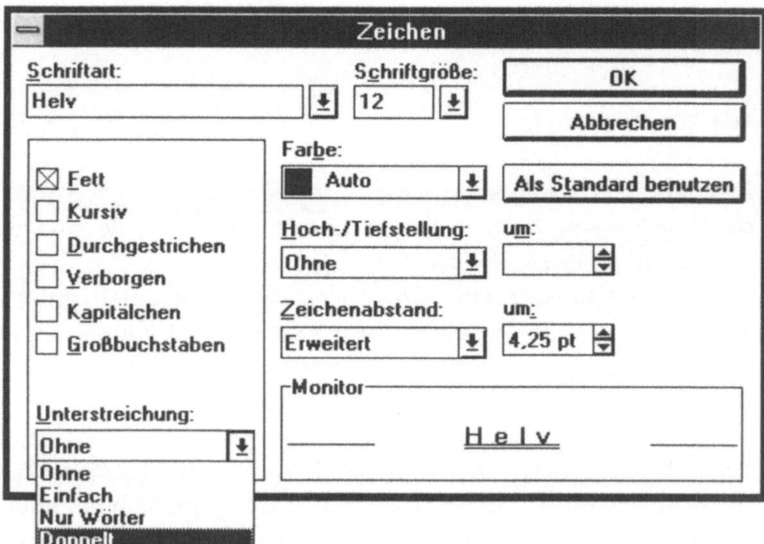

Abb. 6
Aus dem Vorrat der
Auszeichnungen

Das Beispiel zeigt die Einstellung für gesperrte Schrift. Wenn in dem Textfeld **Zeichenabstand** ein Eintrag steht, sollten Sie das Layout nochmal überprüfen. Sowohl gesperrte Schrift als auch solche, die den Zeichenabstand über Gebühr verringert, schmerzt das Auge des Betrachters.

In manchen Fällen kann es nötig werden, Texte mit einem *Ausnahmen* größeren Zeichenabstand auszustatten als es der Standardvorgabe entspricht. Zum Beispiel kann man auf diese Weise den Textumfang unauffällig dehnen, und so das Mitteilungsblatt füllen, ohne mit zusätzlichen Rahmen, größeren Abbildungen oder ähnlichen Maßnahmen Zeit zu verlieren.

Streichungen

Tragen Sie dann in das Textfeld **Zeichenabstand** die gewünschte Veränderung und anschließend das Maß dafür ein. Im Vorschaufenster erhalten Sie wie gewohnt einen ersten Eindruck von den Folgen Ihrer Einstellung.

Sowohl unterstrichene als auch gesperrte Texte lassen sich im Vergleich zu den anderen Auszeichnungen schwerer lesen. Das gilt selbstverständlich auch für *doppelt unterstrichene* Textpassagen.

Nutzen Sie die Möglichkeiten von Winword, und verwenden Sie halbfette und kursive Schriftschnitte, um einzelne Passagen oder ganze Absätze Ihres Kapitels hervorzuheben.

Auszeichnung

Zeichen können <u>unterstrichen</u>, <u>doppelt unterstrichen</u> oder ~~durchgestrichen~~ werden. Die entsprechenden Befehle sind im Dialogfenster *Zeichenformatierung* zugänglich.

Versalien

Auch der Einsatz von Großbuchstaben (Versalien) gilt als Textauszeichnung. Die eleganteste Verwendung von Versalien sind die *Kapitälchen*. Statt der Kleinbuchstaben (Gemeine) werden Versalien in der Größe von Gemeinen verwendet.

Das ist zumindest die Notlüge, mit der DTP- und Textverarbeitungsprogramme diese Auszeichnung verwirklichen. Tatsächlich weisen die »kleinen« Zeichen der Kapitälchen andere Proportionen auf als die entsprechenden Versalien. Für höherwertige Satzaufgaben empfiehlt sich daher die Anschaffung der speziellen Schriftschnitte. Die »normalen« Versalien behalten ihre Größe.

Im Gegensatz zu Kapitälchen wird beim Versalsatz der ganze Text in Großbuchstaben einer Höhe gedruckt. Entgegen einer weitverbreiteten Ansicht SIND TEXTE, DIE AUSSCHLIESSLICH IN VERSALIEN GESETZT SIND, SCHLECHT LESBAR. ES IST SO ZUM BEISPIEL EIN AUSGESPROCHENER KUNSTFEHLER, WARNHINWEISE IN VERSALIEN ZU SETZEN.

Schriftgröße

Größe ist relativ: ob eine Schrift *groß* oder *klein* ist, hängt unter anderem davon ab, wer den Text aus welcher Entfernung liest. In der Praxis haben sich im Zusammenhang mit Standarddrucksachen einige gängige Größen herausgebildet, die auch im Zeitalter frei skalierbarer Schriftfonts zum Fachvokabular der Schwarzen Kunst gehören.

- 8 Punkt bis 12 Punkt werden als als Lesegrößen bezeichnet. *Lesegröße*
- 6 Punkt als Konsultationsgröße. *Konsultationsgröße*
  Das ist die Größe fürs Kleingedruckte oder für Fußnoten.
- 14 Punkt und größer gelten als Schaugröße. *Schaugröße*
  Damit haben Sie die Möglichkeit, Überschriften zu setzen oder Texte, die auf größere Entfernung lesbar sein müssen.

Zeilendurchschuß

Im Dialogfenster *Absatz* beeinflussen Sie den Zeilenabstand der Absätze. Die Stufung ist auf den ersten Blick sehr grob. Statt der Punktwerte erwartet Winword hier anscheinend Vielfache der Zeilenhöhe.

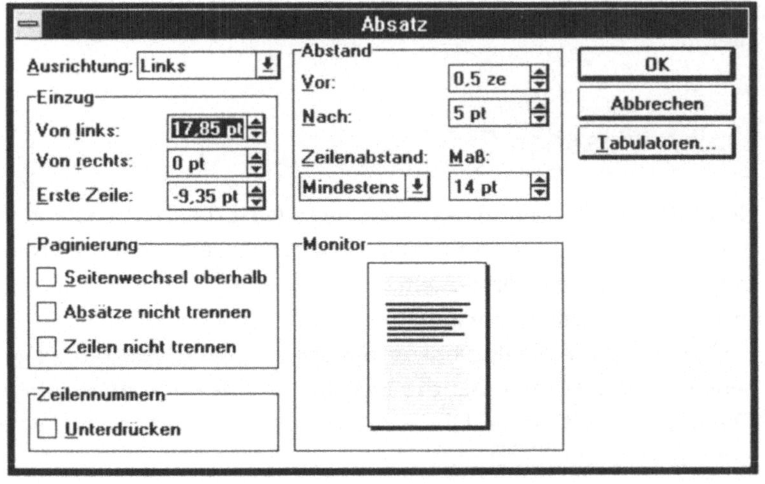

Abb. 7
Mit »pt« statt »ze« überlisten Sie die grobe Voreinstellung.

Wenn Sie aber im Textfeld **Maß** die »ze« für *Zeilen* mit »pt« für *Punkt* überschreiben, sind auch Feineinstellungen möglich.

Kompress und Splendid

Ein Zeilendurchschuß, der kleiner als 20% der Versalhöhe ist, gilt als *kompresser Satz*, der Papier spart und dem Leser das Lesen erschwert. Vergrößern Sie den Durchschuß, erzielen Sie *splendid Satz*.

Linien

Linien werden mit unterschiedlichsten Funktionen verwendet.

Sie können:

- Überschriften hervorheben
- Absätze und Kapitel trennen
- Bilder vom umgebenden Text trennen
- als Schnittkanten für Kupons dienen
- Tabellenfelder definieren
- Schriftfelder in Formularen markieren

Winword stellt Ihnen einen bestimmte Vorrat an möglichen Linien zur Verfügung. Sie bleiben im typografisch sicheren Gebiet, wenn Sie mit den ohnehin spärlichen Möglichkeiten auch noch sparsam umgehen. Linien sind ein sehr wirkungsvolles Gestaltungsmittel. Ein Zuviel kann Ihre Publikation optisch ruinieren.

Linien zwischen Spalten

Besonders beim Layout von Zeitungen wird der Text vielfach in enge, dicht beieinanderliegende Spalten gesetzt. Hier werden gerne Trennlinien verwendet, um auch eiligen Lesern den Text leichter zugänglich zu machen.

Hierfür ist das Dialogfenster *Spalten* im Menü **Format** vorgesehen. Leider können Sie die Linien nur ein- oder ausschalten. Die Möglichkeit, deren Dicke zu beeinflussen, kommt vielleicht mit der nächsten Version.

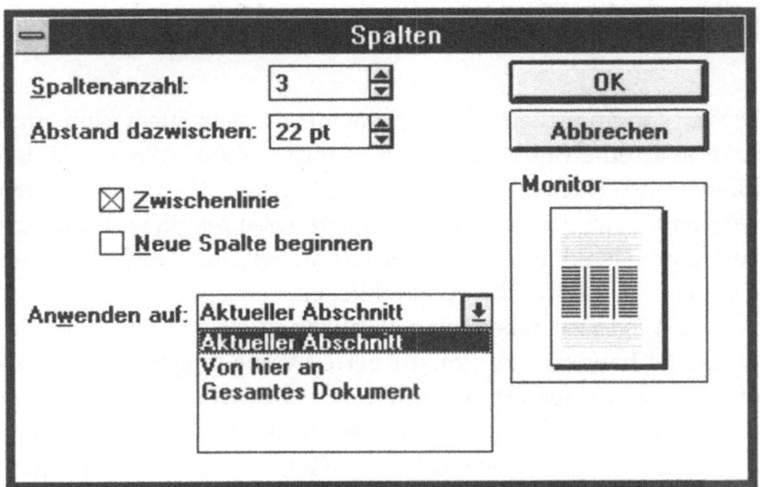

Abb. 8
Spalten einstellen und
Trennlinien
einschalten

Hervorheben

Die Wertigkeit und Funktion einer Überschrift können Sie auch durch eine Linie dokumentieren. Auch hier ist zu beachten, daß die Wirkung der Linie nur unterstützende Aufgaben erfüllen darf. Keinesfalls soll sich die Wirkung der Linie gegenüber dem zugeordneten Text verselbständigen. Als Daumenwert gilt eine Linienstärke, mit der Strichstärke der Schrift (Duktus) übereinstimmt, als annehmbar. Die Linienstärke wird auch als *Linienbild* bezeichnet.

Umrandungen

Umrandungen werden vielfältig eingesetzt und befinden sich auch im Werkzeugkasten von Winword.

Mit der entsprechenden Linienfunktion im Dialogfenster *Absatz* im Menü **Format** erreichen Sie, daß bestimmte Absätze immer mit einer umlaufenden Linie versehen werden. Empfehlenswert ist diese Option für kurze Textpassagen, bei denen schon bei der Texterfassung vorgegeben werden soll, daß sie unter anderem mit einer Umrandung versehen werden sollen. Das betrifft z.B. Überschriften und Warnhinweise.

Absätze umrahmen

Schmuck, Piktogramme und Vignetten

Diese typografischen Grundelemente müssen nicht sein, machen aber eine Publikation erst »rund«. Zum *Schmuck* zählen Linien und Flächen, die in Urkunden und Familienanzeigen verwendet werden, um ihnen eine gewisse feierliche Weihe zu verleihen. Denkbar ist der Einsatz von Schmuck aber auch, um Kapitel oder Abschnitte zu beschließen.

Vignetten

Auch *Vignetten* geben einer Publikation ein individuelles Gepräge. Es handelt sich um stilisierte Darstellungen, die jeweils nur einmal in der Publikation verwendet werden, dort Raum füllen und das Auge des Betrachters zum Verweilen einladen.

Diesen Schmuck können Sie als Grafik anderer Programme importieren oder mit *WordArt* selbst erzeugen. Sie finden dieses kleine Vignettenprogramm als Objekt im Menü **Einfügen**.

Winword erleichtert die Verwendung importierter Grafiken zu Schmuckzwecken durch die Funktion der **Rahmenverankerung**. Sie sorgt dafür, daß Abbildungen bestimmten Textstellen auch nach Textveränderungen fest zugeordnet bleiben. Nur Positionsrahmen können im Text verankert werden. Das entsprechende Schaltfeld im Dialogfenster *Positionsrahmen* heißt: **Mit Text verschieben**.

Abb. 9
Mit WortArt erzeugen
Sie im Handumdrehen
kleine Blickfänger und
optische Aufheller.

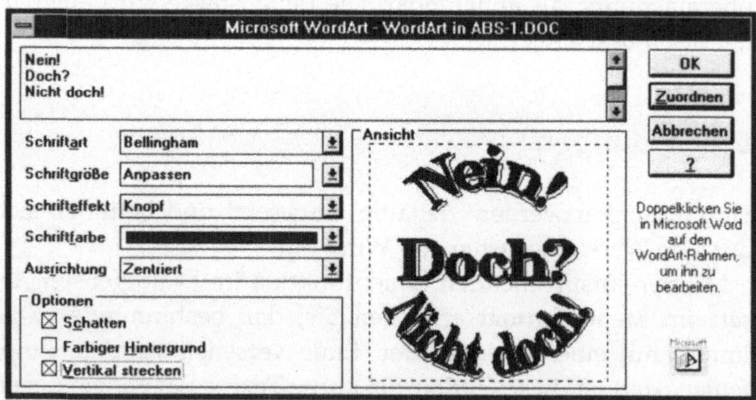

Inititial

Im weitesten Sinn kann man zum Schmuck auch die Initialen hinzurechnen. Das Initial eignet sich zwar eher zum Gestalten einer Festschrift als zum Schreiben einer Seminararbeit. Aber wenn's denn sein muß, ist gut zu wissen, daß Winword diese Aufgabe bewältigt.

Das Initial schafft einen optischen Reiz und vermittelt auch flüchtigen Lesern die Information: hier beginnt etwas Neues. Es kann die besondere Gestaltung des ersten Zeichens in einem Absatz sein oder auch die besondere Gestaltung des Absatzbeginns.

Entweder Sie markieren das erste Zeichen des Absatzes und ordnen ihm eine andere und größere Schrift zu. Dann müssen Sie unter Umständen im Dialogfenster *Zeichen formatieren* mit den Werten für Hoch- und Tiefstellung ein bißchen probieren. Oder Sie setzen wieder WordArt ein und binden das Ergebnis an den Text.

Piktogramme und Blickfangpunkte

Zu den *Piktogrammen* zähle ich hier alle Zeichen, die zugleich Aufmerksamkeit erwecken als auch Informationen vermitteln. In diesen Zusammenhang gehören die *Blickfangpunkte* im Dialogfenster *Numerierung und Aufzählung*.

Abb. 10
Über das Schaltfeld
»Anderes Zeichen«
erhalten Sie Zugriff
auf alle Zeichen, die in
Ihrem System
installiert sind.

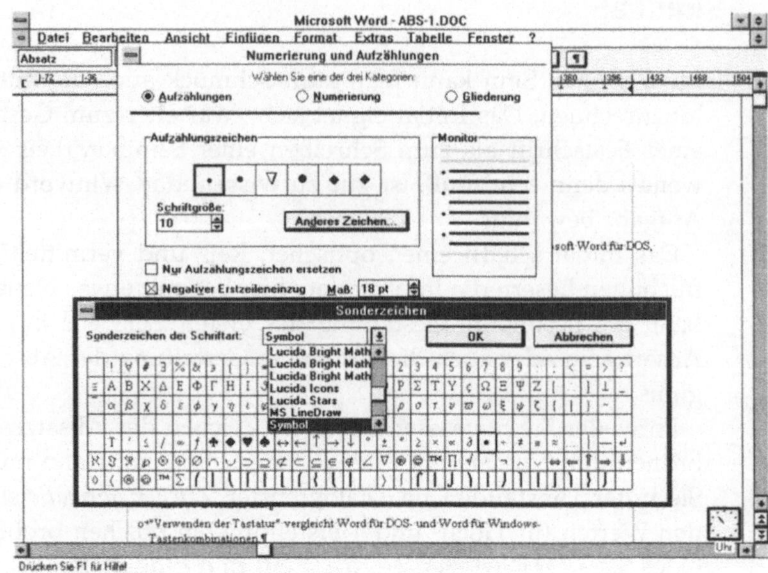

Formelsatz

Freunde des schwarzen Humors waren vom Formeleditor der ersten Version von Winword entzückt. Allerdings auch nur die. Nun, man ist bei Microsoft lernfähig und stark im Markt, und darum wurde statt der verunglückten Formel-Lachnummer ein Programm eingekauft, daß schon seit ein paar Jahren seine Wirksamkeit bewiesen hat:

Eine abgespeckte Version von *MathType* finden Sie als objektspendende Hilfe in einem Unterverzeichnis von. *Windows.* Während der Installation kopiert Winword die Schriftart *MT Extra* in den Systemordner. Diese Schriftart muß zur Verfügung stehen, damit Sie mit dem Formeleditor die mathematischen und sonstigen Sonderzeichen sehen und drucken können.

Spezialschrift erforderlich

Die Bedienung ist so simpel und intuitiv, daß man sich zuweilen wünscht, Microsoft sollte sich mal nach einem vergleichbaren Textverarbeitungsprogramm umsehen.

Ziel

Und darum geht es in diesem Kapitel nicht nur um die Bedienung des Formeleditors – Sie finden ihn als Einfügeobjekt im Menü **Einfügen** –, sondern auch um die Regularien des Satzes.

Die Regeln des Formelsatzes sind im Durchschnitt noch weniger bekannt als die Regeln zur Alltagstypografie. Das führt besonders dann zu Begegnungen der unangenehmen Art, wenn sich der typografische Ausreißer in einer Prüfungsarbeit befindet.

Darum finden Sie im folgenden die wichtigsten Normen des Formelsatzes und Hinweise, wie man ihnen mit den Möglichkeiten des Formeleditors gerecht wird.

Auszeichnungen und Größe

Die Vorgaben für den Formelsatz sind in der DIN 1338 festgelegt und beschreiben unter anderem:

- welche Schriftschnitte für welche Inhalte verwendet werden sollen,
- wie mit Zwischenräumen die Formeln deutlich vom Fließtext getrennt und dem Leser übersichtlich präsentiert werden,
- wie man Doppeldeutigkeiten bei Bruchschreibweisen vermeidet und
- Indizes setzt.

Im folgenden fasse ich einige der in DIN 1338 niedergelegten Regeln zusammen.

Schriftart und Schriftschnitt

*Schriftschnitte sind im Menü **Format** des Formeleditors zugänglich.*

Folgende Zeichen werden *kursiv* gesetzt:

- allgemeine Zahlen, die durch Buchstaben dargestellt werden (Variable)
- Formelzeichen physikalischer Größen
- Funktions- und Operatorzeichen, deren Bedeutung frei gewählt werden kann. Damit sind solche Zeichen gemeint, deren Bedeutung nicht festliegt.

In senkrechter Schrift sollen folgende Zeichen gesetzt werden:

- Zahlen, die in Ziffern dargestellt werden
- die Kreiszahl
- die Basis des natürlichen Logarithmus
- die imaginäre Zahl
- Zeichen mit feststehender Bedeutung:
  sin, Gammafunktion lim (Limes)
- Einheiten und deren Vorsätze : m, km, mol
- alle Symbole chemischer Elemente

Eine Reihe dieser Vorgaben erfüllt die Voreinstellung des Formeleditors von Winword selbsttätig. In anderen Fällen müssen Sie im Formeleditor im Menü **Druckformat** das Dialogfenster *Definieren* öffnen, um die nötigen Einstellungen vorzunehmen. Hier bestimmen Sie die Schriftart und den Schriftschnitt.

Schriftgrößen

Über die Schriftgröße ist in der Norm keine verbindliche Aussage getroffen. Wie schon erwähnt, hat der Formeleditor eine eigene Vergangenheit als Hilfsprogramm. Diese Spezialisierung hat ihre Spuren hinterlassen. So zeichnet sich der Formeleditor nicht nur durch Variantenreichtum der möglichen Formeln aus, sondern auch dadurch, daß sehr viele Bereiche der Formel eigene Einstellmöglichkeiten bieten.

Das gilt auch für die verwendeten Schriftgrößen. Für sie gibt es ein eigenes Menü. Aber beim Feilen und Einpassen ist Vorsicht geboten: Diese Einstellungen wirken sich auch auf solche Formeln aus, die vorher mit anderen Schriftgrößen gesetzt wurden. Darum kann es passieren, daß Sie heute eine Formel gründlich verwürfeln, die Sie gestern in ein Dokument eingefügt haben. Dieser Hinweis gewinnt einen gewissen Nachdruck, wenn mehrere Anwender mit dem Formeleditor arbeiten.

Einstellungen werden nicht den Formeln zugeordnet.

Im Menü **Schriftgrößen** befindet sich das Dialogfenster *Schriftgrößen definieren*. Hier befinden sich die Einstellfelder, mit denen die Schriftgröße für die Zeichen in den unterschiedlichen Formelbereichen vorgegeben werden.

Der Formeleditor unterstützt Ihre Einstellarbeiten durch aussagekräftige Vorschaufenster. Andernfalls hätte der eine oder andere wohl Schwierigkeiten, auf Anhieb das Feld zu finden, mit dem die Schriftgröße einer Hochzahl eines Index eingestellt wird: *Überhoch/Untertiefgestellt.*

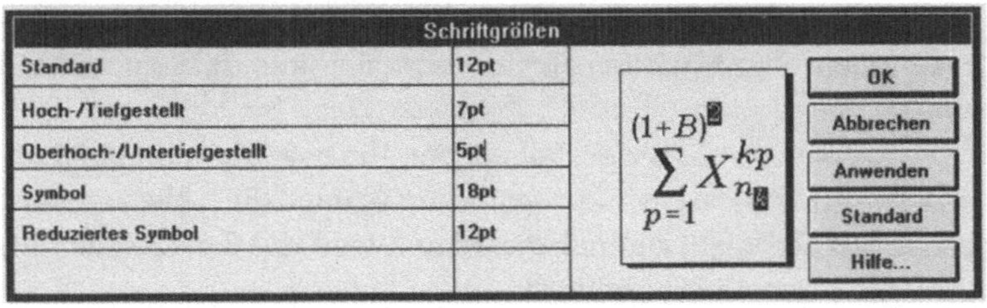

Abb. 1
*Vorschaufenster erleichtern das Einstellen der benötigten Schriftgrößen.Dieses Dialogfenster ist im Menü **Schriftgrößen** zugänglich.*

Abstände

Im Menü **Format** ist über den Befehl **Abstände** das gleichnamige Dialogfenster zugänglich, in dem Sie Feinarbeiten an den Zeichenabständen der Formel vornehmen. Bitte beachten Sie auch in diesem Zusammenhang, daß die jeweilige Einstelllung für die aktuelle Sitzung gilt und nicht für die erstellte Formel!

Es empfiehlt sich auch hier, eine Grundeinstellung zu finden, die dann für die weitere Arbeit mit dem Formeleditor beibehalten werden kann.

Abb. 2
Dieses Dialogfenster ist im Menü **Format** *zugänglich.*

Abstand		
Zeilenabstand	150%	
Matrixzeilenabstand	150%	
Matrixspaltenabstand	100%	
Hochstellungsmaß	44.53%	
Tiefstellungsmaß	25%	
Grenzhöhe	25%	

Leerzeichen

Abb. 3

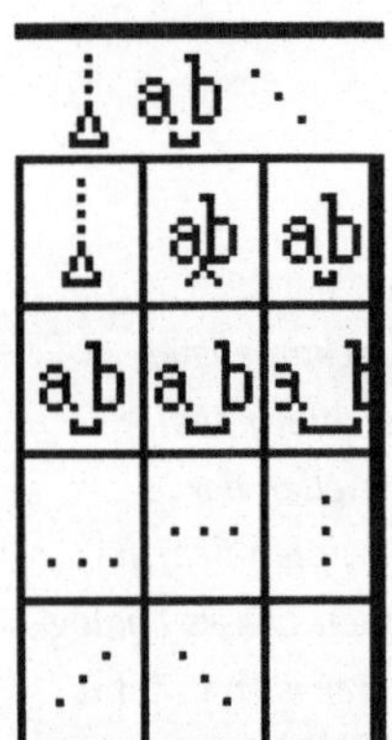

Den alten Römern sagt man nach, sie hätten sich beim Schreiben und Lesen auch ohne Leerzeichen gut verstanden. Beim Setzen von Formeln kommen Sie ohne den gezielten Einsatz von Leerzeichen nicht aus. Der Formeleditor akzeptiert keine Leertaste. In vielen Fällen brauchen Sie sich um das richtige Leerzeichen dennoch keine Gedanken zu machen, weil das Programm vor signifikanten Stellen von sich aus ein Leerzeichen einfügt.

Ist das einmal nicht der Fall, stehen Ihnen in der entsprechenden Symbolpalette einige zur Verfügung. Für die meisten benötigen Sie nicht einmal die Maus, weil das Leerzeichen als Tastatur-Kürzel vorhanden ist.

In dieser Symbolpalette sind die Leerzeichen zugänglich. Das Geviert fügt den größten Leerraum ein und ist nur in der Symbolpalette erreichbar. Die anderen Leerzeichen gelangen auch über Tastatur-Kürzel in die Formel. Aber es dauert länger, sich die atemberaubenden Klammergriffe zu merken und dann auch noch im richtigen Moment an der richtigen Stelle anzuwenden, als die Maus marschieren zu lassen.

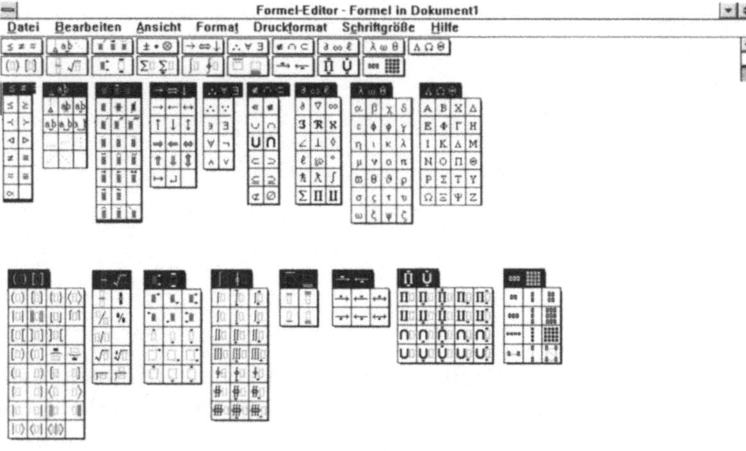

Abb. 4
*Alle Symbolpaletten
und Vorlagen des
Formeleditors auf
einen Blick*

Ausrichten von Formeln

Formeln können sehr lang werden, so daß sie aus Gründen der Zweckmäßigkeit oder der Optik auf mehrere Zeilen verteilt werden müssen. Dabei muß ihr Zusammenhang stets erkennbar bleiben.

Formeln, in deren Verlauf mehrere Gleichheitszeichen verwendet werden, sollen so gesetzt werden, daß die einzelnen Formeln am Gleichheitszeichen ausgerichtet werden.

Die Befehle zum Ausrichten sind erst dann verfügbar, wenn während der aktuellen Formelerstellung die <⏎>-Taste gedrückt wurde. Anders als bei der Leertaste wertet der Formeleditor diese Taste im gleichen Sinne aus wie die umgebende Textverarbeitung.

Das nebenstehende Symbol zeigt eine weitere Positionierhilfe. Sie befindet sich auf der gleichen Symbolpalette, auf der die Leerzeichen angeordnet sind.

Wenn Sie es anklicken, überschreiben Sie für die aktuelle *Zeile* die Vorgabe zum Ausrichten der Zeilen aus dem Menü **Format**. Mit dem Anklicken dieser Ikone setzen Sie einen unbedingten Richtpunkt, der ungeachtet von Kommata und Gleichheitszeichen unter der Richtmarke aus dem Menü **Format** steht.

Im Gegensatz zu den Vorgaben aus dem Menü **Format** ist die eingefügte Ausrichthilfe Bestandteil der Formel, so daß bei einem späteren Bearbeiten der Formel bei geänderter Grundeinstellung keine Verschiebungen zu befürchten sind.

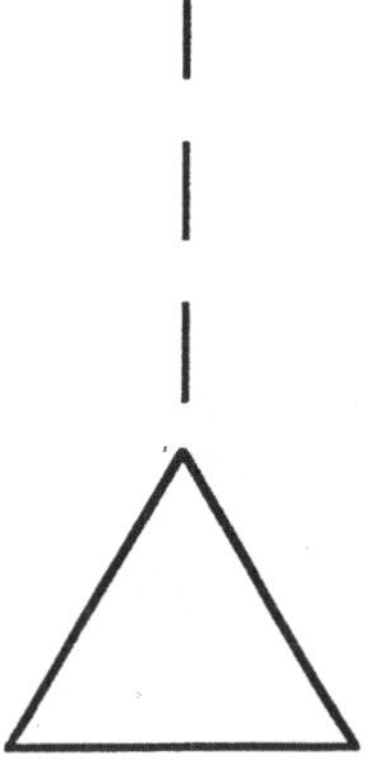

271

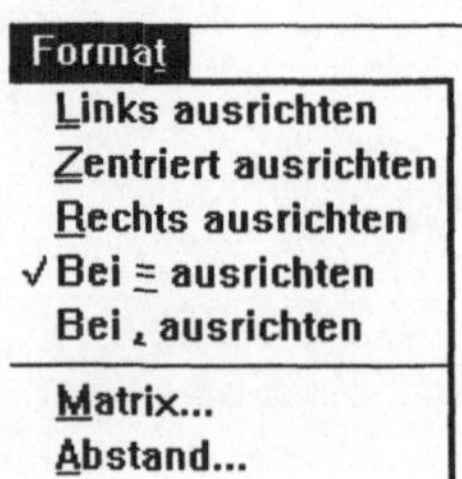

Abb. 5
*Im Menü **Format***
legen Sie fest, wonach
der Formel-Editor die
Zeilen einer Gleichung
oder Formel ausrichtet.

Alle diese Ausrichthilfen beziehen sich nur auf das aktuelle Formelobjekt. Für das Ausrichten der verschiedenen Formeln stehen Ihnen in Winword weitere Instrumente zur Verfügung. Insbesondere erinnere ich an die Eigenschaften des Positionsrahmens.

Abb. 6
Mit der Ausrichthilfe
können Sie alle Zeilen
paßgenau ausrichten.

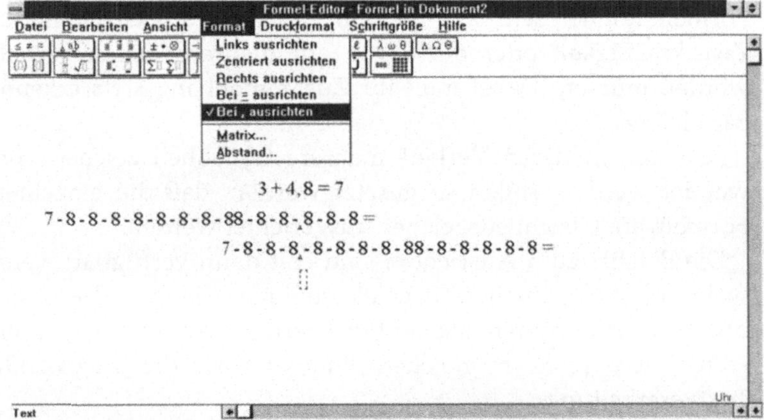

Teilen von Formeln

Summen und
Differenzen

Wenn irgend möglich sollen Formeln vor einem Minus- oder Pluszeichen geteilt werden, wobei das Minus- oder Pluszeichen am Beginn der Fortsetzungszeile stehen muß. Es darf nicht unter einem vorstehenden Gleichheitszeichen stehen, sondern muß in diesen Fällen etwas nach rechts eingerückt werden.

Diese Forderung läßt sich mit dem Formeleditor mit der vorstehend beschriebenen Ausrichthilfe mit Leichtigkeit erfüllen.

Produkte werden entsprechend der Regeln für Summen ge- *Produkte*
trennt. Am Beginn der Fortsetzungszeile steht der Multiplikati-
onspunkt..

Wurzeln und Brüche werden geteilt, indem man die Zahlen *Wurzeln und Brüche*
in Potenzen umwandelt und entsprechend der vorstehenden
Regeln am Ende der Zeilen trennt. Statt der Wurzel werden ge-
brochene Exponenten und eine Klammer verwendet. Der Nen-
ner eines langen Bruches wird in eine Klammer gesetzt und mit
dem negativen Exponenten versehen.

Das Trennen von Formeln erfordert in einigen Fällen einige
mathematische Kenntnisse. Wenn Sie in diesen Umformungen
nicht sattelfest sind, ist es zweckmäßig, den Autor oder einen
kundigen Lektor hinzuzuziehen, um den Satz prüfen zu lassen.

Index

PAGE.
Das Magazin zur Edition

Fordern Sie ein kostenloses Probeheft an!

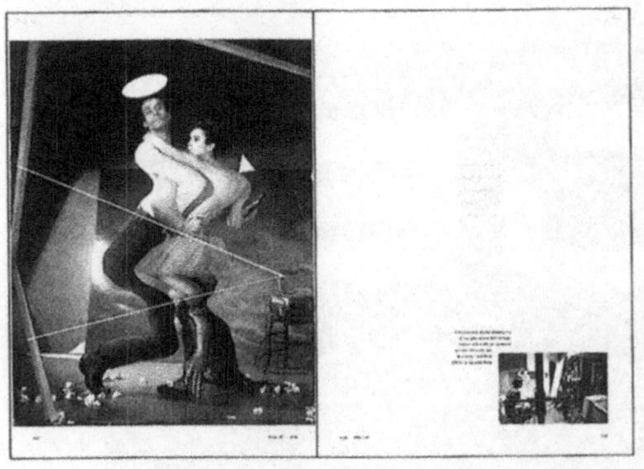

PAGE. Das Computermagazin für Kreative

**Die Monatszeitschrift zu
Techniken und Trends
der visuellen Kommunikation**

■ Zu den aufregendsten Herausforderungen unserer Zeit gehört die grafische Gestaltung von Medien. Darüber informiert PAGE. Aktuell und unabhängig von speziellen Rechnersystemen berichtet PAGE über computergestützte Werkzeuge, Methoden und Trends der visuellen Kommunikation. Bereits seit 1986 vermittelt PAGE anwendungsorientiert traditionelles gestalterisches Können und zeigt auf, wie es Designer und Produktioner mit neuen Techniken zeitgemäß umsetzen. PAGE wendet sich gleichermaßen an gestaltungsinteressierte, erfahrene PC-Nutzer wie an professionelle Computereinsteiger, zum Beispiel Grafiker, Produktioner, Setzer, Gestalter und Illustratoren.

In PAGE finden Sie

→ Gestaltungsanregungen und Typografietips
→ Digitale Fotografie und Bildbearbeitung
→ Internationales Grafikdesign
→ Soft- und Hardwarebesprechungen
→ Anwenderreportagen
→ Produktionsabläufe Schritt für Schritt
→ Meldungen zu Produkten und aus der Szene
→ Multimedia-Berichte und Trends
→ Branchenhintergrund aus Europa und den USA
→ Einen großen Serviceteil mit umfassender Belichtungstabelle

PAGE informiert über neue Ideen, Produkte und Techniken und gibt geldwerte Anregungen für Ihren unternehmerischen Erfolg.

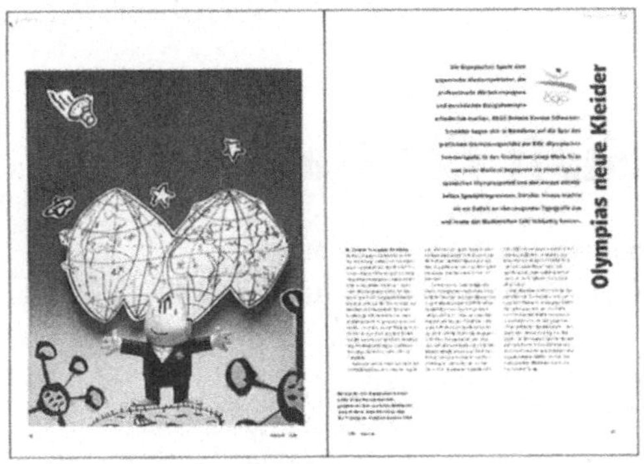

Olympias neue Kleider

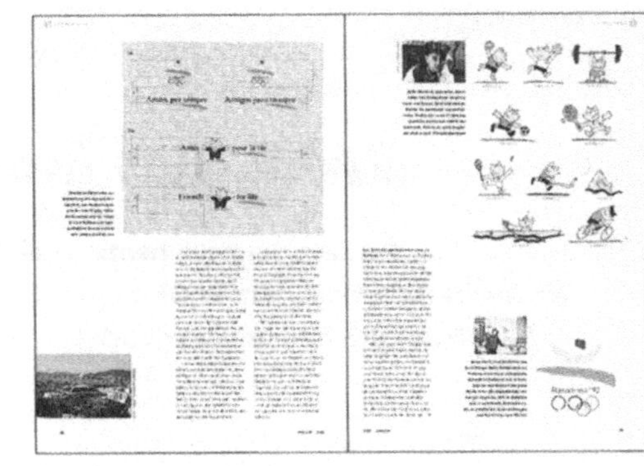

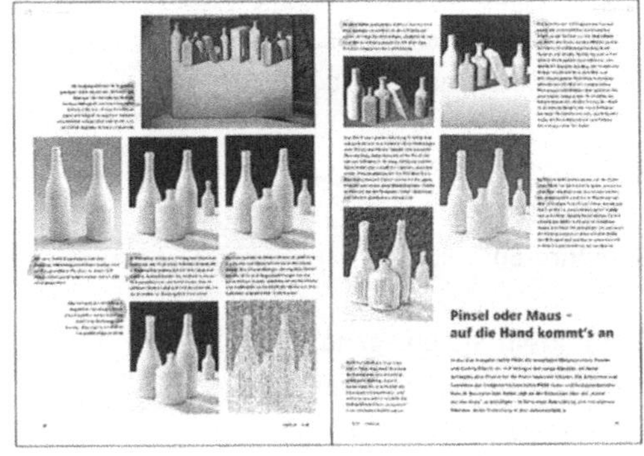

Pinsel oder Maus –
auf die Hand kommt's an

Bildschirmillustrierte
PETER MALTZ

PAGE. Das Probeheft für Sie!

Fordern Sie noch heute ein Ansichtsexemplar von PAGE an – kostenlos und unverbindlich

■ **Sie sollten uns kennenlernen.**
Fordern Sie deshalb umgehend Ihr persönliches Ansichtsexemplar einer aktuellen PAGE-Ausgabe an.
Sie brauchen bei Ihrer Bestellung nur den Titel dieses Buchs zu vermerken, und schon geht bei uns die Post ab – mit Ihrem Probeheft von PAGE.
Schreiben Sie (Brief oder Postkarte) an

MACup Verlag GmbH
Große Elbstraße 277
2000 Hamburg 50

Bitte übermitteln Sie uns genaue Absenderangaben (Name, Straße, Ort, Telefonnummer), damit wir Ihre Bestellung korrekt und zügig bearbeiten können. Vielen Dank.

Übrigens: Ganz Eilige können auch per Fax unter der Nummer (0 40)3 91 09-1 06 oder telefonisch unter (0 40)3 91 09-1 43 bestellen.